Hermann Grotefend

Taschenbuch der Zeitrechnung des deutschen Mittelalters und der Neuzeit

Für den praktischen Gebrauch und zu Lehrzwecken entworfen

Hermann Grotefend

Taschenbuch der Zeitrechnung des deutschen Mittelalters und der Neuzeit
Für den praktischen Gebrauch und zu Lehrzwecken entworfen

ISBN/EAN: 9783743389755

Hergestellt in Europa, USA, Kanada, Australien, Japan

Cover: Foto ©Andreas Hilbeck / pixelio.de

Weitere Bücher finden Sie auf **www.hansebooks.com**

TASCHENBUCH

DER

ZEITRECHNUNG

DES

DEUTSCHEN MITTELALTERS

UND DER

NEUZEIT.

FÜR DEN PRAKTISCHEN GEBRAUCH
UND ZU LEHRZWECKEN

ENTWORFEN

VON

DR. H. GROTEFEND.

HANNOVER UND LEIPZIG.
HAHN'SCHE BUCHHANDLUNG.
1898.

Vorwort.

Die 1891/98 in gleichem Verlage in drei Bänden erschienene „Zeitrechnung des deutschen Mittelalters und der Neuzeit" war bestimmt, das 1872 erschienene, inzwischen vergriffene „Handbuch der historischen Chronologie" zu ersetzen. Jedoch ihr Umfang ist durch die Fülle des Stoffes zu sehr angeschwollen, um, wie das „Handbuch", den Forschern beim täglichen Gebrauch zu dienen und Lernenden eine sichere Einführung in chronologische Dinge zu gewähren.

Beiden Zwecken sucht das „Taschenbuch" zu entsprechen. Die Forschungen zur „Zeitrechnung" sind ihm sämmtlich zu gute gekommen; bei Auswahl, Anordnung und Fassung des Stoffes ist in allem dem praktischen Bedürfnisse Rechnung getragen.

So darf ich hoffen, jetzt in dem „Taschenbuch" das Hülfsmittel geschaffen zu haben, das mir schon bei dem „Handbuch" als Ziel vorgeschwebt hat. Nur dass ich damals das Buch zu sehr mit Beweisen für meine Forschungen belasten musste, die jetzt — weil in der „Zeitrechnung" niedergelegt — für alle Zweifelfälle durch einen allgemeinen Hinweis auf jenes Werk ersetzt werden können.

Die Anlage des „Taschenbuches" geht aus dem umstehenden Inhaltsverzeichniss hervor und bedarf keiner Erklärung. Dass bei einem vorzugsweise dem Mittelalter gewidmeten Buche die lateinische Schreibweise dieser Zeit gewählt ist, wird nicht auffallen.

Schwerin, den 1. October 1898.

Dr. H. Grotefend.

Inhalt.

Grundlagen der Zeitrechnung.

Der Zeitrechnung des Mittelalters liegt das Sonnenjahr (*annus solaris*) zu Grunde, das ist der Zeitraum, in dem die Erde ihren Lauf um die Sonne vollendet. Ein solches Jahr ist verflossen, wenn die Sonne an derselben Stelle der Ekliptik, auf demselben Wendepunkte (τροπή) sich befindet. Das hiernach benannte tropische Jahr hat im Mittel eine Länge von 365 Tagen 5 Stunden 48 Minuten und 48 Sekunden.[1] Ein Tag dieser Rechnung ist die Zeitdauer einer Umdrehung der Erde um ihre eigene Axe.

Cäsar, der Neuordner des römischen Kalenders, nahm sein Sonnenjahr, das nach ihm später Julianisches Jahr hiess, zu 365 Tagen an. Dem Ueberschuss, den er auf rund 6 Stunden annahm, wurde er durch eine alle vier Jahre eintretende Schaltung von einem Tage (Schalttag, *dies bis sextus*, s. S. 14d) gerecht. Zum Unterschiede von diesem um einen Tag vermehrten Schaltjahre (*annus bissextus, bissextilis*) hiessen die drei dazwischen liegenden Jahre Gemeinjahre (*annus communis*).

Dieses Julianische Sonnenjahr brachte man zum Zwecke kirchlicher Festberechnung mit dem Mondumlauf dermassen in Verbindung, dass man 19 Julianische Jahre 235 synodischen (Mond-) Monaten gleichsetzte. Ein synodischer Monat (*lunatio, mensis lunaris*) ist der Zeitraum von einer grössten Sonnennähe des Mondes (*Neumond*, σύνοδος, in Quellen *accensio lune, das neu*) zur andern. Seine Dauer beträgt im Mittel nach der schon von Ptolomäus angestellten Berechnung 29 Tage 12 Stunden 44 Minuten 3 Sekunden. Die 235 Mondmonate, die den Mondcyklus (*cyclus lunaris, decemnovennalis*) bilden, sind innerhalb der 19 Julianischen Jahre so angeordnet, dass man immer mit 30 und 29 Tagen abwechselte und diese Ordnung nur 7 mal durch Schaltmonate (*mensis embolismeus*, in Kalendern *embolismus*) unterbrach. Die Schaltjahre (*annus embolismalis*) sind das 2. 5. 8. 10. 13. 16. 19. dieses neunzehnjährigen Mondcyklus. Die sechs ersten Schaltmonate (am 2. Dec., 2. Sept., 6. März, 4. Dec., 2. Nov. und 2. Aug. einsetzend)

---

[1] Siderisches Jahr ist ein Umlauf der Erde um die Sonne bis zu dem scheinbaren Wiederkehren der letzteren zu demselben Fixsterne, bei dem die Beobachtung begann. Seine Länge beträgt 365 Tage 6 Stunden 9 Minuten 10 Sekunden. Es findet in der Chronologie keine Verwendung.

zählen 30, der letzte (der am 5. März beginnt) 29 Tage. Die Schalt- **a**
tage der 19 Julianischen Jahre schob man als Mondschalttage
(*dies embolismales*) in die im Februar beginnende Märzlunation
der betr. Julianischen Schaltjahre ein.

Da nach dem Verlauf eines Mondcyklus von 19 Jahren die Mondphasen wieder an denselben Monatsdaten eintreten, so können mit seiner
Hülfe die Mondalter für die gesammte Zeitrechnung bestimmt werden.

Der kalendarische Vertreter der Jahre des Mondcyklus ist die
Goldene Zahl (*numerus aureus*) [1]. In einer wiederkehrenden
Reihe von 1—19 durchläuft sie die Jahre der christlichen Zeitrechnung.
Da sie anknüpft an das Jahr 1 v o r Christus, so ist sie für jedes Jahr **b**
nach Christus leicht zu ermitteln als Rest der Theilung der Jahres-
zahl $+$ 1 durch 19. Bleibt kein Rest, so ist 19 die goldene Zahl.

Tafel III giebt die goldenen Zahlen für die Jahre 400 bis
2200 wieder. Die vier untersten Reihen gelten auch für die vier
ersten Jahrhunderte nach Christi Geburt.

Um einen immerwährenden Mondkalender zu erhalten,
werden in einen Jahreskalender zu den betreffenden Tagen, vom 24. Dec.
ab zählend, die Neumonde der 19 Jahre mit ihren goldenen Zahlen nach
der geschilderten Weise eingetragen, so wie es Tafel IV wiedergiebt [2]).

Diese Tafel ist nicht nur zur Kontrolle von Nekrologien, **c**
Anniversarien und Kalendarien von Nutzen, sondern dient auch zur
Prüfung der Angaben des Mondalters einzelner Tage (*luna,
numerus aureus*), obschon bei diesen vielfache Fehler untergelaufen
zu sein scheinen. Anfangs- und Endtermin sind bei solchen Angaben stets mitgezählt.

Tafel IV kann auch bei den Finsternissangaben mittelalter-
licher Quellen zur Prüfung der Jahreszugehörigkeit benutzt werden,
da Sonnenfinsternisse nur bei Neumond, Mondfinsternisse nur bei
Vollmond eintreten können. Doch ist dabei zu berücksichtigen, dass
die Angaben der Tafel IV etwa für das 3. Jahrhundert berechnet sind, **d**
und dass der bei der Berechnung gemachte Fehler (s. Kalenderverbesserung) in je 3 Jahrhunderten auf einen Tag anwächst, so dass
man meist schon von 500 ab einen Tag, von 800 ab 2 Tage, von
1100 ab 3 Tage früher, d. h. v o r den Angaben der Tafel die Neumonde annehmen muss. Eine Abweichung von einem Tage ist dabei
überall nicht ausgeschlossen, da die Angaben der Tafel cyklisch sind.
Für den Vollmond hat man vom Neumondstage ab (Anfangs- und
Endtag mitgerechnet) 15 Tage vorwärts zu zählen.

---

[1]) *Numerus aureus* und *annus cycli decemnovennalis* ist in Urkunden
dasselbe. Stehen *annus cycli lunaris* oder *cyclus lunaris* neben *annus de-* **e**
cemnov. oder *cyclus decemnov.*, so sind erstere dem jüdischen Mondcyklus (im
Herbst drei Jahre nach dem christlichen beginnend) angehörig. Alleinstehend
bezieht sich auch *annus cycli lunaris* und *cyclus lunaris* auf das christliche
Mondjahr und seinen Cyklus.

[2]) Die Lunationen werden nach den Sonnenmonaten benannt, in denen
sie schliessen. Der am 23. Jan. beginnende Mondmonat des Jahres 1 ist daher
die Februarlunation dieses Jahres. Die Zahl der Tage vom 1. Jan. bis zum
Beginn der ersten Lunation im Jahre heisst *interstitium lunare*. Die Theilung
des Mondmonats in 4 *septenaria* kommt selten vor.

Ueber die Druckeinrichtung der Tafel IV ist noch folgendes zu bemerken. Unterstrichen sind die Neumondstage der ungraden (hohlen) Mondmonate von 29 Tagen. Mit einem Punkte vor der Goldenen Zahl sind die Neumonde der Schaltmonate bezeichnet. Eingeklammert sind die Ansätze der Alexandriner (*secundum Egyptiacos*), die die Julilunation des Jahres 19 anstatt mit 30 mit 29 Tagen ansetzten und daher am 30. Juli schlossen, was Beda, der chronologische Lehrer des Abendlandes, erst mit dem am 27. October beginnenden Mondmonate desselben Jahres vornahm. Diese Auslassung (*saltus lune*) sollte den Fehler des Cyklus verbessern, der durch die Vernachlässigung der Tagestheile bei den verschiedenen Ansätzen der Mondrechnung, die kalendarisch doch nur in Tagen wiedergegeben werden konnten, in 19 Jahren einen vollen Tag betrug[1]).

Der Sonnencyklus (*cyclus solaris*) durchläuft in 28jähriger Wiederkehr die ganze Zeitrechnung. Er soll eine Jahresreihe von solcher Beschaffenheit darstellen, dass in den mit denselben Zahlen bezeichneten Jahren aller Reihen die Wochentage auf dieselben Monatsdaten fallen. Da jedes Gemeinjahr 52 Wochen und einen Tag enthält, so hätte, wenn es kein Schaltjahr gäbe, ein 7jähriger Cyklus genügt. Nun trat alle 4 Jahre eine Verschiebung um 2 Tage ein, es war also ein 4×7jähriger Cyklus erforderlich. Diese Jahresreihen von 1 bis 28 verband man so mit der christlichen Zeitrechnung, dass ein mit einem Montage beginnendes Schaltjahr das erste des Cyklus ward. Ein solches war auch das Jahr 9 vor Christus. Man erhält daher die Zahl des Sonnencyklus bei der Theilung der Jahreszahl $+ 9$ durch 28. Der Rest oder, falls keiner bleibt, 28 ist die Zahl des Sonnencyklus (*Sonnenzirkel, circulus solaris*).

Der bequemeren Rechnung wegen mögen für die Jahrhunderte, aus denen etwa Angaben des Sonnenzirkels in den Quellen enthalten sind, die Jahre mit dem Sonnenzirkel $28 = 0$ hier stehen: 803. 831. 859. 887. 915. 943. 971. 999. 1027. 1055. 1083. 1111. 1139. 1167. 1195. 1223. 1251. 1279. 1307. 1335. 1363. 1391. Wenn man von der gegebenen Jahreszahl die höchstmögliche dieser Zahlen abzieht, ergiebt der Rest den Sonnenzirkel.

Um die Bestimmung der Wochentage für alle 28 Jahre des Cyklus zu ermöglichen, bezeichnete man die 365 Tage des Gemeinjahres mit je einem der 7 Buchstaben A bis G, beim 1. Januar mit A beginnend. Diese den einzelnen Tagen fest zugewiesenen Buchstaben sind die Tagesbuchstaben. Auf welchen dieser 7 Buchstaben im einzelnen Jahre der erste Sonntag fällt, der ist für dieses Jahr der Sonntagsbuchstabe (*littera dominicalis*), d. h. alle Tage, denen dieser als Tagesbuchstabe zukommt, sind Sonntage in dem Jahre[2]). Da man aber bei der Bezeichnung der Tage mit den Buchstaben den Kalender des Gemeinjahres zu Grunde legte,

---

[1]) S. unten bei Epakte S. 6c.
[2]) In den Quellen heisst auch der Tagesbuchstabe *littera dominicalis*. Der Zusammenhang des Textes muss die Bedeutung ergeben.

ohne Rücksicht auf den Schalttag, so kommen dem Schaltjahre zwei ∎ Sonntagsbuchstaben zu. Der erste gilt für die Sonntage vor dem Schalttage, der zweite für die dann folgenden[1]).

Die Sonntagsbuchstaben verknüpfte man dergestalt mit den Zahlen des Sonnencyklus, dass man dem ersten Jahre — das als Schaltjahr mit Montag begann — GF als Sonntagsbuchstaben beilegte, und dann in den Buchstaben rückwärtsschreitend die Jahre weiter mit entsprechenden Buchstaben versah, so dass das 28. Jahr die Reihe mit A schloss. Die Aufeinanderfolge dieser Sonntagsbuchstaben ist auf Tafel I, die die Sonntagsbuchstaben aller Jahre der christlichen Zeitrechnung enthält, in der vierten Längsreihe ♭ (unter 300) bei Weglassung des letzten Buchstaben zu ersehen.

In der auf Tafel II wiedergegebenen Uebersicht der Wochentage nach den (über der Tafel vermerkten) Tagesbuchstaben ist auf den römischen Schalttag keine Rücksicht genommen. Der erste Sonntagsbuchstabe des Schaltjahres gilt daher bei der Benutzung dieser Tafel bis zum 29. Febr., und der Wechsel tritt erst mit dem 1. März ein. Die unteren 7 Querreihen der Tafel II geben die Wochentage für alle Jahre nach den einzelnen Sonntagsbuchstaben an. Die Reihe der Tagesbuchstaben oben hat für den praktischen Gebrauch der Tafel keine Bedeutung.   o

---

Festrechnung.

Das Osterfest wird nach den Ansätzen der Kirche am Sonntag nach dem Frühlingsvollmond begangen. Es ist das also der Sonntag nach demjenigen Vollmonde, der auf oder zunächst nach dem — zum Behuf der Osterrechnung auf den 21. März feststehend angenommenen — Frühlingsanfang fällt. Zur Kontrolle dieser Feier bedürfen wir also der Sonne, um den Wochentag, und des Mondes, um den Vollmond zu berechnen.

Der Ostercyklus (*cyclus paschalis, annus magnus, circulus magnus pasche*), durch den der Tag der Osterfeier bestimmt ∎ wird, ist daher eine Vereinigung des Sonnencyklus mit dem Mondcyklus; seine Jahresreihe besteht aus dem Vielfachen der Zahlen, die jenen zu Grunde liegen, aus $28 \times 19 = 532$ Jahren.

Nicht gleich gelangte man indessen zu diesem 532jährigen Cyklus; ältere Versuche, in kleineren Zeiträumen die Osterfeste wiederkehren zu lassen, führten zu Zwistigkeiten, die durch die Verschiedenheit der Ansichten über den Frühlingsvollmond und den frühest möglichen Termin der Feier noch vermehrt wurden. Wichtig für

---

[1]) Der römische Schalttag ist der 24. Februar. Bis zu diesem Tage gilt daher bei römischer Kalenderbezeichnung der erste Sonntagsbuchstabe. e Da man den 25. Februar auch (wie den 24.) mit dem Tagesbuchstaben F versah, gilt von ihm ab der zweite Sonntagsbuchstabe. Bei unserer durchlaufenden Zählung der Monatstage tritt der Wechsel erst nach dem 29. Febr. ein.

das Mittelalter ist hauptsächlich der neben dem 532jährigen Cyklus zeitweilig im Abendlande erscheinende ($3 \times 28 =$) 84jährige Ostercyklus, dessen Herrschaft namentlich für Brittannien zu beachten ist, wo erst im Anfang des 8. Jahrhunderts Beda's Bemühungen dem 532jährigen Cyklus Eingang verschafften.

Dieser 532jährige Cyklus, ursprünglich ein Erzeugniss der Alexandrinischen Kirche (Anianus), wurde in seinem heutigen Zustande von dem römischen Abte Dionysius Exiguus im 6. Jahrhundert in seiner Ostertafel aufgestellt, und daher nach ihm benannt.

Die Ostertafel (*Tabula paschalis*) des Dionysius enthielt in 8 Spalten: 1) *Anni domini nostri Jesu Christi*; 2) *Indictiones*; 3) *Epacte lunares*; 4) *Concurrentes*; 5) *Lunaris cyclus*; 6) *Luna quarta decima pasche*; 7) *Dies dominicus pasche*; 8) *Luna ipsius diei*. Diese Rubriken wurden von späteren Bearbeitern erheblich vermehrt.

Dionysius verschaffte durch sein Werk der Alexandrinischen Osterrechnung den Sieg auch im Abendlande, wo bisher neben dem 84jährigen Cyklus nur die im 5. Jahrh. in Frankreich entworfene Berechnung des Victurius in Geltung gewesen war. Obschon auch auf einem 532jährigen Cyklus beruhend, zeigte die Tafel des Victurius, die etwa 2 Jahrh. in Frankreich herrschte, Abweichungen von der Alexandrinischen (Dionysischen) Rechnung. Zu Tafel XIII, die die Ordnungsnummern der Ostertage (Festzahlen) nach den Ansätzen der Alexandriner und des Dionysius enthält, sind die Victurischen Festzahlen als Anmerkung gegeben, während in der Tafel selbst durch Unterstreichen der davon betroffenen Festzahlen darauf aufmerksam gemacht ist. Die Osterfestzahlen des 84jährigen Cyklus sind ebenda unter dem Text aufgeführt.

Den Termin des Ostervollmonds (*luna quarta decima pasche*) können wir nach den cyklischen Neumonden berechnen. Da erst am Tage nach ihm frühestens Ostern fallen kann, heisst er Ostergrenze (*terminus paschalis*), der dazu gehörige, vorhergehende Neumond wird als *incensio lune paschalis* bezeichnet.

Tafel VIII giebt die Ostergrenzen für den alten Stil, Tafel IX für den neuen Stil (bis 2299) wieder. Weiss man für ein gegebenes Jahr aus Tafel III die goldene Zahl, so nennt Tafel VIII (oder IX) die Ostergrenze und ihren Tagesbuchstaben. Aus Tafel I lernt man den Sonntagsbuchstaben des Jahres kennen, mit dessen Hülfe man nach der Ostergrenze und deren Tagesbuchstaben den nächsten Sonntag — Ostern — bestimmen kann. Um diese Berechnung zu ersparen, giebt Tafel XIII für den alten, Tafel XIV für den neuen Stil für alle Jahre von 550 bis 1999 den Ostertag oder vielmehr die s. g. Festzahl an, d. i. seine Ordnungsnummer in der Reihe der 35 möglichen Ostertage (*dies vagi, mensis novorum*).

Das Verhältniss der Festzahl zu den Monatstagen der Osterfeste ist aus der Tafel VII zu ersehen, die in einer dritten Spalte die Osterbuchstaben (*littere paschales, annales*) enthält, einen Theil der alten Lunarbuchstaben (*littere lunares*), des älteren

Hülfsmittels zur Berechnung der Mondphasen. In dreifacher Aufeinanderfolge (zwei Mal bis V, das letzte Mal bis T), unpunktirt.
hinten und vorn punktirt (*postpunctate, prepunctate*), durchliefen
die Lunarbuchstaben das Jahr und dienten zunächst zur Bestimmung
der cyklischen Mondphasen, während dann auch die zufällig auf die
Tage vom 22. März bis 25. April fallenden Buchstaben als *littere
paschales* zur Bezeichnung der Jahre benutzt wurden, in denen
Ostern jeweilig auf diese Tage fiel.

Auch Tafel V und VI dienen der Osterberechnung nach
altem und neuem Stil. Auch sie ergeben, durch Goldene Zahl und
Sonntagsbuchstaben erschlossen, die Festzahlen bis zum Jahre 1899.

Die noch übrigen Hülfsmittel der Festrechnung sind zur
Datenauflösung entbehrlich, aber doch wegen ihrer häufigen Verwendung in mittelalterlichen Datirungen und Kalendern zu erörtern.
Es sind Epakten, Claves terminorum, Konkurrenten und Regularen.

Die Epakten (*epacte minores, epacte lunares, adjectiones
lune*) sind nach mittelalterlichem Gebrauch Zahlen, die das Mondalter des 22. März anzeigen. Jedem Jahre kommt demnach eine
Epakte zu, die in 19jährigem Cyklus, entsprechend dem Mondcyklus
und den ihn vertretenden Goldenen Zahlen, wiederkehrt. Jede
Epakte ist gemäss dem Tagesunterschiede des Mondjahres (354) und
Sonnenjahres (365) um 11 grösser als die des Vorjahres (abzüglich
der vollen Mondmonate von 30 Tagen), nur die Epakte des 19. Jahres
springt um 12 Tage (*saltus lune*) und ermöglicht dadurch die
Wiederkehr der Reihe[1]).

Der Wechsel der Epakten findet mit dem 1. Sept. statt.

Auf Tafel VIII ist die Reihe der mittelalterlichen (Dionysischen,
Bedanischen oder Alexandrinischen) Epakten in ihrem Verhältniss
zur Goldenen Zahl angegeben. Es ist in der Tafel stets die Epakte
enthalten, die mit ihrem grösseren Theil (Januar bis September) in
das bezeichnete Jahr fällt.

Die Claves terminorum (nämlich *terminorum septuagesime, quadragesime, pasche, rogationum, pentecostes*) sind
Tageszahlen, mit denen man von bestimmten Fixpunkten ab zählend
zu den Terminen der angegebenen Feste gelangt. Ausgegangen ist
die Rechnung von dem *terminus paschalis*, den man erhält, wenn
man vom 11. März ab (den alle Kalender als Fixpunkt angeben) so
viele Tage, einschliesslich des Anfangs- und Endpunktes, vorwärts
zählt, als die *Clavis* des Jahres beträgt. Diese Rechnungsart dehnte
man dann auch auf die übrigen genannten, von Ostern abhängigen
Sonntage aus, denen man auf diese Weise auch *termini* gab. Die
Fixpunkte dieser *termini*: 7. Jan., 28. Jan., 11. März, 15. April,
29. April heissen in Kalendern *locus clavium, sedes clavium*, auch
kurzerhand *claves*. Die *Claves* selbst werden auch *regulares clavium* genannt. Tafel VIII enthält sie in ihrem Verhältniss zur
Goldenen Zahl.

---

[1]) S. oben bei Mondcyklus S. 3b.

Die Konkurrenten (*concurrentes*, auch *epacte solis, adjectiones solares, epacte majores* genannt) stehen in engem Zusammenhange mit den *Claves*. Sie bestehen aus den Zahlen 1 bis 7 und bezeichnen den Wochentag des 24. März (*locus* oder *sedes concurrentium*), indem der Sonntag durch 1, der Montag durch 2 u. s. f., der Sonnabend endlich durch 7 bezeichnet wird. Da der 24. März den Tagesbuchstaben F hat, so stehen die Konkurrenten zu den Sonntagsbuchstaben (im Schaltjahr natürlich zum zweiten) in folgendem Verhältniss:

Sonntagsbuchstaben .	F	E	D	C	B	A	G
Konkurrenten	1	2	3	4	5	6	7

Dass die Konkurrenten ursprünglich im März wechseln, tritt besonders in ihrem Verhältniss zu den *regulares solares mensium* (s. unten) entgegen, die zu ihnen addirt die Wochentage der Monatsersten angeben. In Urkunden, wie überhaupt im ganzen späteren Mittelalter, wird jedoch auf diesen März - Anfang keine Rücksicht genommen.

Der Regularen giebt es 3 Arten:

1) Die Mondregularen (*regulares lunares mensium, ad lunam calendariam inveniendam*). Es sind Zahlen von 9 bis 18, die, wie der letzte Name es angiebt, zu den Epakten der Jahre addirt, das Mondalter der Monatsersten angeben, mit Ausnahmen, die durch drei Schaltmonate bedingt werden, und Abweichungen, die mit dem September-Jahresanfang und gleichzeitigem Epaktenwechsel der Alexandriner zusammenhängen.

Zu Datirungen sind diese Mondregularen nie verwendet.

2) Sonnenregularen (*regulares solares mensium*, auch *reg. mensium, reg. feriales, ad feriam calendariam inveniendam*). Nach dem letzten Namen hatten sie den Zweck, den Wochentag der Monatsersten zu ermitteln. Sie wurden zu dem Ende mit den Konkurrenten zusammengezählt.

Auch diese Sonnenregularen sind zu Datirungen nie verwendet und werden hier nur der Vollständigkeit wegen erwähnt.

3) Osterregularen (*regulares pasche*, auch schlechthin *regulares* genannt). Sie sind ursprünglich der Tagesunterschied des 24. März und der jedesmaligen Ostergrenze, jedoch unter Wegfall der vollen Wochen, da es sich nur um den Wochentag, nicht um die Tageszahl handelt. Bei ihrer Berechnung darf indessen der 24. März nicht mitgezählt werden, da sonst bei ihrer Zuzählung zu den Konkurrenten, den Wochentagsrepräsentanten des 24. März, bei denen er bereits berechnet ist, er zweimal gezählt werden würde. Die Osterregularen sind in Tafel VIII in ihrem Verhältniss zu den Goldenen Zahlen angegeben.

Jahresbezeichnung.

Die Indiktion (*indictio, Kaiserliche Zahl, Römerzins-zahl, Zeichen*) ist eine der häufigsten Jahresbezeichnungen des Mittelalters. Ihr Cyklus ist ein 15jähriger. Die Anzahl der verflossenen Cyklen wird selten berücksichtigt. Meist wird nur die Zahl des Jahres im Cyklus angegeben. Der Ursprung der Indiktion liegt noch im Dunkeln; gewiss scheint, dass ihre Heimat Aegypten ist.

Ihr Wechsel im Jahre wurde verschieden angenommen, und danach scheidet man 1) *indictio Greca (Constantinopolitana)*, die mit dem 1. Sept. beginnt; 2) *indictio Bedana, cesarea*, mit dem 24. Sept. beginnend; 3) *indictio Romana*, mit dem 25. Dec. oder 1. Jan. wechselnd. Für die ersten 8 Monate ist die Indiktion bei allen 3 Zählungen gleich. Da also nur höchstens ein Drittel aller Daten für den Wechsel entscheidend ist, ausserdem Fehler nicht ausgeschlossen sind[1]), ist der Gebrauch für die einzelnen Kanzleien schwer festzustellen.

Die Griechische Indiktion (1. Sept.) ist die älteste. In der päpstlichen Kanzlei war sie bis 1087 in Gebrauch, in der kaiserlichen bis 832. In Süditalien blieb sie in Uebung.

Die Bedanische Indiktion (24. Sept.) war sowohl unter den französischen Karolingern, als auch in der kaiserlichen Kanzlei seit ca. 850 in Gebrauch, auch in deutschen Bischofskanzleien von 1200 bis 1350 ausschliesslich. Sie wird dann von der Römischen Indiktion immer mehr zurückgedrängt.

Besondere Eigenthümlichkeiten einzelner Diöcesen können hier nicht weiter berücksichtigt werden.

Der Indiktionscyklus stand so mit den Jahren nach Christi Geburt in Verbindung, dass der Rest der um 3 vermehrten Jahreszahl bei der Theilung durch 15 die Zahl der Indiktion ergiebt, die mit ihrem grössten Theile in das gegebene Jahr fällt.

Tafel XV erleichtert die Kontrolle der Indiktionsangaben in den Quellen.

Die Jahre der Stadt (*anni ab Urbe condita, a. U. c.*) haben im Mittelalter sich lange in Chroniken erhalten, und zwar kam neben der hauptsächlich benutzten Varronischen Zählung (Roms Gründung im Frühling 753 v. Chr.) auch die Catonische (Capitolinische) Zählung (Roms Gründung im Frühling 752 v. Chr.) zur Anwendung. Danach ist eine dieser beiden Zahlen von den Jahren der Stadt abzuziehen, um die Jahre nach Christus zu erhalten.

Weniger erscheinen die griechischen Olympiaden. Der Ausgangspunkt dieses 4jährigen Cyklus war die Sommersonnenwende des Jahres 776 v. Chr. Folglich begann am 1. Juli des Jahres 1 nach Christus das erste Jahr der 195. Olympiade. Daher erhält man

---

[1]) Es ist deshalb, ehe man Schlüsse für den Termin des Wechsels in einer Kanzlei zieht, erforderlich, die Genauigkeit ihrer Indiktionsangaben auch für die ersten 8 Monate zu prüfen.

a die Minderzahl des am 1. Juli eines Christlichen Jahres beginnenden Olympiadenjahres durch Theilung der christlichen Jahreszahl mit 4. Der Quotient (wenn kein Rest ist, abzüglich e i n e r Einheit), um 195 vermehrt, ist die Olympiadenzahl.

Die K o n s u l a t s j a h r e haben nur für das früheste Mittelalter Bedeutung. Nach dem Aufhören des Konsulats wird eine Zeit lang mit Jahren *p. c.* (*post consulatum*) weitergezählt, von 535 ab *anno 1. p. c. Paulini* im Abendlande, von 542 ab *anno 1. p. c. Basilii* im Orient.

Nach Karl des Grossen Kaiserkrönung führten die Päpste
b (bis 904) die *anni p. c.* der Kaiser mit gleichen Jahren und Anfangstagen wie deren Regierungsjahre in Bullen an. In Deutschland kommen sie nicht vor.

Die R e g i e r u n g s j a h r e der Kaiser zu Datirungen zu verwenden, wurde durch Justinian (Novella 47) gesetzlich bestimmt. Die Päpste nehmen seit 707 ihre eigenen Regierungs- (P o n t i f i k a t s -) Jahre an. Sie rechnen vom Tage der Weihe ab. Die Kaiser zählen ursprünglich vom Tage der Krönung, später wird auch von der Wahl ab gerechnet. Ausnahmen — soweit sie nicht einfache Irrthümer sind — beruhen auf der Rechnung nach der De-
c signation (Ordination) oder der vorgängigen Krönung. In deutschen Bischofsurkunden findet sich die Angabe des Pontifikats der Aussteller seit dem 10. Jahrhundert.

Die Regierungsjahre der Kaiser und die Pontifikatsjahre der Päpste sind (beide von 911 ab) hinter dem Alphabetischen Verzeichniss zum Abdruck gebracht.

Das L e b e n s a l t e r der Aussteller wird nur selten zur Jahresangabe benutzt.

Die älteste Bezeichnung einer längeren Reihe von Jahren mit fortlaufenden Zahlen war die D i o k l e t i a n i s c h e A e r a (*anni*
d *Diocletiani*, später auch *aera martyrum* genannt). Ihre Epoche war der Regierungsantritt Diokletians, der 29. Aug. 284, der nach Alexandrinischer Jahresrechnung dem Anfang des Jahres 285 gleichkommt. Die Umrechnung auf unsere Jahre ist daher bei Daten vor dem 29. Aug. durch Zuzählung von 283, bei späteren Tagesdaten durch Zuzählung von 284 zu bewerkstelligen

Der *Aera martyrum* stellte Dionysius die J a h r e n a c h C h r i s t i G e b u r t (*anni domini nostri Jesu Christi*) zur Seite, indem er das 247. Jahr Diokletians mit dem 531. nach Christi Geburt gleichsetzte und mit dem Jahre 532 seine 532jährige Ostertafel
e begann. Diese Jahre der C h r i s t l i c h e n Z e i t r e c h n u n g, *anni ab incarnatione, a nativitate domini, anni Christi gratie, anni gratie, salutis, verbi incarnati, orbis redempti, reparate salutis, trabeationis* und deutsch mit den entsprechenden Uebersetzungen bezeichnet, sind seitdem die hervorragendste christliche Aera geblieben.

Das spätere Mittelalter liebte es, in Datirungen die Jahrhunderte wegzulassen und nur die Z e h n e r u n d E i n e r (*mindere zahl, wenigere zahl*) zu setzen. Auch in den verschiedensten Spiele-

reien mit den Jahreszahlen (Abzählungen mit *min* und *aun*, Halbi-
rungen der Tausender, Hunderter und Einer, Einkleidungen in Räthsel-
form) gefiel man sich. Auch C h r o n o s t i c h a, Verse, in denen die
römische Zahlzeichen vertretenden Buchstaben in ihrer Summe die
gewünschte Jahreszahl ausdrücken, wurden beliebt.

In Spanien begegnen uns seit dem 5. Jahrh. bis tief ins Mittelalter hinein die Jahre der S p a n i s c h e n A e r a (*aera Hispanica*),
um 38 Einheiten grösser als die Jahre der Christlichen Zeitrechnung.
König Alfons von Kastilien datirte einige seiner Urkunden für
Deutschland nach dieser Zeitrechnung.

Aehnlich der Spanischen Aera war die s. g. M a u r e t a n i s c h e
A e r a (*anni provincie*), die mit dem Jahre 40 vor Christus, dem
Jahre der Einverleibung Mauretaniens ins römische Reich begann.

Die byzantinische Welt rechnete nach der B y z a n t i n i s c h e n
W e l t a e r a (*anni ab origine mundi*), ihr folgte (bis 1700) auch
Russland. Sie zählte bis zum 1. Sept. des Jahres 1 nach Christus
5508 Jahre. Bei Daten vor dem 1. Sept. ist daher von der Welt-
aerenzahl 5508, vom 1. Sept. bis 31. Dec. aber 5509 abzuziehen, um
christliche Jahre zu erhalten.

Die A l e x a n d r i n i s c h e A e r a (des Panodorus) zählte 16 Jahre
weniger als die Byzantinische; die des Anianus, Julius Afrikanus,
Syncellus 7, 6 und 0 Jahre: alle sind von geringer Bedeutung.

Wichtiger für mittelalterliche Quellen ist die Aera des Hie-
ronymus (auch *secundum 70 interpretes, secundum communem
chronographorum usum* bezeichnet). Sie nahm an, dass Christus
im Beginn des Jahres 5199 der Welt geboren sei.

Die J ü d i s c h e W e l t a e r a begann 3760 Jahre vor Christi
Geburt. Um jüdische Jahre in christliche umzuwandeln, zähle man
daher 240 zu und ziehe 4000 ab. Fällt das Datum in die vier Herbst-
Monate, so gehört es dem vorhergehenden christlichen Jahre an.

Die vor dieser Weltaera von den Juden gebrauchte Jahresbezeichnung (*Jahre der Kontrakte*, im 1. Buche der Makkabäer
anni regni Grecorum genannt) war die A e r a d e r S e l e u c i d e n.
Sie nahm ihren Anfang im Herbste 312 vor Christus, diese Jahre
sind bei Daten der 4 Herbstmonate daher abzuziehen, sonst 311, um
christliche Jahre zu erhalten.

Seit 1300 treten erst in 100jähriger Festsetzung, doch schon
1350 wiederholt, und gar 1390 nachträglich (statt 1303) gefeiert, die
J u b e l j a h r e (*annus jubilei, gracie, gnadenreiches, goldenes
Jahr*) auf. 1400, 1450 sind die nächsten Jubeljahre, von da ab
wurden sie alle 25 Jahre begangen.

Seit 1391 finden wir auch Ueberlassungen des Jubeljahr-Ab-
lasses an einzelne Kirchen ausserhalb Roms, immer nur für bestimmte
kürzere Zeiträume, oft nur Tage. Trotzdem kam auch für diese
der Name *Jubeljahr, goldenes Jahr* zur Anwendung.

Jahresanfang.

Der Beginn des Jahres war nicht immer mit dem Beginn des römischen Kalenders (1. Jan.) in Uebereinstimmung, wenn auch festzustehen scheint, dass der 1. Jan. im bürgerlichen Leben sich das ganze Mittelalter hindurch trotz der abweichenden officiellen Schreibungen als Jahresbeginn erhalten hat.

Wir haben im Mittelalter 6 Jahresanfänge zu beachten: 1) 1. Jan.: Circumcisionsstil; 2) 1. März: Vorcäsarischer Jahresanfang; 3) 25. März: Annunciationsstil (Marienjahr); 4) Ostern: Osteranfang[1]); 5) 1. Sept.: Byzantinischer Jahresanfang; 6) 25. Dec.: Weihnachtsanfang. Von diesen beginnt 2. und 4. nach, 3. sowohl nach wie auch vor (Pisa), 5. und 6. vor unserem Jahresanfange, dem 1. Jan.

Diese 6 Anfänge vertheilen sich auf die einzelnen Länder wie folgt:

Deutschland. Die Kaiserliche Kanzlei hatte seit der Karolingerzeit den 25. Dec. Unter Philipp von Schwaben tritt häufiger, unter Otto IV. wenig, unter Friedrich II. viel der 25. März auf, im Jahre 1218 sogar als Pisaner Gebrauch (s. unten). Vom Ende des 13. Jahrh. bis zum Tode Karls IV. erscheint manchmal der 1. Jan., sonst aber ist der 25. Dec. herrschend, bis in der 1. Hälfte des 16. Jahrh. sowohl in der Kaiserlichen Kanzlei wie im ganzen übrigen Deutschland der 1. Jan. sich geltend macht. — Das Erzbisthum Mainz (*stilus Moguntinensis*) mit seinen Suffraganen, auch die Erzbisthümer Bremen, Magdeburg und Gnesen mit ihren Suffraganen, das Bisthum Cammin, ebenso die Erzbisthümer (und ihre Suffragane) Salzburg und Prag und ganz Ungarn haben den 25. Dec.[2]), — Trier mit seinen Suffraganen den 25. März. Der *mos Trevericus* ist bei Trier von 1137 bis 1640 beobachtet. — Köln und seine Suffragane beobachteten anfangs den Osterstil (nur Minden scheint stets den 25. Dec. gehabt zu haben). Köln geht 1310 zum 25. Dec. über (*mos Coloniensis*), Utrecht 1311, Lüttich 1333, Osnabrück zu nicht näher feststehendem Termine. Münster hatte sich 1313 dem 1. Jan. zugewendet.

Frankreich und Niederlande. In der fränkischen Königskanzlei galt unter den Merowingern der 1. März-Anfang, unter den deutschen und französischen Karolingern der 25. Dec.

---

[1]) Der Beginn dieses Jahres war am Karsonnabend nach Weihe der Osterkerze (*après le cierge béni, a cereo paschali*). Diese wurde mit einer Inschrift umwunden, die ausser dem Osterdatum alle übrigen chronologischen Jahreskennzeichen nach der Ostertafel enthielt. — Die etwa in einem Jahre doppelt vorkommenden Daten wurden mit *après pasques* (*post pascha*) und *avant pasques* (*ante pascha*) geschieden. Steht kein Zusatz bei solchen Daten, so gehören sie der ersten Reihe an, die sich in der Jahreszahl von den Daten der anderen Anfänge nicht unterscheidet.

[2]) Dass die Stadt Frankfurt von 1338 bis 1484 stets den 1. Jan.-Stil beobachtete, ist eine Folge der oben erwähnten Beibehaltung dieses Jahresanfangs im bürgerlichen Leben.

Die ersten Kapetinger beobachteten (unter normannischem Einfluss) •
den 25. März, bis seit Philipp I. Ostern (*mos Gallicanus*) als Anfang eingeführt wurde, der erst seit 1563 dem 1. Jan. wich. Doch
hatte sich in der Dauphiné der 25. Dec., in einigen anderen Ge-
genden Südfrankreichs der 25. März neben dem Osteranfang länger,
ja der 25. März an einigen Orten (Besançon z. B.) bis zur Einführung des 1. Januar gehalten. — Auch in Burgund, Flandern,
Brabant, Hennegau, Seeland, den Bisthümern Cambray
und Tournay herrschte der Osteranfang, ebenso in der Grafschaft
Holland seit 1300, während Geldern und Friesland stets den
25. Dec. hatten. — In den spanischen Niederlanden wurde 1575 b
der 1. Jan. eingeführt, ebenso in Luxemburg (statt 25. März),
und 1579 in Lothringen (statt 25. März). [Die Bisthümer Lüttich
und Utrecht s. bei Deutschland (Köln), ebenso Metz, Toul und
Verdun bei Trier.]

England. Bis in das 13. Jahrh. hinein galt der angel-
sächsische Anfang, der 25. Dec., während schon seit dem 12. Jahrh.
(durch normannischen Einfluss) der 25. März im kirchlichen Leben
als *mos Anglicanus, computatio Anglicana* galt. Dieser blieb
der officielle Jahresanfang bis zur Annahme des neuen Kalenders 1753.

Italien. In Norditalien galt in Mailand und Genua e
und in den von ihnen abhängigen Städten der 25. Dec. als Jahresanfang. Venedig begann (bis 1797) mit dem 1. März das Jahr;
Florenz am 25. März nach unserm Jahresanfange (*calculus
Florentinus*), Pisa und ebenso Lodi, Lucca und Siena am
25. März vor unserer Jahresrechnung, also ³/₄ Jahr vorauf (*calculus
Pisanus*). Beide Rechnungsarten wurden erst 1749 zu Gunsten des
1. Jan. beseitigt. — In Süditalien herrschte anfänglich (von By-
zanz aus eingeführt) der 1. Sept. Er galt noch lange, zum Theil bis
ins 16. Jahrh. in Bari, Neapel, Amalfi, Gaeta und einem
grossen Theile von Apulien und Calabrien. Die normannischen •
Herrscher brachten den 25. März mit, während die Staufen den
25. Dec. einführten, beide Anfänge wurden aber wohl nur in den
Kanzleien der Herrscher heimisch.

Die päpstliche Kanzlei wendete bis zur Mitte des 10.
Jahrh. den 25. Dec. an, dann daneben den calc. Flor. bis 1088, von
da bis 1145 auch den calc. Pis., seitdem den calc. Flor. allein bis
in das 14. Jahrh., von wo ab Jahreszahlen in den päpstlichen Bullen
längere Zeit nicht mehr erscheinen. Seit Martin V. (1417) wieder
calc. Flor., der im 15. Jahrh. allein herrscht. Der 1. Jan. wird für
Breven erst 1621, für Bullen 1691 eingeführt. •

Russland etc. In Russland galt bis zur Mitte des 13.
Jahrh. der 1. März, seit dieser Zeit wird er von dem officiellen Anfange des byzantinischen Kaiserreichs, dem 1. Sept., verdrängt. Dieser
muss 1701 dem 1. Jan. (alten Stils) weichen. — In Polen erscheint
seit 1364 der 1. Jan., der seit etwa 1450 alleinherrschend wird. —
In Estland herrschte stets (durch dänischen Einfluss) der 25. Dec.
— In Livland galt bis zum Ende des 13. Jahrh. der 25. März,
von da ab der 25. Dec., der Jahresanfang des Deutsch-Ordens.

a Schweiz. Die deutschen Bisthümer Basel, Konstanz, Chur gebrauchten den 25. Dec. Ebenso der deutsche Theil des Bisthums Lausanne (*secundum Theutonicos sumptum*). Der romanische Theil von Lausanne wendete bis in das 16. Jahrh. den 25. März (*stilus curie Lausannensis*) an. Im Bisthum Genf herrschte bis 1305 Ostern, dann 25. Dec., seit 1575 1. Jan. Aehnlich war es im Bisthum Sitten.

Skandinavien. Hier herrschte von jeher der 25. Dec. (*Jul*). In Norwegen bürgerte sich seit der zweiten Hälfte des 15. Jahrh. der 1. Jan. ein. In Dänemark und Schweden ein Jahrhundert b später, doch hielt sich der 25. Dec. im Volksgebrauch noch bedeutend länger.

Spanien und Portugal. Hier herrschte, so weit Jahre Christi in Frage kommen, der 25. März bis zum 14. Jahrh., während die Spanische Aera mit dem 1. Jan. begann. Zu verschiedenen Zeiten am Ende des 14. und Anfang des 15. Jahrh. wurde dann der 25. Dec. eingeführt, dem 1556 der 1. Jan. folgte.

Orden. Von Ordensgebräuchen für den Jahresanfang wissen wir nur sicher, dass der Deutsch-Orden mit dem 25. Dec. das Jahr begann, der Cistercienser-Orden mit dem 25. März. Letzteres wird c auch für die Augustiner-Eremiten behauptet, doch ist es noch nicht sicher erwiesen.

Jahreseintheilung.

Monat kommt von Mond. Ursprünglich ein Mondumlauf, wird der Monat zu einem willkürlich angesetzten ungefähren Zwölftel des Sonnenjahres. Die Dauer der 12 Monate des römisch-Julianischen Jahres ist bekannt. Die Namen für die einzelnen Monate sind in das Alphabetische Verzeichniss aufgenommen.

Das Jahr wird noch in zwölf andere Theile getheilt, die nach den Himmelszeichen des Thierkreises bezeichnet werden (d. h. nach d den Sternbildern, die vor 2400 Jahren auf den betr. Stellen der Ekliptik standen). Die Angaben nach diesen Sonnenmonaten geschahen mit *sole intrante* (25ᵃᵐ *partem geminorum*) oder *sole morante* (*in* 15ᵃ *sagittarii parte*). Die 12 Monatszeichen und der Eintritt der Sonne in sie nach Annahme der mittelalterlichen Kalender sind *Aquarius* ♒ ♒ 10. Jan.; *Pisces* ♓ ♓ 15. Febr.; *Aries* ♈ 10. März; *Taurus* ♉ 17. April; *Gemini* ♊ 10. Mai; *Cancer* ♋ 17. Juni; *Leo* ♌ 10. Juli; *Virgo* ♍ 10. Aug.; *Libra* ♎ 17. Sept.; *Scorpio* ♏ 10. Oct.; *Sagittarius* ♐ 17. Nov.; *Capricornus* ♑ 10. Dec.

e Die übrigen Eintheilungen des Jahres sind die in zwei, drei oder vier Theile.

Die Zweitheilung theilt das Jahr in Sommer und Winter. Als Fixpunkte (*Wintertag* und *Sommertag*) dienen Michaelis

(29. Sept.) und Ostern; Martini (11. Nov.) und Walpurgis (1. Mai); a
Matthei (21. Sept.) und Gertrud (17. März), in Skandinavien der
14. Oct. und 14. April. Auch *Mittwinter* (Weihnachten) und *Mittsommer* (*estas media*, Johannis, 24. Juni) finden sich als Repräsentanten dieser Zweitheilung.

Die Dreitheilung findet beim ungebotenen Dinge, dem
Landgerichte des deutschen Rechts, Anwendung. Die Termine sind
verschieden, es herrschen vor: Mittwinter (25. Dec.), Ostern, Mittsommer (24. Juni); auch Zwölften (6. Jan.), Ostern, Pfingsten.

Die Viertheilung des Jahres in die vier Jahreszeiten
(*quarterium anni, quaternus anni*): Frühling (*lenz, auswärts,* b
rer), Sommer (*estas*), Herbst (*einwärts, laubrise, autumnus*),
Winter (*hiems*) ist eine zweifache, je nach der charakteristischen
Witterung oder der diese bedingenden Himmelserscheinung. Ersterer
Auffassung entsprechen verschiedene Tage im Februar, Mai, August
und November, letzterer die Nachtgleichen (*equinoctium, ebennacht*) und Sonnenwenden (*solstitium, sungichten*).

Ausserdem verwendete man auch zur Viertheilung des Jahres
die Quatember (*quatuor tempora, quartale, chotemmer, vierzeiten, angaria, fronfasten, goldfasten, weichfasten*). Das waren
Mittwoch bis Sonnabend nach Invocavit (*quatuor tempora cinerum*; c
jejunium vernum, veris, vernale, mensis Martis), Pfingsten (*qu.
pentecostes; jej. estivum, estatis, mensis Junii*), Kreuzerhöhung,
Sept. 14 (*qu. crucis; jej. autumnale, autumni, mensis Septembris*)
und Lucie, Dec. 13 (*qu. Lucie; jej. hiemale, brumale, hiemis,
mensis Decembris, mensis decimi*).

Tagesbezeichnung.

Die älteste Tagesbezeichnung des Mittelalters ist die römische
Datirung. Die Kalenden sind stets die Monatsersten, die Nonen
fallen nach dem Worte *MOMJUL* in den Monaten März, October,
Mai und Juli auf den 7., sonst auf den 5., die Iden in den genannten d
Monaten auf den 15., sonst auf den 13. Von diesen Tagen ab wird
(Anfangs- und Endtag mitgerechnet) zu dem nächst vorhergehenden
Termine rückläufig gezählt.

Im Februar eines Schaltjahres schiebt sich (unserer Zählung
nach) hinter den *VI. kal. Mart.* ein Schalttag, *bis VI. kal. Mart.*,
ein. Im Mittelalter wird aber bis zum Ende des 15. Jahrh. statt dessen
der 24. Febr. als Schalttag betrachtet, und der Matthiastag verschob
sich auf den 25. Febr.

Die Form der Datirung ist beispielsweise: *decimo kalendas
Julii, decimo kalendas Julias* oder *decimo kalendarum Julii* c
oder *Juliarum*. Seltener ist der Zusatz *die* oder *sub die*. Für
nonis Juliis steht *nonis Julii* oder *nonas Julii*. Statt *pridie*
steht ausser *secundo* auch *priore die, ultimo* und selbst *primo*.
Hie und da wird zu den Monatsnamen auch *mensis* gesetzt.

Die ältere Ansicht, dass die Kalendendatirung bisweilen nicht rückläufig, sondern von den Iden ab mit 1 gezählt wurde, ist falsch. Dagegen kommt öfter der Fall vor, dass man zu den Kalendendaten den Monat setzte, dem sie nach unserer Rechnung angehören, anstatt den folgenden. Eine Absicht liegt dem aber nicht zu Grunde, sondern nur ein Versehen.

Tafel XVI enthält die römische Datirung. Leicht merkbare Reduktionsregeln sind: die Zahlen vor *non.* werden von 5 + 1, bei den Monaten *Momjul* von 7 + 1 abgezogen, ebenso die Zahlen vor *id.* von 13 + 1 oder 15 + 1; die Zahlen vor *kal.* von der um 2 vermehrten Tageszahl des Monats, dem der Tag nach unserer Rechnung angehört.

Die heutige Datirung nach Monatstagen von 1 — 28, 29, 30 oder 31 tritt im Abendlande schon im 6. Jahrh. auf. In der deutschen Königskanzlei erscheint sie seit Heinrich VI.

Die Consuetudo Bononiensis giebt durch den Namen ihre Heimath an. Diesseits der Alpen entfernte sie sich nur wenig von ihnen. Der erste Theil des Monats heisst *mensis intrans, ingender monat* (oder ähnlich) und wird vorwärts gezählt, der zweite *mensis exiens, stans, astans, restans, ausgender monat* (oder ähnlich) und wird rückläufig gezählt. Auch die Formeln *in introitu* und *in exitu mensis* werden gebraucht. Die beiden letzten Tage des Monats heissen *die ultimo, die penultimo.* Die Theilung der Monate und die Reduktion der Daten *mensis exeuntis* ist aus dem folgenden Täfelchen zu ersehen.

mensis exeuntis	16	15	14	13	12	11	10	9	8	7	6	5	4	3	2	ult.
31 Tage	16	17	18	19	20	21	22	23	24	25	26	27	28	29	30	31
30 Tage	—	16	17	18	19	20	21	22	23	24	25	26	27	28	29	30
29 Tage	—	15	16	17	18	19	20	21	22	23	24	25	26	27	28	29
28 Tage	—	—	15	16	17	18	19	20	21	22	23	24	25	26	27	28

Die häufigste Art der Tagesbezeichnung im Mittelalter ist nach Fest- oder Heiligentagen, sei es, dass die Datirung dem Feste oder Heiligentage selbst entnommen, sei es, dass sie durch Bezeichnung des Wochentages vor oder nach einem solchen beschafft wurde.

Die mittelalterlichen Wochentagsbezeichnungen sind folgende:

Sonntag: ☉ *dominica, dies dominicus,* (selten *feria prima*), *dies Solis, lux domini (dei).*

Montag: ☽ *feria secunda, dies Lune, guter tag.*

Dienstag: ♂ *feria tertia, dies Martis, Eritag, Irchtag, Zistag, Tistag, aftermontag.*

Mittwoch: ☿ *feria quarta, dies Mercurii, Wodenstag, Gudenstag, media septimana, mittichen.*

Donnerstag: ♃ *feria quinta, dies Jovis, phincztag.*

Freitag: ♀ *feria sexta, dies Veneris.*

Sonnabend: ♄ *feria septima* (selten), *dies sabbatinus, sabbatum, sambestag, dies Saturni, Saterdag, snavend.*

Bei der Festbezeichnung sind folgende Ausdrücke zu merken:

f e s t u m, festivitas, deutsch *hochzeit, hochgezite, dult, tult*, das
Fest selbst.

v i g i l i a, nox, pervigilium, pridie, vespera prima, selten *vespera*
alleinstehend, deutsch *abend, navent, heiliger abend*[1]), *nacht,
bannfasten, profestum, vorfir, vortag*, der Tag vor einem
Feste. Fällt die Vigilie auf einen Sonntag, so wird ihr gottes-
dienstlicher Abschnitt meist auf den Sonnabend gelegt, doch
hatte dieses auf die Datirung nur in seltenen Fällen einen Einfluss. Es braucht diese Verschiebung daher nur berücksichtigt
zu werden, wenn sie in der Quelle selbst irgendwie zum Ausdruck gebracht wird.

v i g i l i a v i g i l i e, previgilia (?), *abendsavend*, der zweite Tag
vor einem Feste, besonders vor Weihnachten (*v. v. domini*).

c r a s t i n o d i e, cras festi, sequenti die, altera die, secundo die
(selten), *postridie, feria proxima*, des *nächsten (negesten)
tages, des lateren dages, des andern dages, zweiten tages,
morgens, mornentz, nersdag* der auf das Fest unmittelbar
folgende Tag.

o c t a v a, achter tag, achtet, antdag, andag, der achte Tag nach
einem Feste (einschliesslich Anfangs- und Endtermin). Die
Tage während der Octavá werden mit *infra octavam, in octava,
sub octavis*, auch *ante octavam, inter octavas*, deutsch *in*
oder *mank der octave*, bezeichnet, während *post octavam* die
Tage nach der Octave bedeutet.

q u i n d e n a, verteinnacht, vierzehnnacht, ist der vierzehnte Tag
(unserer Zählung) nach einem Feste. Auch *quindena pasche*
ist der zweite Sonntag nach Ostern, oder der Zeitraum bis dahin.

m e n s i s, eigentlich Monat, wird auch für einen Termin von 4
Wochen gebraucht in *mensis pasche, mois de pasques. Do-
minica mensis pasche* ist der 4. Sonntag nach Ostern (*Cantate*).
Mois de noël ist analog der Zeitraum von 4 Wochen nach
Weihnachten.

Im Lateinischen gebrauchte man zur Datirung von Fest-
tagen selbst *die, in die, sub die, ipso die*[2]). Liess man dies fort,
behielt der Heiligenname doch die Genitivform. Im Deutschen
gebrauchte man *des tages, an (in) dem tage, auf den tag*. Un-
gefähre Festbezeichnungen werden mit *circa, um, omtrent* ein-
geleitet. Wird der Wochentag vor oder nach einem Feste bezeichnet,

---

[1]) *Heiliger Abend* ohne Zusatz ist die Weihnachts-Vigilie.
[2]) Daher stammt die dem Ital. entnommene Form *adi* des XVI. Jahrh.

ɑ so steht er ohne Beisatz (z. B. *am mitwochen vor* oder *nach*), oder es wird durch Beisätze (*der nächste, nächstkünftige*, seltener *der folgende, erste, letzte*, lateinisch *proximus, proxime venturus*, seltener *continuus* oder *ultimus*) das unmittelbare Voraufgehen oder Folgen des Wochentages vor oder nach dem Feste angezeigt.

Statt *post* steht auch *posterius* mit dem Ablativ, statt *nach* tritt — selten — *von* ein, auch *a* findet solche Verwendung. Im späteren Mittelalter fällt *feria* auch wohl fort. *Dies* statt *feria* ist in Deutschland unbelegt.

Eine besondere Art der Datirung ist die mit Hülfe des Cisio-
b janus. Dieses sind aus den Anfangssilben der grösseren Feste mit verbindenden Einschiebseln zusammengestoppelte Verse zum Auswendiglernen, die das Verständniss des Kalenders erleichtern sollten.

Nur die lateinische Form (für jeden Monat zwei Hexameter, für jeden Tag eine Silbe) wurde auch zum Datiren gebraucht. So *in hac sillaba bre videlicet omne Novembre* oder *in hac sillaba in hujus dictionis in hac serie*, deutsch *an der sillaba hec alz man czelit post hec Eli.*

Der Cisiojanus ist über die ganze mittelalterliche Welt verbreitet, die Datirung danach scheint auf den Norden und Osten
c Deutschlands, sowie Polen und Böhmen sich zu beschränken. Die Verse nach der landläufigen Fassung lauten:

Januar. *Cisio Janus Epi sibi vendicat Oc Feli Mar An
Prisca Fab Ag Vincen Ti Pau Po nobile lumen.*

Februar. *Bri Pur Blasus Ag Dor Febru Ap Scolastica Valent
Juli conjunge tunc Petrum Matthiam inde.*

März. *Martius Adria Per decoratur Gregorio Cyr
Gertrud Alba Bene juncta Maria genitrice.*

April. *April in Ambrosii festis ovat atque Tiburci.
Et Valer sanctique Geor Marcique Vitalis.*

d Mai. *Philip Crux Flor Got Johan latin Epi Ne Ser et Soph
Majus in hac serie tenet Urban in pede Cris Can.*

Juni. *Nic Marcelle Boni dat Jun Primi Ba Cyrini
Vitique Mar Prothas Al sancti Johan Jo Dor Le Pe Pau.*

Juli. *Jul Proces Udal Oc Wil Kili Fra Bene Margar Apost Al
Arnolfus Prax Mag Ap Christ Jacobique Sim Abdon.*

August. *Pe Steph Steph Protho Six Don Cyr Ro Lau Tibur Hip Eus
Sumptio Agapiti Timo Bartholo Ruf Aug Coll Aucti.*

September. *Egidium Sep habet Nat Gorgon Protique Crux Nic
Eu Lampertique Mat Mauricius et Da Wen Mich Jer.*

e October. *Remique Franciscus Marcus Di Ger Arteque Calix
Galle Lucas vel Und Se Seve Crispine Simonis Quin.*

November. *Omne Novembre Leo Qua Theo Martin Bricciique
Post hec Elisa Ce Cle Crys Katharina Sat An.*

December. *December Barba Nico Concep et alma Lucia
Sanctus abinde Thomas modo Nat Steph Jo Pu Thome Sil.*

Zu erwähnen sind noch die *dies egyptiaci, dies atri,* die in Kalendern durch Verse der mannigfaltigsten Art für die 12 Monate oder durch Zusätze zu den Tagen (D oder Đ) angegeben werden. Es sind meist: Jan. 1. 25; Febr. 4. 26; März 1. 28; April 10. 21; Mai 3. 25; Juni 10. 16; Juli 13. 22; Aug. 1. 30; Sept. 3. 21; Oct. 3. 22; Nov. 5. 28; Dec. 7. 22.

Die Feste und Heiligentage sind dem F e s t g r a d e nach unterschieden, und diesem entsprechend müssen sie bei etwaigem Zusammenfallen (beweglicher und unbeweglicher Feste, auch besonders gefeierter Lokalheiliger mit allgemein begangenen Heiligen) einander ausweichen, um die nöthige Berücksichtigung im Tagesgottesdienste zu finden[1]). Das ist die T r a n s l a t i o n d e r F e s t e. Sie ist nur selten von Bedeutung für die Datirung, da meist nur *quoad chorum,* nicht *quoad forum* die Verschiebung stattfand, d. h. die Geistlichkeit verlegte bloss den Gottesdienst in entsprechender Weise, der Tag behielt dem Volke gegenüber seine gewohnte festliche Geltung. Man wird daher, soweit bewegliche Feste in Frage kommen, im Allgemeinen gut thun, nur im Falle der Erwähnung einer Translation im Datum selbst Notiz von einer solchen bei der Auflösung zu nehmen. Die durch das Zusammenfallen zweier unbeweglicher Feste entstehenden hauptsächlichen regelmässigen Translationen sind im Alphabetischen Verzeichnisse vermerkt.

Die b e w e g l i c h e n F e s t e hängen vom Osterfeste ab. Sie können demnach, wie auch dieses, auf 35 verschiedene Tage fallen. Durch die 35 Kalender ist diesen 35 möglichen Tagen für alle von Ostern abhängigen Feste Rechnung getragen, das Alphabetische Verzeichniss zählt sie nach dem Anfangsbuchstaben ihrer Namen, der Messeingänge *(introitus misse)* und Evangelien auf. Hier soll nur bemerkt werden, dass die am meisten zu Datirungen verwendeten Sonntage vor Ostern, die 6 Fastensonntage *(dominice quadragesime)*: *Invocavit, Reminiscere, Oculi, Letare, Judica, Palmarum* sich nach dem Spruch behalten lassen: *In rechter Ordnung lernte Jesus Passion,* während die 6 Sonntage zwischen Ostern und Pfingsten: *Quasimodogeniti, Misericordia domini, Jubilate, Cantate, Vocem jocunditatis, Exaudi* dem Spruche entsprechen: *Quelle meines Jubels Christi vollbrachte Erlösung.*

Die nach Pfingsten fallenden Sonntage sind in dem Alphabetischen Verzeichniss so aufgeführt, wie ihre *Introitus misse* schon seit dem 9. Jahrhundert übereinstimmend in den deutschen Missalien des Mittelalters verzeichnet werden. Im *Missale Romanum,* das seit dem Ende des 16. Jahrh. auch in Deutschland Eingang fand, und das heute für die ganze katholische Kirche Gültigkeit hat, sind alle Introitus der Sonntage nach Pfingsten um 1 Sonntag früher gesetzt. Dem entsprechend zählt die heutige katholische Kirche die Sonntage nach Pfingsten. Im Mittelalter zählte man die Sonntage *post octavam pentecostes.* Diese Zählung (nach Trinitatis) ist auch in die

---

[1]) Die Verschiebung der *Vigilia* vom Sonntage auf den Sonnabend s. S. 16b.

a protestantische Kirche übergegangen, und daher ist auch in den 35 Kalendern wie im Alphabetischen Verzeichniss so gezählt.

Einige wenige Diöcesen (von den Orden die Augustiner) schoben (anstatt den letzten oder die letzten Introitus mehrfach zu wieder-holen, wie es meist vorgeschrieben ist) in die Reihe der Sonntage nach Pfingsten (bis zu 4) *dominice vacantes* ein[1]). Die Messen des vergangenen Sonntags wurden dann wiederholt (*iterum . . .*), wenn nicht ein bedeutenderes Fest den Messanfang bedingte. Auf diese Einschiebungen ist im Alphabetischen Verzeichniss keine Rücksicht genommen. Die Verschiedenheit ihrer Behandlung und Anordnung b war wohl eine Hauptursache, weshalb man die Introitus der Sonn-tage nach Pfingsten so wenig zu Datirungen verwendete.

Man darf daher wohl annehmen, dass die wenigen vorkommenden Beispiele nach der im Alphabetischen Verzeichniss zum Ausdruck ge-brachten Regel aufzulösen sind, und dass im Falle der Einschiebung von *Dominice vacantes* entweder von der Datirung nach dem In-troitus ganz Abstand genommen und ein fester Tag herangezogen, oder durch eine Doppeldatirung die Verschiebung deutlich angezeigt wurde. Immerhin aber dürfte es gut sein, in Zweifelfällen ein Fragezeichen zu machen, wenn man nicht im Stande ist, den Gebrauch c des Sprengels, dem die Quelle angehört, festzustellen.

Tageseintheilung.

Die römische Eintheilung von Tag und Nacht nach der Natur, ihren Erscheinungen und Lebensäusserungen, ebenso die militärische Vigilientheilung der Nacht hat auch das Mittelalter auf seinen **v o l l e n T a g** (*dies naturalis, dies integer*) übertragen[2]). Ihre Bezeichnungen sind in dem Alphabetischen Verzeichnisse zu finden. Der **l i c h t e T a g** (*dies artificialis*) von Sonnenaufgang zu Sonnen-untergang wurde im Mittelalter meist nach den gottesdienstlichen Verrichtungen bezeichnet, die zu den bestimmten Tageszeiten vor-d genommen werden mussten. Man unterschied 7 **K a n o n i s c h e S t u n d e n** (*hore canonice, tagzeiten*): *Matutinum, prima, tertia, sexta, nona, vespera, completorium.*

Das *matutinum* (*mette, frühmette*), ursprünglich gleich nach Mitternacht, verschob sich immer mehr gegen Morgen. Es ver-einigte die *nocturni* und *laudes* (*laudesmetten*) mit sich. — Die **F r ü h m e s s e** (*missa matutina, prima missa*) schloss sich an die Prim an, die **H o c h m e s s e** (*summa missa, hochamt, missa car-dinalis, missa solemnis*) an die Terz. — Ihr folgte das Frühstück (*prandium de mane, jentaculum, morgenmal, hochimmet*). —

---

e   [1]) Bei Festzahl 1 — 5 sind es 4, von 6 — 12 = 3, von 13 — 19 = 2, von 20 bis 26 = 1 dom. vac.

        [2]) Im alten Rom hiess der volle Tag (Nacht und Tag) *dies civilis*, der lichte Tag *dies naturalis*.

2*

Das Mittagessen (*prandium, imbiss*) mit dem Dankgebet (*gratias*) ᵃ
schloss sich an die Non, daher *nonenslap* der Nachmittagsschlaf
heisst. — An die *vespera* schloss sich meist nur an Sommertagen eine
Nachmittagsmahlzeit an (*afterundern*, auch *undern*[1]), *jausen, antecenia, merenda*) oft geradezu Vesperbrot genannt. — Dem *completorium* (*complete, nachtsang*), das stets vor Sonnenuntergang
(*occasus solis*) abzuhalten war, folgte das Ave - Maria - Läuten (*serotinus pulsus, bedeglocke*) am Abend nach Sonnenuntergang.
Nach Beschluss des Tages fand das Nachtmahl (*cena, nachtessen,
abendimbs*) statt, das seltener in den Quellen erwähnt wird. Nach
ihm wurde hie und da noch das *salve regina* gesungen, stets vor ᵇ
Mitternacht.

Die *vespera* wird als *vespera prima* und *secunda* zur
Tagesbezeichnung verwandt, da grössere Festtage mit der Vesper
des Vortages begannen und bis zum Schlusse des Tages selbst
dauerten. *Vespera prima* ist daher = *vigilia* (s. S. 16ᵇ).

Die u n g l e i c h e n S t u n d e n der Römer (*hore inequales,
hore diei et noctis*) kamen auch im Mittelalter zur Anwendung. Die
Bezeichnungen der kanonischen Stunden beruhen zum Theil auf
ihnen, ohne sich aber ihrem Zeitmass strenge anzuschliessen. Wenn
nicht von *hora tertiarum* (*terzenzit*) die Rede ist[2]), sondern von ᶜ
hora tertia (*dritte Stunde*), so haben wir in den ältern Jahrhunderten des Mittelalters solche ungleiche Stunden vor uns, die
nur an den Nachtgleichen 1 Stunde, sonst nach der Jahreszeit $\frac{1}{2}$ bis
$1\frac{1}{2}$ unserer Stunden lang waren. Das Anwachsen oder Schwinden
betrug monatlich etwa 10 Minuten. Die Höhepunkte fielen in den
Juni und December.

Die moderne Stundenzählung mit g l e i c h e n S t u n d e n (*hore
equales*) ging mit der Einführung der Schlaguhren Hand in Hand.
Neben unserer k l e i n e n U h r (halben Uhr), die mit Mitternacht
beginnend 2 mal 12 Stunden zählt, und die seit der zweiten Hälfte ᵈ
des 14. Jhrdts. in Deutschland eindringt, finden wir auch zwei andere
Stundenzählungen: die der g r o s s e n U h r und die der g a n z e n
U h r.

Die g r o s s e U h r, in Nürnberg, Regensburg und einigen
kleineren Städten, zählte an den längsten Tagen 16 Stunden des
Tages, an den kürzesten 8 Stunden, und umgekehrt in der Nacht.
Auf- und Untergang der Sonne bezeichnete ein Geläut, *das garaus*.
Die letzte Stunde des Tages hiess *eins* (oder *ein or*) *gen nacht*,
ebenso *eins gen tag* die letzte Nachtstunde. *Eins auf den tag*
ist die erste Stunde des Tages. *Fünf in die nacht* fünf Uhr nach ᵉ
dem Abendgaraus, ebenso *fünf or vor tag*. Tagesbeginn und
Tagesschluss waren genau festgesetzt, von 4 bis 8 Uhr unterschieden
mit halbstündigem Zu- und Abnehmen in etwa $3\frac{1}{2}$ wöchigen Ab-
ständen.

---

[1]) Englisch ist *undern* die Terzenzeit am Vormittag.
[2]) Zu dem oft ein *vel quasi* (*oder dabei, omtrent*) tritt, um dem Ge-
nauigkeitsgefühl des Schreibers gerecht zu werden.

Die ganze Uhr finden wir sowohl in Italien, als auch in Böhmen und Schlesien (hier bis ins 17. Jhrdt.). Sie begann ½ Stunde nach Sonnenuntergang und zählte bis wieder dahin 24 Stunden. Der durch das Fortrücken des Sonnenunterganges entstehende Unterschied der Tage wurde durch Stellung der Uhren ausgeglichen, wenn er zu einem bestimmten Maass (¼ Stunde) angewachsen war. Der Beginn des Tages wechselte von 5 bis 9 Uhr Abends.

Die Stundentheilung der älteren Zeit ist, soweit sie bei Schriftstellern vorkommt, 1 Stunde = 4 *puncta* (*quadrantes*) = 40 *momenta* = 480 *unciae*. Die neuere Theilung in 60 Minuten (auch *scrupula prima*) zu 60 Sekunden (*scrupula secunda*) zu 60 Tertien (*scrupula tertia*) ist bekannt. Aeltere Computisten hatten den Tag in 60 *minuta diei* getheilt, diese wieder in ebensoviel Tages‑Sekunden und ‑Tertien.

Kalenderverbesserung.

Beide Voraussetzungen der mittelalterlichen Osterberechnung sind irrig. Die Länge des tropischen Jahres ist nicht 365 Tage 6 Stunden, sondern 11 Min. 12 Sek. weniger, 19 Jahre also 3 Stunden 32 Min. 48 Sek. kürzer als angenommen, und 235 synodische Monate sind nicht gleich 19 Julianischen Jahren, sondern um 1 Stunde 28 Min. 15 Sek. kürzer. Diese Unterschiede häufen sich bei den Nachtgleichen in 128 Jahren, bei den Neumonden aber in rund 310 Jahren zu je einem Tage an.

Als man im 16. Jhrdt. endlich daran ging, diese schon längst bemerkten Fehler auszumerzen, suchte man zunächst das bis dahin entstandene Vorrücken der Nachtgleichen durch Ausschaltung von 10 Tagen zu beseitigen. Da der vernachlässigte Unterschied des tropischen und Julianischen Jahres von 11 Min. 12 Sek. in 400 Jahren 3 Tage 2 Stunden 40 Min. beträgt, so sollten fortan in je 400 Jahren 3 Schalttage ausfallen[1]). Als solche wurden die der Säkularjahre gewählt, deren Hunderter nicht durch 4 theilbar sind, ein Verfahren, das man Sonnengleichung nannte. 1600 und 2000 sind danach Schaltjahre, 1700, 1800, 1900 nicht. Dadurch bestimmt sich der Unterschied der Daten beider Stile, des alten, Julianischen und des neuen, Gregorianischen bis 1. März 1700 auf zehn Tage, bis dahin 1800 auf elf Tage, bis dahin 1900 auf zwölf Tage und bis dahin 2100 auf dreizehn Tage.

Besondere Aufmerksamkeit brauchen wir nur dem Zeitraume von 1582 bis 1. März 1700 (ausschliesslich) zuzuwenden, da in ihm beide

---

[1]) Dass die Nichtberücksichtigung der Tagestheile (2 St. 40 M.) in 3600, oder nach anderen Ansätzen in 3200 Jahren wieder zu einer Abweichung des Kalenders von der Wirklichkeit um einen vollen Tag führen muss, ist für unseren praktischen Zweck gleichgültig.

Stile nebeneinander in Deutschland üblich waren. Bei den Daten dieses Zeitraumes alten Stiles sind in den ersten Wochen aller Monate stets 10 zum Tagesdatum hinzuzuzählen, um Daten des neuen Stiles zü erhalten. Im letzten Drittel der Monate wechselt die Umrechnung je nach der Tageszahl der Monate. Die Abweichungen sind aus untenstehender Tafel zu ersehen.

Alter Stil				Neuer Stil
31 tägiger Monat	30 tägiger Monat	Februar im Schalt-jahr	Februar im Gemein-jahr	Tag des folgenden Monats
22	21	20	19	1
23	22	21	20	2
24	23	22	21	3
25	24	23	22	4
26	25	24	23	5
27	26	25	24	6
28	27	26	25	7
29	28	27	26	8
30	29	28	27	9
31	30	29	28	10

Werden die beiden Daten als Bruch geschrieben, so steht der Neue Stil als **Nenner**. In der Zeit des Ueberganges bezeichnete man oft den gewählten Stil durch einen Zusatz: *stilo vetere, antiquo*; *stilo novo, reformato*; *des alten, des neuen kalenders*. In Zweifelfällen muss das Datum der Einführung des neuen Kalenders im Lande des Ausstellers, bei Briefen an Höherstehende auch wohl deren Gebrauch entscheiden.

Da die Tagesbuchstaben von A — G den einzelnen Tagen des Kalenders verblieben, so mussten sich die Sonntagsbuchstaben dem Tagesunterschiede entsprechend verändern. Auf Tafel I ist dieser Veränderung Rechnung getragen.

Der Verbesserung der Mondberechnung und der dadurch bewirkten Befestigung des cyklischen Ostervollmonds an seinem natürlichen Jahrpunkte dient der von Lilius erfundene

Epaktencyklus. Jedem Tage kommt eine Epaktenzahl zu. Diese Zahlen sind im Jahre so angeordnet, dass man den 1. Jan. mit 30 = * bezeichnet und abwechselnd mit 30 und 29 tägigen Monaten weiterzählend die Zahlen von 29 abwärts einträgt, indem man für 30 immer * und in den 29 tägigen Mondmonaten 25 und 24 auf einen Tag setzt[1]).

Jedem Jahre kommt nun, wie im Julianischen Stil, eine Epakte zu, jedesmal 11 Einheiten grösser als die des Vorjahres, am Schlusse mit 12 Einheiten wieder zurückspringend. Die schon genannte Abweichung dieses 19jährigen Cyklus von der Wirklichkeit um 1 Stunde 28 Min. 15 Sekunden wächst nach rund 310 Jahren zu einem Tage an. Daher liess man in 2500 Jahren acht Mal die Epakten um je eine Einheit wachsen, sieben Mal nach 300, das achte Mal nach 400 Jahren. Das nannte man Mondgleichung.

Durch das Eintreffen von Sonnen- und Mondgleichung regelt sich nun der Epaktencyklus. Die erste bis 1700 geltende Epaktentafel begann mit: Goldene Zahl 1 = Epakte 1. 1700 verminderte die Sonnengleichung die Epakten um eine Einheit: G. Z. 1 = Ep. *. 1800 hoben sich Sonnen- und Mondgleichung auf. 1900 verminderte die Sonnengleichung die Epakte um eine Einheit: G. Z. 1 = Ep. 29, was dann erst wieder 2200 eintritt: G. Z. 1 = Ep. 28. Diese Epakte verringert sich 2300 wieder um eine Einheit. Im Ganzen giebt es 30 Epaktentafeln, da jede der 30 Zahlen die Reihe beginnen kann.

Durch die Epakten kennen wir nun die Neumonde der einzelnen Jahre, mit deren Hülfe wir den Frühlingsvollmond (die Ostergrenze) leicht berechnen können. Auf Tafel IX sind diese Ostergrenzen neuen Stils bis 2299 angegeben[2]); die Tafel VI giebt die Festzahlen der Ostertage neuen Stils bis 1899 nach Goldener Zahl und Sonntagsbuchstaben wieder; aus Tafel XIV erhalten wir unmittelbar für jedes Jahr die Festzahl.

Die Einführung des neuen Kalenders geschah durch Uebergang vom 4. zum 15. Oct. 1582 nach der Bulle des Papstes Gregor XIII. nur in Italien (mit Ausnahmen), Spanien und Portugal. In Polen gelang sie nicht überall, namentlich nicht bei den Anhängern der protestantischen und griechischen Kirche. Frankreich und Lothringen ging vom 9. zum 20. Dec. 1582 über. Holland, Brabant, Flandern, Hennegau 14.—25. Dec. 1582. ‖ Das katholische Deutschland führte den Kalender 1583 zu den verschiedensten Terminen ein: Bisthum Augsburg 13. — 24. Febr.; Erzbisthum Trier 4. — 15. Oct.; Oesterreich, Bayern, Bisthümer Freising, Eichstädt, Regensburg, Salzburg, Brixen 5. — 16. Oct.; Stadt Köln 3. — 14. Nov.; Bisthum Würzburg 4. — 15. Nov.; Erzbisthum Mainz, Bisthum Strassburg 11. — 22. Nov.; Steyermark 14. — 25. Dec. ‖ 1584 folgten die Lausitz und Böhmen 6. — 17. Jan.; die katholische

---

[1]) Kommen beide Epakten in einem Mondcyklus vor, so tritt 25 neben 26 im Kalender. Die Gründe hierfür beruhen auf der angeblichen Vorschrift des Nicäanischen Koncils über die Osterfeier und sind für uns unwesentlich.

[2]) Auf S. 5d ist ihre Handhabung zur Osterberechnung zu ersehen.

Schweiz 11.—22. Jan.; Schlesien 12.—23. Jan.; Unterwalden a im Juni; Herzogthum Westfalen 1.—12. Juli. ‖ 1585 Bisthum Paderborn 16.—27. Juni. ‖ 1587 Ungarn 21. Oct.—1. Nov.; 1590 Siebenbürgen 14.—25. Dec. ‖ 1612 Herzogthum Preussen 21. Aug.—1. Sept. ‖ 1615 Pfalz-Neuburg 13.—24. Dec. ‖ 1617 Herzogthum Kurland (seit 1796 wieder zum alten Kalender zurückgeführt). ‖ 1622 Kanton Wallis. ‖ 1682 Stadt Strassburg 5.—16. Febr. ‖ 1700 das protestantische Deutschland und Dänemark 18. Febr.—1. März; Geldern 30. Juni—12. Juli; Zutphen, Utrecht, Overijssel 30. Nov.—12. Dec.; Friesland, Groningen 31. Dec. 1700—12. Jan. 1701, ebenso Zürich, b Bern, Basel, Schaffhausen. ‖ 1724 Glarus, Appenzell, St. Gallen (Stadt). ‖ 1750 Pisa und Florenz zum 1. Jan. ‖ 1752 Grossbritannien 2.—14. Sept. ‖ 1753 Schweden 17. Febr. —1. März[1]). Zuletzt folgte Graubünden zu verschiedenen Terminen von 1760—1811. Russland, Griechenland und die christlichen Balkanstaaten rechnen noch heute nach dem Julianischen Kalender.

Durch die astronomische Osterberechnung, die die Protestanten annahmen und bis 1776 beibehielten, wich ihr Osterdatum 1724 und 1744 von dem der Katholiken ab. (S. Tafel XIV.)   c

Die letzte, nur angebliche Verbesserung des Kalenders ist der Revolutionskalender. Die französische Revolution rechnete seit dem Beginn, dem 14. Juli 1789, anstatt der christlichen Jahre nach Jahren der Freiheit. Seit dem 10. Aug. 1792 fügte man das Jahr der Gleichheit hinzu. Seit dem 22. Sept. 1792 zählte man nach Jahren der Republik, und schon am 1. Jan. 1793 begann man das Jahr 2 derselben.

Am 5. Oct. 1793 wurde der Kalender der französischen Republik eingeführt, reichte jedoch bis zum 22. Sept. 1792 zurück. Das Jahr begann um Mitternacht mit dem Eintritt der wahren d Herbstnachtgleiche, das 2. (unter Aufhebung der bisherigen Rechnung vom 1. Jan. ab) am 22. Sept. 1793. Das Jahr enthielt 12 Monate zu 30 Tagen. Diesen 360 Tagen reihten sich dann die 5 Complementärtage (vorübergehend *sansculottides* genannt) an, zu denen in Schaltjahren ein sechster, der Tag der Revolution, trat. Der Monat wurde in die später wieder aufgegebenen drei Dekaden getheilt, deren Tage *primidi, duodi, tridi, quartidi, quintidi, sextidi, septidi, octidi, nonidi, décadi* hiessen.

Mit dem 31. Dec. 1805 verschwand diese kalendarische Verirrung wieder zufolge eines Dekrets des Kaisers Napoleon. Die e Tafeln X und XI enthalten eine Uebersicht des Kalenders. Die Buchstaben hinter den Monatsdaten der Tafel X verweisen auf die zugehörige Längsreihe der Tafel XI.

---

[1]) Vom 1. März 1700 bis 30. Febr. 1712 ist von schwedischen Daten ein Tag abzuziehen, um Julianische zu erhalten, da man 1700 mit dem Gregorianischen Kalender ausgeschaltet hatte, was man durch den 30. Febr. 1712 wieder gutmachte.

Alphabetisches Verzeichniss.

Abkürzungen.

abb. = abbatis, abbatisse.
acp. = archiepiscopi.
ap. = apostoli.
b. = beati, beate.
cf. = confessoris.
ep. = episcopi.
ev. = evangeliste.
imp. = imperatoris, imperatricis.
m. = martiris, martirum.

8.8ª = octava.
pb. = presbiteri.
pp. = pape.
reg. = regis, regine.
s. = sancti, sancte, *auch* siehe.
soc. = sociorum.
trl. transl. = translatio.
v. = virginis, virginum.
vid. = vidue.

Die Zahlen und Buchstaben verweisen auf den voranstehenden Text.

A. Ae.

Abdon et Sennen m. *Juli* 30.
Abend *als Vortag* 16ᵇ.
Abendimbs 20ª.
Abendsabend 16ᵇ.
Ablass s. Antlass *und* Aflat.
Abrelle, Abrulle *April.*
Abnemen, das *der abnehmende Mond.*
Achacii et soc. m. *Juni* 22 (*Salzb.*).
Accensio lune 1ᶜ.
Actentag *Agathe, Febr.* 5.
Achter dag, achtende tag 16ᶜ.
Achte tag unsers hern, achte tag zu wyhenachten *Jan.* 1, *auch ohne die Zusätze.* Am achteden abend *Abend vor Neujahr.*
Achtzehnte tag (zu winachten) *Jan.* 13.
Adalberti ep. m. *Apr.* 23 (*Apr.* 24 Salzbg.*).
Adaperiat dominus *Sonnt. nach dem* 27. *Sept.* (*Respons.*).
Adelgundis v. *Jan.* 30.
Adelheidis imp. *Dec.* 16 (*Mainz*); *Dec.* 17 (*Magdebg.*).
Adelphi (Adolphi) ep. Meten. *Aug.* 29 (*Strassb.*).
Adi 16ᵉ.

Adjectiones lune 6ᵇ.
Adjectiones solares 7ª.
Adorate dominum (deum) 3.*Sonnt. nach Epiphania.* Adorate secundum, tertium *heissen die bis Septuagesima etwa folgenden Sonntage.*
Adoratio crucis *am Karfreitag.*
Adoratio magorum, regum *Jan.* 6.
Adriani m. (in der vasten) *März* 4 (*Norddtschl.*); *Sept.* 8 (*Süddtschl., zu Datirungen wenig verwendet*).
Ad te levavi 1. *Adventssonntag.*
Advent, adventus domini *die vier vollen Wochen vor Weihnachten. Der* 1. *Adventssonntag ist der Beginn dieser Zeit.*
Adventus spiritus sancti *Pfingsten.*
Aetentag *Agathe, Febr.* 5.
Aflat. Barvotenaflat *in Braunschweig Sonnt. Voc. jocund. In Hildesheim* barvoten *oder* broder aflat *Misericord. dom. In Hannover* broder aflat *Cantate. In Hildesheim* Peweler aflat *Exaudi, in Braunschweig Jubilate.*
Afre v. m. *Aug.* 7.

Aftermontag *Dienstag.*

Afterundern 20*.

Agapiti m. *Aug.* 10.

Agathe v. m. *Febr.* 5.

Agilolfi ep. m. *Juli* 9 *(Köln).*

Agnetis v. m. *Jan.* 21. — Agnetis secundo (octava) *Jan.* 28.

Agritii aep. *Jan.* 13 *(Trier).*

Aires, les *August.*

Aitentag *Agathe, Febr.* 5.

Alba (paschalis), albe paschales *Woche nach dem Ostersonntag, z. B.* feria secunda in albis *Ostermontag.*

Albani m. *Juni* 21 *(Mainz); Juni* 22 *(Engld.).*

Alberti *s.* Adalberti.

Albini m. *Juni* 22 *(Köln, Trier).*

Albini ep. cf. *März* 1 *(Schweiz, Frankr., Orden).*

Aldegundis v. *Jan.* 30.

Aelef *s.* Odulfi.

Alexandri, Eventii et Theodoli m. *Mai* 3 *(nicht zum Datiren verwendet).*

Alexandri m. *einer der 7 Brüder, Juli* 10.

Alexandrinische Aera 10*b.*

Alexii cf. *Juli* 17.

Allelujah claudere, dimittere *am Sonntag Septuagesima, oder am Sonnabend zuvor.*

Allerheiligenfest, aller heilgen tag *Nov.* 1.

Allerheiligenmond *November.*

Aller kindlein tag *Dec.* 28; *auch Mittwoch nach Ostern und Pfingsten wird ein* Kindleintag *begangen.*

Aller manne faschangtag *(süddeutsch) Sonnt. Invocavit.*

Aller manne fassnacht *Sonntag Invocavit, in Frankfurt Dienstag vorher.*

Aller manne fasten *Sonntag Invocavit.*

Aller seelentag *Nov.* 2. — Aller seelentag nach Michaelis s. Gemeine Woche.

Aller zwölf apostel tag *Juli* 15.

Almes, les *Allerseelentag, Nov.* 2.

Altatio crucis *Sept.* 14.

Alte fassnacht *Sonntag Invocavit.* Alter montag, *Montag danach (?).*

Amalbergis v. *Juli* 10.

Amandi et Vedasti ep. cf. *Oct.* 26. *(Die* Transl.; *das Hauptfest* 6./7. *Febr. nicht zum Datiren verwendet).*

Ambrosii ep. cf. *Apr.* 4. *(Aquil. und Orden daneben* Ordinatio *und* Translatio *Dec.* 7).

Andach 16*c.*

Ander augst *September.*

Ander herbst *October.*

Anderer dag 16*c.*

Andree ap. *Nov.* 30. — Transl. *(meist) Mai* 9.

Andreis maent *December.*

Angaria 14*b.*

Angehendes jar *meist Neujahr.*

Angelorum festum *Sept.* 29.

Aniani ep. cf. *Nov.* 17.

Aniceti pp. m. *Apr.* 17.

Animarum commemoratio *Nov.* 2 *(eine zweite in Norddeutschl. s.* Gemeine Woche).

Anne matris Marie *Juli* 26 *(Skand.: Dec.* 9 *seit* 1436).

Anni ab incarnatione 9*e.*

Anni ab origine mundi 10*b.*

Anni ab Urbe condita 8*d.*

Anni a nativitate 9*e.*

Anni Christi gratie 9*e.*

Anni Diocletiani 9*d.*

Anni gratie 9*e.*

Anni orbis redempti 9*e.*

Anni provincie 10*b.*

Anni regni Grecorum 10*d.*

Anni reparate salutis 9*e.*

Anni salutis 9*e.*

Anni secundum 70 interpretes, secundum communem chronographorum usum 10*c.*

Anni trabeationis, verbi incarnati 9*e.*

Annonis aep. cf. *Dec.* 4 *(Köln; Magdeburg auch Dec.* 5).

Annotinum pasche, a. paschale *s.*
Pascha annotinum
Annunciatio domini, dominica, Marie, domine nostre *März* 25.
Annus bissextus, bissextilis 1 b.
Annus cycli decemnovennalis, lunaris 2 e.
Annus embolismalis 1 d.
Annus jubilei, gratie 10 d.
Annus magnus 4 c.
Annus solaris 1 a.
An regneuf, an renuev, an neuf *Neujahrstag.*
Anscharii ep. *Febr.* 3. (*Bremen;* *in Skand. meist Febr.* 4).
Answeri m. *Juli* 18 (*Ratzeb.*).
Antdag 16 c.
Antecenia 20 a.
Antelucanum, anteluculum *die* *vierte Vigilie, vor Sonnen-* *aufgang.*
Ante pascha 11 e.
Antipascha *Sonnt. nach Ostern.*
Antlass, antlasstag *meist Ablass* *des Gründonnerstages, selte-* *ner auf Fronleichnam bezo-* *gen. Die Fronleichnamswoche* *hiess der lange antlass. Ant-* *lasswoche ist zumeist die Kar-* *woche.*
Antonii abb. cf. *Jan.* 17.
Antonii de Padua cf. *Juni* 13 (*Francisc.*) *für Datirungen* *zurücktretend.*
Antonini (Antonii) m. *Sept.* 2.
Apollinaris (Appollinis) ep. m. *Juli* 23.
Apollonie v. m. *Febr.* 9.
Apostolorum dies, aposteltag (*Peter* *und Paul*) *Juni* 29.
Apostolorum divisio, apostelteilung, aller zwölf aposteltag *Juli* 15.
Apparitio domini *Jan.* 6.
Apparitio Michaelis *Mai* 8.
Après pasques 11 e.
Après le cierge béni 11 d.
-Aqua sapientie *Dienstag nach* *dem Ostersonntag.*

Aera der Seleuciden 10 d.
Aera hispanica 10 a.
Aera martyrum 9 d.
Arbogasti ep. cf. *Juli* 21 (*Basel,* *Konstanz, Strassburg*); *Juli* 20 (*Chur, Mainz, Worms*).
Arne *die Erntezeit: Ende Juli* *und August.*
Arnemonat *August.*
Arnulfi ep. cf. *Aug.* 16. — Transl. *Juli* 18 (*ohne die Bezeichnung* Transl. *in Norddeutschland* *vorwiegend*).
Arsacii ep. cf. *Nov.* 12 (*Salzburg*).
Arsenii abb. cf. *Juli* 19.
Ascendente Jesu in navi 4. *Sonn-* *tag nach Epiphania* (*Evang.*).
Ascensio domini, ascensa domini *Himmelfahrt, Donnerstag vor* *Exaudi.*
Ascensio Marie *Aug.* 15.
Aschtag, aschermittwoch *Mittwoch* *vor Invocavit.*
Aspiciens a longe *Sonntag nach* *dem 26. November, 1. Advents-* *sonntag* (*Respons.*).
Assumptio domini *Himmelfahrt* *Christi.*
Assumptio Johannis ap. *Dec.* 27.
Assumptio Marie, domine nostre *Himmelfahrt Mariä, Aug.* 15.
Athanasii ep. cf. *Mai* 2.
A. U. C. 0 d.
Auctoris ep. cf. *Aug.* 20 (*Trier*).
Auffartstag *Himmelfahrt.*
Augst *August* (*auch Ernte all-* *gemein, d. h. Ende Juli mit* *begreifend*).
Augstin *September.*
Augstmond *August.*
Augustini ep. cf. *Aug.* 28. — Transl. *Oct.* 11 (*Augustiner*).
Augustini ap. Anglorum *Mai* 26 (*Brem., Engld.*).
Aurei et Justine m. *Juni* 16 (*Mainz*).
Aurelie v. *Oct.* 15 (*Strassb.*).
Aurora *Zeit der Morgenröthe.*
Ausgeender monat 15 b.

Ausgehende osterwoche, pfingstwoche *die mit dem Oster-(Pfingst-)Sonntage beginnende Woche.* Sonntag zu ausgehender osterwoche *Sonntag nach Ostern.*

Auswärts 14[b].

Autberti ep. Cameracen. cf. *Dec.* 13 (*Magdeb.*).

Avant pasques 11[e].

Ave Maria 20[a].

Ave preclara *Octava assumtionis Marie, Aug.* 22.

Aviti pb. cf. *Juni* 17.

B siehe auch P.

Bacchanalia *Fassnacht*; bacch. dominorum, sacerdotum *Sonnt. Estomihi.*

Bannfasten 16[b].

Baptismus Christi *Jan.* 13 (*Evang.*).

Barbare v. m. *Dec.* 4.

Barvotenaflat *s.* Aflat.

Barnabe ap. m. *Juni* 11.

Bartholomei ap. m. *Aug.* 24.

Barwardi *s.* Berwardi.

Basilidis, Cyrini, Naboris et Nazarii m. *Juni* 12.

Basilii ep. cf. *Juni* 14.

Basoli pb. cf. *Oct.* 15 (*Metz*).

Bavonis cf. *Oct.* 1 (*Köln, Trier*).

Bede pb. cf. *Mai* 26 (*Köln, Engld.*).

Bedeglocke 20[a].

Befana (*ital.*) *Epiphania, Jan.* 6.

Beloken paschen, pinxten *Sonntag nach Ostern, Pfingsten.*

Benedicta (sit sancta trinitas) *Trinitatissonntag.*

Benedicti abb. cf. (in der vasten) *März* 21. — Transl. (im somer) *Juli* 11.

Benedicti et soc. m. s. Quinque fratrum.

Berchtentag *Jan.* 6.

Bernardi abb. cf. *Aug.* 20 (*Cisterc.*).

Berwardi ep. Hildesemen. *Nov.* 20 (*Hild.*).

Beschneidung unsers hern *Jan.* 1.

Betwoche, bedeldage *Montag, Dienstag und Mittwoch nach Vocem jocund.* (5. *Sonntag nach Ostern*).

Bewegliche Feste 18[c].

Bibiane v. m. *Dec.* 2.

Biduana *die zweitägige Fastenzeit (Freitag und Sonnabend) vor Ostern.*

Bilhildis abb. *Nov.* 27 (*Mainz*).

Birgitte s. Brigitte.

Bisemonat *August.*

Byzantinische Weltära 10[b].

Blasii ep. m. *Febr.* 3.

Blauer dienstag, montag *Dienstag und Montag der Karwoche.*

Blumostertag, blumostern *Palmsonntag* (pascha floridum).

Blutstag *Fronleichnam, Donnerstag nach Trinitatis.*

Bonifacii ep. (pp.) et soc. m. *Juni* 5.

Bonifacii m. (im meien) *Mai* 14 (*Basel, Konst., Orden*).

Borde, hohordicum *Sonntag Invocavit.*

Bort Marien, hortfest der juncfrauen Marien *Sept.* 8.

Botulfi abb. cf. *Juni* 17 (*Skand.*).

Botvidi m. *Juli* 28 (*Skand.*).

Brachmond, brachet *Juni.*

Brandani abb. cf. *Mai* 16 (*Schweiz*).

Brandones *Sonntag Invocavit.*

Bray, Brets, Bris *Nov.* 13, *Briccii.*

Brede mandach *Montag der vollen Woche nach Michaelis* (in der Gemeinen Woche).

Brettive v. *Jan.* 11 (*Skand.*).

Briccii ep. cf. *Nov.* 13.

Brigide (Brigitte) v. *Febr.* 1.

Brigitte (Birgitte) vid. *Oct.* 7 (*Skand.*).

Brinolphi ep. *Febr.* 6 (*Skand.*). — Transl. *Aug.* 16 (*Skand.*).

Briveine ob *Jan.* 6?

Brodenreigendach, brotgensdach *Estomihi* (?)

Broderaflat *s.* Aflat.

Broncherie *Palmarum*.
Burchardi ep. Herbipolen. cf. *Oct.* 14 (*hie und da auf Oct.* 11 *oder* 13 *verschoben*).
Bure *Sonntag Invocavit*.

C.

(Von K geschieden. Ch ist wie C eingereiht. Cae, Coe unter Ce. Cz siehe auch unter Z. C steht öfter für S.)

Calculus Florentinus, Pisanus 12[c].
Calende 14[c].
Calènes, calendaou *das Weihnachtsfest* (?), *eher wäre Neujahr zu vermuthen*.
Calixti pp. m. *Oct.* 14.
Callisti et soc. m. *Apr.* 16 (*Mainz*).
Cananea *Sonntag Reminiscere* (*Evang.*).
Candele, candelaria, candelosa (chandelière, chandelosse) *Febr.* 2.
Candidi (Candide) m. *Dec.* 1 (*Salzb., Trier*). — Transl. *Mai* 23 (*Brix.*).
Cantate domino 4. *Sonntag nach Ostern*.
Cantii, Cantiani, Cantianille (Cantianorum) m. *Mai* 31 (*Aquil., Norddeutschl.*).
Cantus pullorum, gallorum *Zeit nach Mitternacht*.
Caprasii m. *Oct.* 20 (*Trier*).
Caput adventus *der Anfang des Advent*.
Caput calendarum, caput mensis *die Kalenden*.
Caput jejunii, quadragesime *der Fastenanfang, besonders Mittwoch nach Estomihi, aberauch die Tage danach. Daher* dominica in capite jejunii *Invocavit, ebenso* dominica initii quadragesime.
Caput vigiliarum *der Beginn der Nacht*.
Carême entrant *Aschermittwoch*.
Carissimi et Dulcissimi m. *Apr.* 19 (*Bambg.*).

Caritas dei *Sonnabend der Quatember nach Pfingsten*.
Carnisprivium, carnislevamen, carnelevarium *Dienstag nach Estomihi*. Feria II[a] in carnisprivio *Montag vorher*.
Carnisprivium dominorum, sacerdotum, minus, novum, vetus *s.* Herren-, Pfaffenfassnacht, Lotzel, Junge, Alte fassnacht.
Caroli *s.* Karoli.
Cassiani ep. m. *Aug.* 13 (*Brixen, Magdeb.*). — Transl. *Dec.* 3 (*Brixen*).
Cassii et Florentii m. *Oct.* 10 (*Magdeburg*).
Castoris pb. cf. *Febr.* 13 (*Trier*).
Castuli m. *März* 26 (*Salzbg.*).
Catharine v. m. *Nov.* 25.
Catharine de Senis v. *Apr.* 30 (*Domin.*).
Cathedra Petri (Antiochie) *Febr.* 22; *daneben tritt* cathedra Petri Rome (*Magdeb.*), *die erst seit dem* 15. *Jhrdt. erscheint, völlig in den Hintergrund*.
Cecilie v. m. *Nov.* 22.
Cecus natus *Mittwoch nach Lätare* (*Evang.*).
Cedde ep. cf. *März* 2 (*Engld.*).
Celestini pp. m. *Apr.* 6 (*hie und da auf* 7. *und* 6. *verschoben*).
Celsi cf. *Febr.* 23 (*Trier*).
Cena 20[a].
Cena domini, heroica *Gründonnerstag*.
Cereus paschalis 11[d].
Cesarii m. *Nov.* 1 (*oft verschoben; zum Datiren nicht benutzt*).
Cibavit eos *Pfingstmontag und Fronleichnam*.
Cyclus decemnovennalis, lunaris 1[c], 2e, 5[b].
Cyclus paschalis 4[c].
Cyclus solaris 3[b].
Cierge béni 11[d].
Cineres *Aschermittwoch*.
Cypriani et Justine m. *Sept.* 26.
Circulus magnus pasche 4[d].

Circulus solaris 3ᶜ.
Circumcisio domini *Jan.* 1.
Circumdederunt me *Sonnt. Septuagesima.*
Cyri et Johannis m. *Jan.* 31 (*August., Francisc.*).
Cyriaci et soc. (Largi et Smaragdi) m. *Aug.* 8.
Cyriaci m. (in der vasten) *März* 16 (*Norddtschl.*).
Cirici et Julitte m. *Juni* 16 (*Trient und Ital. Juli* 15).
Cyrilli et soc. m. *Juli* 9.
Cyrilli et Methodii ep. cf. *März* 9 (*Prag*).
Cyrilli cf. *März* 6 (*Carmel.*).
Cisiojanus 17ᵇ.
Clare v. *Aug.* 12 (*Francisc.*). — Transl. *Oct.* 2 (*Francisc.*).
Claudii aep. Bisuntini cf. *Juni* 6 (*Schweiz, Frankr.*).
Claudii et soc. m. *Juli* 7 (*Bresl.*).
Clausum pasche s. Pascha clausum.
Clausum pentecostes s. Pentecoste clausum.
Claves terminorum 6ᵈ.
Clawesdach *Dec.* 6, *Nicolaus.*
Clementis pp. m. (en hiver, qui fend la mer) *Nov.* 23.
Clementis ep.Meten. *Nov.*23(*Metz*). — Transl. (en mai) *Mai* 2 (*Metz*).
Cleophe m. *Sept.* 25 (*Dtschord.*).
Cleti (et Marcelliani) pp. m. *Apr.* 26.
Chlodesindis v. *Juli* 25 (*Trier*).
Colomanni m. *Oct.* 13 (*Salzbg.*).
Columbani abb. cf. *Nov.* 21 (*hie und da verschoben auf Nov.* 23 *oder Oct.* 24).
Columbe v. m. *Dec.* 31 (*Strassb.*).
Columbe abb. cf. *Juni* 9 (*Schottl.*).
Commemoratio animarum, c. fidelium defunctorum *Allerseelentag, Nov.* 2 (*s. auch* Gemeine Woche).
Commemoratio Pauli ap. *Juni* 30.
Commendatio Marie *s.* Compassio Marie.
Communes (*sc.* ferie) *s.* Gemeine Woche.

Compassio Marie (transfixio; de pietate; commendatio; septem dolorum) *Freitag nach Judica seit* 1727, *im Mittelalter verschieden*: *Freitag nach Quasimodo Brem.*; *Sonnabend danach Basel, Strassb.*; *Exaudi Magdeb.*; *Freitag nach Jubilate Köln*; *anderwärts an' festen Tagen im Juli.*
Completorium, complete 19ᵈ, 20ᵃ.
Computatio Anglicana 12ᵇ.
Conceptio Marie *Dec.* 8. *Directe Beweise dafür, dass auch annunciato Marie(März* 25)*durch conceptioMarie bezeichnet wäre, wie ältere Chronologen auf dem negativen Wege schlossen, sind noch nicht erbracht.*
Concurrentes 7ᵃ.
Conductus pasche, pentecostes *Sonntag nach Ostern, Pfingsten und Zeitraum vom Festsonntage bis dahin.*
Conradi ep. Constantien. cf. *Nov.* 26.
Consilium judeorum *Freitag vor Palmarum* (*Evang.*).
Constantii ep. m. *Jan.* 29 (*Magdeburg*).
Constantis et Alexandri m. *Oct.* 5 (*Schweiz*).
Consuetudo Bononiensis 15ᵇ.
Conticinium *der Beginn der Nacht.*
Conversio *s.* Marie Magdalene, Pauli.
Corbiniani ep. cf. *Sept.* 8 (*Salzb.*). — Transl. *Nov.* 20 (*Freis.*).
Cordule v. m. *Oct.* 22.
Cornelii et Cypriani m. *Sept.* 14. *Zu Daten nicht verwendet.*
Corona spinea domini *in Deutschland Mai* 4.
Corpus Christi *Fronleichnam, Donnerstag nach Trinitatis.*
Cosme et Damiani m. *Sept.* 27.
Chotemmer 14ᵇ.
Cras festi, crastino 16ᵒ.
Crepusculum(auch c.noctis)*Abend-*

dämmerung, seltener (mit diei oder matutinum) *Morgendämmerung*.

Chrysanthi et Darie m. *Oct.* 25 (*Salzbg.*). *Vgl.* Saturnini etc.

Chrysogoni m. *Nov.* 24.

Crispini et Crispiniani m. *Oct.* 25.

Christabend, Christnacht *Weihnachtsvigilie*, *Dec.* 24.

Christine v. m. *Juli* 24.

Christliche Zeitrechnung 9e.

Christmond *December*.

Christophori m. *Juli* 25. *Zum Datiren nicht verwendet, später oft verschoben auf Juli 27.*

Christtag *Dec.* 25.

Cruces *Bettage von Sonnt. Vocem jocund. bis Dienstag danach.*

Cruces nigre *Litanei am Markustag* (*Apr.* 25).

Crucis *alleinstehend eher die* Exaltatio cr. (*Sept.* 14) *als die* Inventio cr. (*Mai* 3).

Cum clamarem 10. *Sonntag nach Trinitatis* (11. *nach Pfingsten*) *und Donnerstag nach Aschermittwoch.*

Cum sanctificatus fuero *Mittwoch nach Lätare.*

Cuniberti ep. Colonien. cf. *Nov.* 12.

Cuthberti ep. Lindisfarnen. cf. *März* 20.

D siehe auch **T.**

Dageringe, daget *Morgendämmerung.*

Damasi pp. cf. *Dec.* 11.

Dame *die französ. Zusammensetzungen s.* Notre dame.

Da pacem domine 10. *Sonntag nach Trinitatis* (19. *nach Pfingsten*).

Dartiendach, dertiendach, drutteinde dag, drutzen misse *Jan. 6, Epiphania.*

Davidis reg. *Dec.* 30.

Davidis ep. cf. *März* 1 (*Engld.*).

Davidis abb. *Juni* 25 (*Skand.*; nur Upsala: *Juli* 15).

Decem milium (militum) m. *Juni* 22.

Decollatio Johannis bapt. *Aug.* 29.

Defunctorum fidelium commemoratio *Nov.* 2.

Deluns; demars (dimers); demergues (demarkes); dioves (diwes, diurs); devenres (dievenres); disapte; demanche (dimence, didemenge) *die altfranzösischen Wochentage Montag etc.*

Demetrii m. *Oct.* 8 (*in Ungarn:* Oct. 26).

Demon mutus *Sonntag Oculi* (*Evang.*).

De necessitatibus meis *Freitag nach Invocavit.*

Deodati ep. cf. *Juni* 20 (*Mainz*).

Depositio Marie *Aug.* 15.

Dertiendach s. Dartiendach.

Desiderii ep. Lingonen. m. *Mai* 23.

Desiderii ep. Viennen. m. *Febr.* 11.

Desponsatio Marie *Jan.* 22 (*jetzt* 23).

Deus cum egredieris *Quatember-Mittwoch nach Pfingsten.*

Deus in adjutorium meum 12. *Sonntag nach Trinitatis* (13. *nach Pfingsten*), *und Donnerstag nach Reminiscere.*

Deus in loco sancto 11. *Sonntag nach Trinitatis* (12. *nach Pfingsten*).

Deus in nomine tuo *Montag nach Lätare.*

Deus omnium exauditor *Sonntag nach der octava corporis Christi* (*Respons.*).

Dicit dominus ego cogito *letzter Sonnt. nach Trinitatis. Wird d. d. wiederholt, so wird es durch* primum, secundum etc. *unterschieden.* S. S. 19a.

Dies absolutionis, absolutus, *Jovis absoluti Gründonnerstag.*

Dies adoratus (Veneris) *Karfreitag.*

Dies altera 16c.

Dies animarum *Nov.* 2 (*s.* Gemeine Woche).

Dies apostolorum *Peter und Paul, Juni* 29.

Dies artificialis 19 c.

Dies atri 18 a.

Dies azymorum *Gründonnerstag.*

Dies bissextus 1 b, 14 d.

Dies bordarum, brandonum, burarum *Sonntag Invocavit.*

Dies caniculares *vom 6. Juli bis 17. Aug., später sich verschiebend* (10. *Juli* — 20. *Aug.*; 14. *Juli* — 15. *Aug.*).

Dies cinerum, cineris et cilicii *Aschermittwoch, Mittwoch nach Estomihi.*

Dies civilis 19 e.

Dies crastinus 16 c.

Dies dominicus *Sonntag, mit besonderem Nachdruck gesetzt: Ostertag.*

Dies egyptiaci 18 a.

Dies embolismalis 2 a.

Dies ferialis, feriaticus *Wochentag.*

Dies florum et ramorum *Palmarum.*

Dies focorum *Sonntag Invocavit.*

Dies illucescens *Tagesanbruch.*

Dies indulgentie *Gründonnerstag.*

Dies integer 19 c.

Dies Johannis luminis *s.* Johannstag des lichten.

Dies Jovis *Donnerstag.*

Dies Jovis absolutus, bonus, magnus, sanctus, a mandato *Gründonnerstag.*

Dies lamentationum *die drei Tage vor Ostern, besonders der höchste, der Karfreitag.*

Dies litaniarum *Sonntag, Montag, Dienstag der 5. Woche nach Ostern.*

Dies Lune *Montag.*

Dies Lune salax *Montag nach Estomihi.*

Dies magne festivitatis, dies magnus *Gründonnerstag.*

Dies majalis, Maii *Maitag,* 1. *Mai.*

Dies mandati *Gründonnerstag.*

Dies Marie cerealis, candelarum *Febr.* 2.

Dies Martis *Dienstag.*

Dies Mercurii *Mittwoch.*

Dies mysteriorum *Gründonnerstag.*

Dies muti *die drei letzten Tage der Karwoche.*

Dies naturalis 19 c, 19 o.

Dies novi anni *Neujahr.*

Dies olivarum, osanna, palmarum *Palmsonntag.*

Dies omnium apostolorum *Juli* 15, divisio apostolorum.

Dies parasceves *Karfreitag.*

Dies paschales *Osterfeiertage.* Dies paschalis, pasche *Ostersonntag.* Dies paschalis sabbati *Sonnabend vor Ostern.*

Dies passionis lugubris et dolorosus, dies passionis dominice *Karfreitag, s.* Passio domini.

Dies penitentiales *Karwoche.*

Dies pentecostes *Pfingstsonntag.*

Dies penultimus 15 c.

Dies postpaschales *Osterwoche.*

Dies quinquagesimus (a resurrectione) *Pfingsten.*

Dies resurrectionis *Ostersonntag.*

Dies rogationum *Montag, Dienstag, Mittwoch nach Vocem jocunditatis.*

Dies sabbathi, sabbatinus *Sonnabend, Samstag.*

Dies sacramenti *Fronleichnam, Donnerstag nach Trinitatis.*

Dies sacratissimus, dies sanctus alleinstehend *Ostersonntag, mit Wochentagen die Tage der Karwoche.*

Dies Saturni *Sonnabend, Samstag.*

Dies secundus, sequens 16 c.

Dies sepulture domini *Sonnabend vor Ostern.*

Dies solis *Sonntag.*

Dies strenarum *Neujahr.*

Diestag *Dienstag.*

Dies tertius *der dritte Tag vor oder nach einem Feste, wobei Anfangs- und Endtermin mitgezählt werden.*

Dies trinitatis *Sonntag nach Pfingsten.*

Dies vacationum s. Dies caniculares.

Dies vagi 5°.

Dies Veneris *Freitag.*

Dies Veneris benedictus, bonus, magnus, passionis domini, sanctus *Karfreitag.*

Dies vicesimus *Jan.* 13, s. Zwanzigster Tag.

Dies viridium *Gründonnerstag.*

Dies virginum *Oct.* 21, *Undecim milium v.*

Dignus es domine *Sonntag Misericordia dom. (Respons.).*

Diligentag *Egidius, Sept.* 1.

Diluculum *Morgengrauen.*

Diluns etc. s. Deluns etc.

Dimanche avant que dieu fut vendu *Palmsonntag.*

Dimanche behourdi, brandonnes *Invocavit.*

Dimanche cabée *Estomihi.*

Dimanche du mois de pasques 4. *Sonntag nach Ostern (Cantate),* s. S. 16ᵈ.

Dimanche des oleries *Adventssonntag.*

Dimanche repus, reprus *Judica.*

Dimissio apostolorum *Juli* 15.

Dimissio carnium *Fassnacht.*

Dingesdach, dinstedach *Dienstag.*

Dingesdach, Dinnigesdach *Oct.* 9, *Dionysius.*

Diocletianische Aera 9ᶜ.

Dionysii et soc. (Rustici, Eleuterii) m. *Oct.* 9.

Dispersio, disgregatio apostolorum *Juli* 15.

Dives malus 1. *Sonntag nach Trinitatis* (2. *nach Pfingsten) nach dem Evang.*

Divisio apostolorum *Juli* 15.

Dixit Rebecca *Sonnabend nach Reminiscere.*

Domine in tua *Sonntag nach Trinitatis* (2. *Sonnt. nach Pfingsten).*

Domine ne in ira tua 2. *Sonntag nach Epiphania (Respons.),* auch domine ne in tua ira.

Domine ne longe *Palmsonntag.*

Domine refugium *Dienstag nach Invocavit.*

Dominica (sc. feria) *Sonntag.*

Dominica abrenunciacionis *Oculi (Evang.).*

Dominica ad carnes levandas *Estomihi.*

Dominica adventus domini *die vier Sonntage vor Weihnachten.*

Dominica albis depositis *Sonntag Quasimodogeniti.*

Dominica ante ingressum septuagesime *der letzte Sonnt. nach Epiphania.*

Dominica architriclini 2. *Sonntag nach Epiphania (Evang.).*

Dominica benedicta *Trinitatis, nach dem Messeingang.*

Dominica bordarum, burarum, focorum, de lignis orditis *Invocavit.*

Dominica Cananee *Reminiscere (Evang.).*

Dominica carnisprivii (novi) *Estomihi.*

Dominica de fontanis *Lätare.*

Dominica de modicum *Jubilate (Evang.).*

Dominica de palma, de ramis palmarum *Palmsonntag(Evang.).*

Dominica de panibus *Lätare.*

Dominica de passione, in passione *Judica.*

Dominica de rosa *Lätare.*

Dominica exorcismi*Oculi(Evang.).*

Dominica Hierusalem *Lätare.*

Dominica Hosanna *Palmarum.*

Dominica in albis *Sonntag Quasimodogeniti (auch post albas).*

Dominica in capite jejunii, initii quadragesime s. Caput jejunii.

Dominica indulgentie *Palmsonntag.*

Dominica in passione *Judica,* danach auch die folgende Woche benannt.

Dominica mediana, medie quadragesime *Lätare.*

Dominica mediana octava *Judica.*

Dominica mensis pasche 16ᵈ.

Dominica modicum *Judica(Evang.)*

Dominica nigra *Judica.*

Dominica olivarum, Osanna et olivarum, palmarum *Palmsonnt.*

Dominica panum *Lätare(Evang.).*

Dominica paracleti 6. *Sonntag nach Ostern (Exaudi) nach dem Evang.*

Dominica pasche *Ostertag.*

Dominica pasche floride *Palmsonntag.*

Dominica passionis domini *Judica.*

Dominica pastor bonus 2. *Sonntag nach Ostern (Mis. dom.) nach dem Evang.*

Dominica penosa *Palmsonntag.*

Dominica pentecostes *Pfingstsonntag.*

Dominica post albas *Sonnt.* Quasimodogeniti, *die* dominica 2. post albas *ist Miseric. dom.*

Dominica publicani et pharisei 11. *Sonntag nach Trinitatis* (12. *nach Pfingsten*).

Dominica qua alleluja clauditur *Septuagesima.*

Dominica quadragesime *alleinstehend Invocavit.* D. qu. medie *Lätare.*

Dominica quinquagesime *der* 7. *Sonntag vor Ostern (Estomihi).*

Dominica quinquo panum *Lätare.*

Dominica ramis palmarum *Palmsonntag.*

Dominica reddite cesari 23. *Sonntag nach Trinitatis* (24. *nach Pfingsten) nach dem Evang.*

Dominica rogationum 5. *Sonntag nach Ostern (Vocem joc.).*

Dominica rose, rosata *Lätare.*

Dominica septuagesime 9. *Sonntag vor Ostern (Circumded.).*

Dominica sexagesime 8. *Sonntag vor Ostern (Exsurge).*

Dominica trinitatis *Sonntag nach Pfingsten.*

Dominica vacans 19ᵃ.

Dominici cf. *Aug.* 5 (*heute Aug.* 4); Transl. *Mai* 24 (*Domin.*).

Dominus dixit *erste Messe am Weihnachtsfeste.*

Dominus fortitudo 6. *Sonnt. nach Trinitatis* (7. *nach Pfingsten*).

Dominus illuminatio 4. *Sonntag nach Trinitatis* (5. *nach Pfingsten*).

Donati ep. m. *Aug.* 7; *daneben nur selten März* 1.

Dongesdach *Antonius, Jan.* 17.

Dorendage, dorledage *Montag und Dienstag vor Aschermittwoch.*

Dormientium septem s. Septem.

Dormitio Marie *Aug.* 15.

Dorothee v. m. *Febr.* 6.

Dracht s. Hillige dracht.

Drauschken montag, drauschkenwoche, dreusgen sontag *der Montag, die Woche nach Quasimodo, dieser Sonntag selbst.*

Drei artzetag *Juli* 28, *Pantaleon, Nazarius und Celsus.*

Dreifaltigkeitssontag *Trinitatis.*

Dreikönigstag, dreiweisentag *Jan.* 6.

Dreinägeltag *der zweite Freitag nach dem Ostersonntag.*

Dritter herbst *November.*

Druttiende dach, drutzein misse s. Dartiende dach.

Duistermaent *December.*

Dult 16ᵃ.

Dum clamarem 10. *Sonntag nach Trinitatis* (11. *nach Pfingsten) und Donnerstag nach Aschermittwoch.*

Dum medium silentium *Sonntag nach Weihnachten (falls er*

auf 29. oder 30. Dec.) *und nach Neujahr (falls er auf* 5. *Jan. fällt).*

Dum sanctificatus fuero *Mittwoch nach Lätare.*

Dunstani aep. Cantuarien. cf. *Mai* 19 (*Engld.*).

Duodecim apostolorum *Juli* 15.

Duodecim fratrum *Sept.* 1 (*Orden*).

Duorum Ewaldorum m. *Oct.* 3.

Dustermette *s.* Finstermette.

E.

Ebennacht 14ᵇ.

Ebenweichtag, ebenweihnachttag *Neujahrstag.* Ebenweichabend *der Tag davor.*

Ecce advenit *Jan.* 6.

Ecce deus adjuvat 9. *Sonntag nach Trinitatis* (10. *nach Pfingsten*).

Ecce nunc tempus *Invocavit* (*Epistel*).

Edmundi regis m. *Nov.* 20(*Skand., Engl.*); Transl. *Apr.* 29 (*Engl.*).

Edmundi ep.Cantuarien. cf. *Nov.*16 (*Engl., Cist.*); Transl. *Juni* 9 (*Engl.*).

Eduardi regis m. *März* 18 (*Engl.*); Transl. *Juni* 20 (*Engl.*).

Eduardi regis cf. *Jan.* 5 (*Engl.*); Transl. *Oct.* 13 (*Engl.*).

Eduxit dominus populum *Sonn-abend nach Ostern.*

Eduxit eos dominus *Freitag nach Ostern.*

Effeler *April.*

Egidii abb. cf. *Sept.* 1.

Ego autem in justicia *Freitag nach Reminiscere.*

Ego autem in domino *Mittwoch nach Oculi.*

Ego clamavi *Dienstag nach Oculi.*

Ego sum pastor bonus 2. *Sonntag nach Ostern* (*Evang.*).

Einbete, Worbete, Vilbete v. *Sept.* 16 (*Worms*).

Einwärts 14ᵇ.

Eistag, eischtag *Aschermittwoch.*

Eleutherii ep. et Ancie m. *Apr.* 18 (*Magdeb.*).

Elfegi aep. Cantuar. m. *Apr.* 19 (*Engl.*).

Elftausend jungfrauentag *Oct.* 21.

Eligii (Elogii) ep. Noviomag. cf. *Dec.* 1 (*Bremen, Köln, Trier, Frankr., Orden*); Transl. (*doch nichtimmersogenannt*)*Juni*25 (*Salzbg.*; *auch Patronatstag der Goldschmiede*).

Elisabeth vid. *Nov.* 19; Transl. *Mai* 2.

Embolismus 1ᶜ.

Emerentiane v. m. *Jan.* 23.

Emerici ducis *Nov.* 5 (*Ung.*); Depositio *Sept.* 2 (*Ung.*).

Emmerami abb. m. *Sept.* 22.

Empfängnis Marie *Dec.* 8.

Endrestag *Nov.* 30, *Andreas.*

Eobani m. *Juli* 26 (*Mainz*).

Epacte lunares, minores 6ᵇ.

Epacte majores, solis 7ᵃ.

Epacten neuen Stils 23ᵃ.

Epiphania domini *Jan.* 6; octava *Jan.* 13.

Epiphanii ep. cf. *Jan.* 22 (*Hildh.*).

Eppurle *April.*

Equinoctium 14ᵇ.

Era *s.* Aera.

Erasmi ep. m. *Juni* 3.

Erat homo ex phariseis *Evang. des pascha annotinum* (*s. dieses*).

Erbessonntag *Invocavit.*

Erchtag *Dienstag.*

Erhardi ep. Ratisbon. cf. *Jan.* 8; Transl. *Oct.* 8 (*Regensb.*).

Erici regis m. *Mai* 18 (*Skand.*); Transl. *Jan.* 24 (*Skand.*).

Erintrudis v. *Juni* 30 (*Salzbg.*); Transl. *Sept.* 4 (*Salzbg.*).

Eritag, erichtag, erchtag, ertag *Dienstag.*

Erkenwoldi ep. Londinen. cf. *Apr.* 30 (*Engl.*); Transl. *Nov.* 14 (*Engl.*).

Erne, erntemond *August*; erne

auch Ende Juli mit begreifend (*Erntezeit*).

Erscheinung Christi *Jan. 6.*

Erster herbst *September.*

Ertag *Dienstag.*

Eschtag, eschige mittwochen *Aschermittwoch.*

Eskilli ep. m. *Juni* 12 (*Skand.*); Transl. *Oct. 6* (*Skand.*).

Estas media 14ᵃ.

Esto mihi 7. *Sonntag vor Ostern* (*Quinquagesima*).

Etheldrede v. *Juni* 23 (*Engl.*); Transl. *Oct.* 17 (*Engl.*).

Etenim sedcrunt *Stephanstag, Dec.* 26.

Eucharistia *Fronleichnam.* (*In der älteren Kirche Gründonnerstag*).

Eufemie (Lucie et Geminiani) m. *Sept.* 16.

Eufemie v. m. *Apr.* 13 (*nicht überall*).

Eufemie, Dorothee, Thecle et Erasme v. m. (Quatuor v.) *Sept.* 19 (*Aquil.*).

Eulalie v. m. *Febr.* 12; *weniger verbreitet ist eine andere Dec.* 10.

Eupli diac. m. *Aug.* 12 (*Köln, Trier*).

Eusebii pb. cf. *Aug.* 14.

Eusebii m. *Oct.* 30 (*Magdeb.*).

Eustachii et soc. m. *Nov.* 2 (*auch auf Nov.* 3 *verschoben, zum Datiren nicht verwendet*).

Evenmant *September.*

Evurcii ep. Aurelian. cf. *Sept.* 7 (*Köln, Trier*).

Ewaldorum duorum m. *Oct.* 3.

Ewigtag *Neujahr.*

Exaltatio crucis *Sept.* 14.

Exaudi deus *Dienstag nach Lätare.*

Exaudi domine 6. *Sonntag nach Ostern und* (*seltener*) 5. *Sonntag nach Trinitatis* (6. *nach Pfingst.*), *der zum Unterschiede* Exaudi secundum *heisst.*

Exaudi nos domine *Aschermittwoch.*

Exitus mensis 15ᶜ.

Exitus septimane paschalis *der Schluss der Osterwoche* (*nach Ostersonntag*).

Ex ore infantium *Dec.* 28.

Expecta dominum *Dienstag nach Judica.*

Expectatio Marie, partus *Dec.* 18.

Exsultate deo *Quatembermittwoch nach Crucis exaltatio* (*Sept.* 14).

Exsultet *Samstag vor Ostern* (*Osterkerzenweihe*).

Exsurge 8. *Sonntag vor Ostern* (*Sexagesima*).

F siehe auch V.

Fabiani et Sebastiani m. *Jan.* 20.

Fackelsonntag *Invocavit* (*Aachen*).

Fac mecum domine *Freitag nach Oculi.*

Factus est dominus 2. *Sonntag nach Trinitatis* (3. *nach Pfingsten*).

Faisten, faisdag *Pfingsten, Pfingstsonntag* (*Siebenb.*).

Faschangtag, fasching, vassangtag, fassangus *Dienstag nach Estomihi.*

Fassnacht, vastnacht *Dienstag nach Estomihi. Sonntag in der vassnacht, vor der vassnacht, der vassnacht Estomihi.*

Fassnachtabend *Montag nach Estomihi.*

Fastelabend, vastabend, vastelaun *Donnerstag vor Estomihi bis Dienstag danach,* s. Grosser, lutker, letzter, manne-f. — *Selten ist die Beziehung auf die Zeit von Sonntag Circumdederunt ab.*

Fasten, grosse *die sechswöchige Fastenzeit vor Ostern.* Vier tage, zehn tage zu angeenden fasten *von Aschermittwoch bis*

Invocavit, bezw. *Reminiscere.*
Des middewekens do de fasten
den rugge untwey vel *Mittwoch*
der Fastenquatember.

Faustini et Jovite m. *Febr.* 15
(*Aquil.*).

Faustini ep. m. *Juli* 11 (*Kammin*).

Feister (fetter) phinztag (zinstag,
donnerstag) sonnabend, sonntag,
dinstag *die Tage vor Aschermittwoch.*

Feliciani ep. m. *Oct.* 20 (*Brem.*).

Felicis (in pincis) pb. cf. *Jan.* 14.

Felicis et Adaucti (Aucti, Audacti)
m. *Aug.* 30.

Felicis pp., Simplicii, Faustini et
Beatricis m. *Juli* 29.

Felicis et Regule m. *Sept.* 11.

Felicis ep. m. *Oct.* 12 (*Brem.*).

Felicis ep. Meten. *Febr.* 21 (*Magdb.*).

Felicitatis m. *Nov.* 23, *nicht zum
Datiren verwendet, dagegen
der 10. Juli, so: Augsbg.*

Felicole v. m. *Juni* 13 (*Köln,
Trier*).

Feltentag s. Valentini.

Fenalmois, fenerèche *Juli.*

Feria ad angelum *Quatembermittwoch nach Lucie.*

Feria bona (magna) quarta, quinta,
sexta *die Tage der Karwoche.*

Feria dominica *Sonntag, selten,
da der Sonntag keine* feria
(*Wochentag*) *ist.*

Feria prima (*selten*) *Sonntag.*

Feria proxima 16ᶜ.

Feria quarta *Mittwoch.*

Feria quarta cinerum *Aschermittwoch.*

Feria quinta *Donnerstag.*

Feria quinta viridium *Gründonnerstag.*

Feria sabbathi *Sonnabend* (*Samstag*).

Feria secunda *Montag.*

Feria secunda jurata *Montag nach
Epiphania.*

Feria septima (*selten*) *Sonnabend,
Samstag.*

Feria sexta *Freitag.*

Feria tertia *Dienstag.*

Ferie communes s. Gemeine Woche.

Ferreoli et Ferrutii m. *Juni* 16
(*Lothr.*).

Ferrutii m. *Oct.* 28 (*Mainz*).

Festrechnung 4ᶜ.

Festum, festivitas 16ᵃ. *Ausdrücke
mit festum sind auch unter
dies oder dem besonderen Zu-
satze zu suchen.*

Festum angelorum *Sept.* 29 (*Michaelis*).

Festum apostolorum *Juni* 29; festum duodecim (omnium) apostolorum *Juli* 15.

Festum azymorum *Ostern, besonders Gründonnerstag.*

Festum Christi *Dec.* 25.

Festum dominorum s. Herremisse.

Festum Johannis luminis s. Johannstag des lichten.

Festum lancee et clavorum domini,
festum trium clavorum *Freitag
nach Quasimodogeniti.*

Festum luminum *Febr.* 2.

Festum natalicium *Dec.* 25.

Festum olivarum *Palmsonntag.*

Festum quinque vulnerum Christi
*Freitag nach Fronleichnams-
octave.*

Festum reliquiarum s. Heiltumsfest.

Festum rosarii Marie *Oct.* 7.

Festum stelle *Jan.* 6.

Festzahl 5ᶜ, 5ᶜ, 6ᵇ, 23ᶜ.

Fête dieu *Fronleichnam.*

Fetter dinstag etc. s. Feister phinztag.

Fiacri cf. *Aug.* 30 (*Metz, Utrecht*).

Fidis v. m. *Oct.* 6.

Finstermette, duistermette *die am
Nachmittag vorher voraus-
genommene Mette des Grün-
donnerstages, Karfreitages
und Ostersonnabends* (matutinum tenebrosum, tenebre).

Firmini ep. Ambianen. m. *Sept.* 25.

Flippe- und Walperdag *Mai* 1,
Philippi und Walpurgis.

Florentii et soc. m. *Sept.* 19 (*Magdebg.*).

Florentii ep. Argent. *Nov.* 7 (*Strassbg.*); Transl. *Apr.* 3 (*Strassbg.*).

Floriani m., Fluristag *Mai* 4.

Florini cf. *Nov.* 17 (*Chur, Trier*); Transl. *Aug.* 7 (*Chur*), *Dec.* 18 (*Trier*).

Foderunt manus *Freitag nach Quasimodo.*

Fons bénis *Taufwasserweihe am Ostersonnabend, nach der das Jahr begann (Osteranfang).*

Fortunati ep. m. *Febr.* 26; ep. cf. *Juli* 6 (*Magdeb.*).

Francisci cf. *Oct.* 4; Transl. *Mai* 25 (*Francisc.*); Impressio stigmatum *Sept.* 17 (*Francisc.*).

Frassmaendag, Frassgerdag *Montag, Dienstag nach Estomihi.*

Frauentag *ohne Beisatz in deutschen Urkunden stets auf Aug.* 15 *zu beziehen, sonst zuerst Febr.* 2.

Frauentag erer anburtung, als sie geantwort wart in dem tempel *Nov.* 21.

Frauentag der andern *Sept.* 8.

Frauentag in dem arn, in der arne *Aug.* 15.

Frauentag zem arnde, unser frauen ärnde *März* 25.

Frauentag der auffart, aufnemung *Aug.* 15.

Frauentag im augste, ze mitten augsten *Aug.* 15.

Frauentag ave preclara *Aug.* 22.

Frauentag des berchgangs *Juli* 2.

Frauentag der besuchung (sokinge), beschauung *Juli* 2.

Frauentag der bodeschup, alz se gebodeschepet wart *März* 25.

Frauentag als sie begraben wart *Aug.* 15.

Frauentag candelmess *Febr.* 2.

Frauentag der cliben, bekliben, cliebeltag *März* 25.

Frauentag zu der dienstzeit *Sept.* 8.

Frauentag Elisabeth *ist gleich* Frauentag der besuchung s. Elisabeth *Juli* 2.

Frauentag der entvanginghe, entphoung[1], als si empfangen wart *Dec.* 8. Fr. als sie emphangen ward in dem himmel, als sie empfangen ward ze mitten augsten *ist Aug.* 15.

Frauentag zem erende, der erende *März* 25.

Frauentag in der ernte, ze erne *Aug.* 15.

Frauentag der ersten, ereren, erren *Aug.* 15.

Frauentag im evenmant *Sept.* 8.

Frauentag vor fastnacht *Febr.* 2.

Frauentag in der fasten *März* 25.

Frauentag als sy fonden ward, als se fande Elisabeth *Juli* 2.

Frauentag uber das geburg, als sie auf das gebirge ging *Juli* 2.

Frauentag der geburt, als sie geboren wart *Sept.* 0.

Frauentag im haberschnitt *Sept.* 0.

Frauentag ze herbste, im herbstmonat *Sept.* 8.

Frauentag der himmelfart, als sie zu himmel ward empfangen *Aug.* 15.

Frauentag der hinderen, hindersten *Sept.* 0.

Frauentag im höwet *Juli* 2.

Frauentag der intragung in den tempel *Nov.* 26 (*Hild., Verden, Paderb.*).

Frauentag der jungeren, jungisten *Sept.* 8.

Frauentag kerzweihe, kerzmesse, als man die kerzen in die hand nimt, weihet *Febr.* 2.

Frauentag der kleiben *März* 25.

Frauentag krutwihe, krutwyginge *Aug.* 15.

Frauentag ze der Kündung, als

---

[1] *Als März* 25, *wie ältere Chronologen es deuten, ist es völlig unbewiesen.*

ir unser herr gekundet wart *März* 25.

Frauentag der lateren, leteren, letzteren, lasseren, letzten, lesten *Sept.* 8.

Frauentag lichtweih, lichtmesse, lichtfewer *Febr.* 2.

Frauentag im Merz, Merzmesse *März* 25.

Frauentag vor Michaelis *Sept.* 8.

Frauentag der mittelmesse *Sept.* 8.

Frauentag der mustmesse *Sept.* 8.

Frauentag als sie mutter gotes worden ist *März* 25.

Frauentag der neuen feier *Juli* 2.

Frauentag nivis *Aug.* 5 (*die Abweichungen s.* Nivis Marie).

Frauentag erer opferung *Nov.* 21.

Frauentag nach ostern *Juli* 2.

Frauentag im ougst, ze mittem ougsten, to half oichste, to uitganden owste *Aug.* 15.

Frauentag ze der padenvart *Sept.* 8.

Frauentag zer pelzmesse *März* 25.

Frauentag ze phennigdienst *Sept.* 8.

Frauentag ze pflanze *März* 25.

Frauentag processio *Juli* 2.

Frauentag der purd *Sept.* 8.

Frauentag der reichen *Sept.* 8.

Frauentag der reinigung, reinigheit *Febr.* 2.

Frauentag in der sat *Sept.* 8.

Frauentag der schiedung, als sie starb *Aug.* 15.

Frauentag schneefeier, als der schnee fiel *Aug.* 5 (*die Abweichungen s.* Nivis Marie).

Frauentag im somer *Aug.* 15.

Frauentag der stillen *März* 25.

Frauentag ze sungichten *Juli* 2.

Frauentag zem turney *Sept.* 8.

Frauentag der uffart *Aug.* 15.

Frauentag der vandinge, vysiteringe, als se fande Elisabeth, als sy fonden wart *Juli* 2.

Frauentag der verholnen, verholen, verpargen *in Norddeutschland immer Dec.* 8, *in Süddeutschland und Schweiz März* 25.

Frauentag als sie verschieden ist *Aug.* 15.

Frauentag im winter, vor wihnachten *Dec.* 8.

Frauentag der wurzwihe, wortemisse, wischweihe *Aug.* 15.

Fridolini cf. *März* 6; Transl. *Juni* 25 (*Schweiz*).

Fritheswithe v. *Oct.* 19 (*Engl.*).

Fronfasten 14[b].

Fronleichnamstag *der zweite Donnerstag nach Pfingsten (Donnerstag nach Trinitatis).* Fronleichnamswoche *ist die Octave dieses Festes.*

Frühlingsvollmond 4[c].

Frühmesse 19[d].

Frühmette 19[d].

Fünf brüder tag *s.* Quinque fratrum.

Funkentag, Funkensonntag *Invocavit.*

G.

Galli abb. cf. *Oct.* 16.

Gallicani m. *Juni* 25 (*Regensb.*).

Gallicinium, gallicantus *die Zeit nach Mitternacht.*

Ganze fastenwoche *Woche nach Invocavit.*

Ganze Uhr 21[a].

Garaus 20[d].

Gartag *Karfreitag.*

Gaudete in domino 3. *Adventssonntag.*

Gaudia Marie *meist Sept.* 23.

Gaugerici ep. Cameracen. cf. *Aug.* 11 (*Magdeb.*).

Gebhardi ep. Constantien. *Aug.* 27 (*Konst.*).

Gebundene Zeit *von Septuagesima bis Ostersonntag.*

Geburt unsers hern *Dec.* 25.

Gedechtniss, gehügnitz s. Pauli apostels *Juni* 30.

Gedechtnisstag unser frauen schidung *Sept.* 23.

Gedingzeichen *Indiction, s. S.* 8 ᵃ.

Geerdentag *März* 17, *Gertrudis*.

Geiler montag *Montag nach Estomihi.*

Geiler zinstag *Dienstag nach Pfingsten.*

Gekrönter freitag *Freitag nach Quasimodogeniti.*

Geleriustag *Jan.* 13, *Hilarius.*

Gemeine fassnacht *Dienstag nach Estomihi.*

Gemeinjahr 1ᵇ.

Gemeine woche, meintweke, meinden, hebdomada (septimana) communis, communes, gute woche *die volle Woche nach dem Michaelisfeste. Montag nach Michaelis (andern Ortes vor Michaelis) war eine* Commemoratio animarum; *den Sonnabend der Woche* (s. Missa aurea) *wird der Ausdruck meindentag bezeichnen.*

Geminorum m. *Jan.* 17.

Genesii m. *Aug.* 25.

Gengulfi m. *Mai* 13 (*Mai* 11 : *Basel, Metz, Strassb.*).

Gennarius *Januar.*

Georgii m. *Apr.* 23; *nur Aquil., Augsb., Salzb., Gnesen, Oberitalien, Ungarn Apr.* 24; *Chur Apr.* 25.

Geperchtentag *Jan.* 6.

Gerardi ep. Csanad. m. *Sept.* 24 (*Ung.*); Transl. *Febr.* 24 (*Ung.*).

Gereonis et soc. m. *Oct.* 10.

Germani ep. Autissiod. cf. *Juli* 31. *Dahinter tritt der gleichnamige* ep. Parisien. cf. *Mai* 28 *sehr zurück.*

Gerontii ep. m. *Mai* 9 (*Magdeb.*).

Gertrudis v. *März* 17.

Gervasii et Protasii m. *Juni* 19.

Geschworener montag *Montag nach Epiphania.*

Ghieskerec *Juni.*

Gilberti ep. cf. *Apr.* 1 (*Schottl.*).

Gildardi ep. Rotomag. cf. *Juni* 8 (*Metz*).

Gilgentag, Gillisdach *Sept.* 1, *Egidius.*

Gillismaent *September.*

Glenz *März.*

Glockenzeit *Abendläuten, s. S.* 20ᵃ.

Gloristag, Gleristag *Jan.* 13, *Hilarius.*

Gloytag s. Eligius.

Gnadenreiches Jahr 10ᵈ.

Goaris cf. *Juli* 6.

Godehardi ep. Hildes. cf. *Mai* 5; Transl. *Mai* 4 (*Hildesh.*).

Godeldinstag *Dienstag vor Estomihi* (?).

Godenstag, Gonsdach *Mittwoch.*

Goerici ep. Meten. cf. *Sept.* 19 (*Metz*).

Goychkentag *Montag nach Quasimodo.*

Goldener freitag, goldener sontag *Freitag und Sonntag der Quatember.*

Goldenes Jahr 10ᵈ.

Goldene messe, goldenes amt *Sonnabend in der vollen Woche nach Michaelis. S.* Missa aurea.

Goldene none *am Himmelfahrtstage.*

Goldene Zahl 2ᵃ.

Goldfasten 14ᵇ.

Gonsdach *Mittwoch.*

Gordiani et Epimachi m. *Mai* 10.

Gorgonii m. *Sept.* 9.

Got *statt Christus.* Gotsleichnam *Fronleichnam.* Gotstag *Christi Geburt Dec.* 25.

Gottstracht *zweiter Freitag nach Ostern (Köln)* .

Grasmaent *April.*

Gratias 20ᵃ.

Gregorii pp. cf. *März* 12.

Grisogoni m. *Nov.* 24.

Grosser donnerstag *Gründonnerstag.*

Grosse fastnacht *Sonntag Invocavit.*

Grosser fastelavend, *gross vastavend,* grote vastingesdach *Sonntag Estomihi* (sonnt. zu gr. f.), auch *Montag und Dienstag danach.*

Grosser frauentag *Aug.* 15.

Grosser maitag *Mai* 1.

Grosse mittwochen *Mittwoch der Karwoche.*

Grosses neujahr *Jan.* 6.

Grosser sonntag *kann Estomihi und Invocavit sein.*

Grosse Uhr 20 d.

Grundlagen der Zeitrechnung 1 a.

Gründonnerstag *Donnerstag vor Ostern, in Westfalen auch Donnerstag nach Ostern.*

Grüne Woche *Karwoche.*

Gudenstag, gunstag *Mittwoch.*

Guidonis abb. cf. *Mai* 4 (*Speyer*).

Guillelmi aep. Bituric. cf. *Jan.* 10 (*Cisterc.*).

Guillelmi erem. cf. *Febr.* 10 (*Wilhelmiten*).

Guillelmi abb. Roeskild. cf. *Juni* 16 (*Skand.*).

Guillelmi aep. Eboracen. cf. *Juni* 0 (*Engl.*).

Guillelmi ducis cf. *Mai* 28 (*Brixen*).

Gula Augusti *Anfang August.*

Gumperti cf. *Jul.* 15 (*Würzb.*).

Gumpete donnerstag, gumpige donstig *Donnerstag vor Estomihi.*

Gundulfi ep. Meten. *Sept.* 6 (*Metz*).

Gunstag *Mittwoch.*

Guter dienstag, donnerstag, freitag, mittwoch, montag *die Tage vor Ostern.*

Guter tag *Montag.*

Gute woche *s.* Gemeine Woche.

Guthlaci erem. *Apr.* 11 (*Engl.*).

II.

Haberougst *September* (*in Kalendern*). Haberschnitt, haberernte *ist nach den Daten von Ende Juli bis zum September zu rechnen.*

Hagelfeier *in Norddeutschland meist Freitag nach Himmelfahrt oder benachbarte Tage.*

In Mitteldeutschl. Johannes *und Paulus* (*Juni* 26).

Haymbranstag *Sept.* 22 *Emmerami.*

Halbe Uhr 20 c.

Halbfasten *Mittfasten, der Sonntag Lätare.*

Halfmaerte *März* 15 *und benachbarte Tage.*

Halvardi m. *Mai* 15 (*Skand.*).

Hanstag *Johannestag* (*s. diesen*).

Hartmant *Januar* (*seltener December*).

Hau, hauwemant *Juli.*

Hebdomada absolutionis *Karwoche.*

Hebdomada alba, albaria *Woche nach dem Ostersonntag bis zur dominica post albas oder d. albis depositis.*

Hebdomada autentica *Woche vor Ostern.*

Hebdomada carnisprivii, carnelevarii *Woche nach Estomihi.*

Hebdomada communis *s.* Gemeine Woche.

Hebdomada crucis, crucium *Woche nach Vocem jocunditatis.*

Hebdomada in albis *Woche nach dem Ostersonntag.*

Hebdomada in capite jejunii *Woche nach Estomihi.*

Hebdomada indulgentie *Karwoche.*

Hebdomada in passione *Woche nach Judica.*

Hebdomada magna, major *Karwoche.* Hebdomada prima major *Woche nach Judica.*

Hebdomada media *Mittwoch.*

Hebdomada mediana (pasce) *Woche nach Lätare.*

Hebdomada muta, nigra *Karwoche.*

Hebdomada pasche, paschalis *Woche nach Ostersonntag.* Secunda hebdomada pasche *die Woche nach Quasimodo.*

Hebdomada passionis *Woche nach Judica.*

Hebdomada penitentie, peniten-
tialis, penosa, penalis *Karwoche.*

Hebdomada pentecostes *Woche
nach dem Pfingstsonntag.*

Hebdomada post pascha *Woche
nach Quasimodo, meist* hebdomada post octavam pasche
genannt.

Hebdomada prima major ante
pascha *Woche nach Judica,*

Hebdomada salutis *Karwoche (?).*

Hebdomada sancta, sacra *Karwoche;* h. sancta pasche *ebenso
(dagegen* h. sancte pasche *Woche
nach Ostersonntag).*

Hebdomada septuagesime *Woche
nach Circumdederunt.*

Hebdomada trinitatis *Woche nach
Trinitatis.*

Hedwigis vid. ducisse *Oct.* 15. —
Transl. *Aug.* 25 (*Breslau*).

Heiliger abend 16ᵉ.

Heiliger nontag *Himmelfahrt
Christi.*

Heiltumsfest, ostensio reliquiarum.
*Für Deutschland kommt be-
sonders die Vorzeigung der
Reichsreliquien* (lancea et clavi
domini) *in Prag, später Nürnberg in Betracht: Freitag
nach Quasimodogeniti. Das*
festum reliquiarum *ist sonst für
jede Diöcese verschieden.*

Heimsuchung Marie *Juli* 2.

Heinrici imp. cf. *Juli* 13; *wo Margarete auf Juli* 13 *steht, wird
H. auf Juli* 14 *verschoben.*

Heinrici ep. Upsalen. m. *Jan.* 19
(*Skand.*; *Abo: Jan.* 20).

Helene reg. *Aug.* 18 (*Trier, Köln*);
Febr. 8 (*Gnes., Magdb., Mainz*);
Apr. 15(*Salzb.*); *Mai* 22 (*Aquil.,
Prag*).

Helene vid. *Juli* 31 (*Skand.*).

Hellarii et Tatiani m. *März* 16
(*Aquil.*).

Heracliani ep. cf. *Oct.* 24 (*Magdb.*).

Herbstmond *September.* Herbst
ebenso, beide aber auch Oc-

*tober und November bezeich-
nend* (erster, ander, dritter
herbst).

Herculani ep. m. *Nov.* 6 (*Magdb.*).

Heriberti (Herberti) aep. Colon.
cf. *März* 16.

Hermachore et Fortunati m. *Juli* 12
(*Aquil., Salzb.*).

Hermetis m. *Aug.* 28 (*selten auf
Aug.* 27 *verschoben*).

Hermolai pb. m. *Juli* 27.

Herremisse, hermisse *Sept.* 22,
Mauritius (*Magdeb.*).

Herrenfastnacht *Estomihi.*

Herrgottstag, herrenleichnamstag
Fronleichnam.

Heschichte mittwochen *Aschermittwoch.*

Heumond, heuwet *Juli.*

Hilarie et soc. m. *Aug.*12 (*Augsb.*).

Hilarii ep. Pitavien. cf. *Jan.* 13.

Hilarii (-ini) m. *Juli* 16 (*Magdeb.,
Gnes.*).

Hilarionis abb. cf. *Oct.* 21 (*Orden*).

Hillige dracht *Procession, speciell
die an den Kreuztagen vor
Himmelfahrt.*

Himerii solit. cf. *Nov.* 12 (*Laus.*).

Himmelfahrt Christi, gottes, unsers
herren *Donnerstag nach dem
5. Sonntag nach Ostern* (*Voc.
jocund.*).

Himmelfahrt Marie *Aug.* 15.

Hinderster tag *letzter Tag des
Monats.*

Hinderster wintermond *Februar.*

Hypapanti domini *Febr.* 2.

Hippolyti et soc. m. *Aug.* 13.

Hirsemontag *Montag nach Invocavit.*

Hochamt, hochmesse 19ᵈ.

Hochimmet 19ᵈ.

Hochzeit, hochgezite 16ᵃ.

Hodie scietis *Weihnachtsabend.*

Hoher donnerstag *Donnerstag vor
Ostern.*

Hohemesse, hochamt 19ᵈ.

Hohe mittwochen *Mittwoch nach
Pfingsten.*

Hohes neujahr *Jan.* 6.

Hoher samstag *Sonnabend vor Ostern.*

Hokeday (*engl.*) *Dienstag nach Quasimodo.*

Holzfehrdach, holzfartdach *Donnerstag nach Pfingst.* (*Köln*).

Homo vetus *der geschworene Montag, Montag nach Epiphania* (*Siebenb.*).

Hora bassa, serotina, tarda *Abendzeit.*

Hore canonice 19[d].

Hore diei et noctis 20[b].

Hore equales 20[c].

Hore inequales 20[b].

Horn, hornung *Februar.*

Hostern *Ostern* (*österreichisch*).

Houw, houwet, humand *Juli.*

Hübscher mittwoch, zistag *Mittwoch und Dienstag nach Pfingsten.*

Hundstage *s. Dies caniculares.*

Huperti ep. Leodien. cf. *Nov.* 3 (*Köln, Trier*).

Hutzelsonntag *Invocavit.*

I. J. Y.

Jacobi ap. (majoris, im schnitt, haberschnitt, arcn, augst, hoewat, sommer) *Juli* 25. Jacobi Alphei (minoris) ap. *Juni* 22 *in älteren Kal., sonst mit* Phil. *vereint. Vgl.* Philippi et Jacobi (*Mai* 1).

Jänner, jenner *Januar.*

Jansdag *Johannestag* (*s. diesen*).

Januarii ep. m. *Oct.* 19 (*Brem., Gnes., Magdeb., Trier : Sept.*19).

Jahre der Kontrakte 10[d].

Jahre der Stadt 0[d].

Jahresanfang 11[a].

Jahresbezeichnung 0[a].

Jahreseintheilung 13[c].

Jarestag *Neujahrstag*, jaresabend *Neujahrsabend; auch bei abweichender Jahreszählung gebraucht.*

Jausen 20[a].

Idus 14[d].

Jejunium *alleinstehend die Fasten vor Ostern*, ebenso jejunium longum, quadragesimale, paschale. Jejunium *für Quatember* 14[c].

Jellesdach *Egidius, Sept.* 1.

Jentaculum 19[d].

Jeppesdag *Jacobus, Juli* 25 (*Finnland*).

Jereon *Gereon, Oct.* 10.

Jergentag, Jerientag *Georgii* (*s. diesen*).

Jeronymi pb. cf. *Sept.* 30.

Ignatii ep. m. *Febr.* 1 (*Köln, Magdeb., Mainz, Prag*); *Jan.* 31 (*Gnes.*); *Dec.* 17 (*Brem., Salzb., Trier*).

Ilariustag *Jan.* 13, *Hilarius.*

Illatio Marie *Nov.* 26 (*Hildesh., Paderb., Verden*) s. Presentatio Marie.

Imbiss, immet 20[a].

ImmerwährenderMondkalender 2[b].

Impressio stigmatum Francisci *Sept.* 17 (*Francisc.*).

Incarnatio domini *ist sowohl März* 25 *wie Dec.* 25. *Daher nahmen die beiden Jahresanfänge den Namen* ab. inc. dom. *für ihre anni in Anspruch.*

Incathedratio Petri *Febr.* 22.

Incensio cerci paschalis *Ostersamstag, s.* 11[d].

Incensio lune paschalis 5[d].

Incensum *Zeit des abendlichen Lichtanzündens.*

Inclina domine aurem 15. *Sonntag nach Trinitatis* (16. *nach Pfingsten*).

Inclinatio medie noctis *Zeit gleich nach Mitternacht.*

In deo laudabo *Montag nach Oculi.*

Indictio 8[a].

In excelso throno 1. *Sonnt. nach Epiphania.*

Infirmus 38 annorum *Freitag nach Invocavit.*

Infra octavam *ist stets innerhalb der Octave*, infra hebdomadam *in der Woche*.

Ingehendes jars *Beisatz zu Daten am Anfange des Jahres*, oft für die Bestimmung des Jahresanfanges von Werth.

Ingehender jarstag *Neujahr*.

Ingender monat 15ᵇ.

Ingenuini et Albuini ep. *Febr.* 5 (*Brixen*).

Initium quadragesime *Anfang der Fasten.* Dominica initii quadr. *Invocavit.*

In medio ecclesie *Johannes evang. Dec.* 27 *und Mai* 6, (*Joh. ante port. lat.*).

Innocentum (infantum) m. *Dec.* 28. Octava *Jan.* 4.

In nomine domini *Mittwoch vor Ostern.*

In principio deus *Sonntag nach dem* 27. *Juli* (*Respons.*).

In principio fecit deus *Septuagesima* (*Respons.*).

Intempestum, intempesta nox *Zeit vor Mitternacht.*

Inter canem et lupum *Abenddämmerung.*

Inter duo carnisprivia *Woche von Estomihi bis Invocavit.*

Intertitium lunare 2ᵉ.

Intervallum *die Zeit von Weihnachten bis Invocavit nach Wochen und Tagen. In älterer Zeit durch Worte ausgedrückt, deren Buchstaben die Wochen angaben, während für die überschiessenden Tage Punkte über das Wort gesetzt wurden; später finden sich in Ostertafeln Zahlenangaben für beide.*

Intret (in conspectu) oratio mea *Quatember-Sonnabend nach Invocavit.*

Introduxit vos dominus *Ostermontag.*

Introitus mensis 15ᶜ.

Introitus misse 18ᶜ.

Inventio crucis *Mai* 3.

Inventio pueri (Jesu) *Donnerstag nach Exurge* (*Meiss.*).

Inventio sancti . . . s. *unter den einzelnen Heiligen.*

Invocavit me 1. *Fastensonntag*, 6. *Sonntag vor Ostern.*

In voluntate tua 21. *Sonnt. nach Trinitatis* (22. *nach Pfingst.*).

Joderstag *Aug.* 16, *Theoduli* (*Schweiz*).

Jodoci (Joest) pb. cf. *Dec.* 13.

Johannes in captivitate 3. *Sonntag im Advent* (*Evang.*).

Johannis ap. ev. *Dec.* 27 (assumtio). — Ante portam latinam (in dolio, parvus) *Mai* 6.

Johannis baptiste nativitas (Joh. medie estatis) *Juni* 24. — Decollatio *Aug.* 29. — Conceptio *Sept.* 24.

Johannis et Pauli m. (Joh. luminis) *Juni* 26.

Johannis Chrysostomi (oris aurei) *Jan.* 27.

Johannis Beverlacen. aep. Eborac. cf. *Mai* 7 (*Engl.*). — Transl. *Oct.* 25 (*Engl.*).

Johannis ep. Holumen. cf. *Apr.* 23 (*Skand.*). — Transl. *März* 3 (*Skand.*).

Johannis et soc. m. s. Quinque fratrum.

Johanns minne, liebe, trunk *am Johannestage Dec.* 27. *Auch am dritten Oster- und Pfingsttage trank man die Johannesminne.*

Johannstag *ohne Beisatz in Urkunden (wenn nicht ganz zwingende Gründe dagegen sprechen) der* 24. *Juni.*

Johannstag zu ausgehendem ougst *Aug.* 29.

Johannstag baptisten, des deuffers, des gotsteufers, *auch ohne den Beisatz als he geboren wart, oder siner geburt ist stets Juni* 24.

Auch als Apostel *wird Joh. bapt. manchmal bezeichnet.*

Johannstag als er enthauptet (ent-heuft, inthoifdeget)ward, Johanns enthoeffdinge *Aug* 29.

Johannstag in der ernte, na der ernte *Aug.* 29. *Dagegen* Joh. vor der erne *Juni* 24.

Johannstag feuerweihe *Juni* 24.

Johannstag mit dem guldein mund *Jan.* 27. *Joh. Chrysostomus.*

Johannstag vorm guldein thor, tor gulden porten *Mai* 6.

Johannstag im herbst *Aug.* 29.

Johannstag de in dem kol hukede *Aug.* 29.

Johannstag als dem korn die wurzel bricht *Juni* 24.

Johannstag dat men kronen hangt, als me under de kronen waket *Juni* 24.

Johannstag vor der latinischen porten, den man nennet latina *Mai* 6.

Johannstag Lateran *Mai* 6.

Johannstag des lichten (die Johannis luminis) *Juni* 26, *doch kommen auch Besüge auf Juni* 24, *ja selbst auf Aug.* 29 *vor.*

Johanns des lichten und Paulus dag *Juni* 26 (*Joh. et Pauli m.*).

Johannstag im meyen *Mai* 6.

Johannstag zu mittensommer *Juni* 24.

Johannstag als he in dem oley ward gebraden, alse he soden wart in dem olye, in der oleye buddene *Mai* 6.

Johannstag nach ostern, ze ostern *der dritte Tag (Dienstag) des Osterfestes (nach Analogie des Weihnachtsfestes).* Joh. nach ostern, na paschen *bedeutet auch Mai* 6.

Johannstag vor pfingsten *Mai* 6. Joh. nach pfingsten *der dritte Tag (Dienstag) des Pfingstfestes (nach Analogie von Weihnachten).*

Johannstag als men de ersten sat utwerpet *Aug.* 29.

Johannstag im sommer *Juni* 24.

Johannstag ze sonnwenden, sunn-gichten, sumenden, suniich *Juni* 24.

Johannstag in dem vogelsang *Juni* 24.

Johannstag vor dem wälschen thor *Mai* 6.

Johannstag zu weihnachten, ze wingichten, am drudden dage na der bort godes *Dec.* 27. An Joh. evang. achtendag nach weih-nachten *Jan.* 3 (*Octava Joh. ev.*).

Johanns und Paulstag der wetter-herren *Juni* 26.

Joppesdag *Juli* 25, *Jacobi (Finnl.).*

Jorgentag *s.* Georgii.

Josephi nutricii domini cf. *März* 19.

Ypapanti domini *Febr.* 2.

Irchtag *Dienstag.*

Irenei et Abundi m. *Aug.* 26.

Isti sunt dies *Judica (Respons.).*

Jubeljahr 10 [d].

Jubilate (deo) omnis terra 3. *Sonntag nach Ostern.*

Judassamstag *Karsonnabend.*

Judica me deus 5. *Fastensonntag (vor Ostern). Der Montag nach Palmarum hat den Eingang* Judica domine nocentes.

Judicium extremum *Montag nach Invocavit (Evang.).*

Jüdischer Mondcyclus 2 [e].

Jüdische Weltära 10 [c].

Juignet, jugnet, jullet *Juli*; jouing, jugin, jung, junet *Juni.*

Jul 13 [a].

Juliane v. m. *Febr.* 16.

Juliani ep. Cenomanen. cf. *Jan.* 27 (*so Paderb., Frankr., Engl., Skand., Orden; aber Cisterc.: Jan.* 29, *Deutschord.: Jan.* 28).

Juliani m. *Aug.* 28 (*Metz*).

Julianisches Jahr 1 [b].

Julii pb. cf. *Jan.* 31 (*Magdeb.*).

Junge fastnacht *Dienstag nach Estomihi.*

Jüngster tag *letzter Monatstag.*

Jurgentag, Juriansdach s. Georgii.

Jusserèche *Juni.*

Justi et Clementis ep. cf. *Aug.* 31 (*Magdeb.*).

Justi, Arthemii et Honeste m. *Oct.* 11 (*Norddeutschl.*).

Justificatio Pauli *wohl dasselbe wie* Conversio Pauli *Jan.* 25.

Justini pb. m. (cf.) *Aug.* 4.

Justus es domine 17. *Sonnt. nach Trinitatis* (18. *nach Pfingst.*).

Juvenalis m. *Mai* 7.

Ivonis pb. cf. *Mai* 19.

K siehe auch C.

Kaiserliche Zahl 8 ᵃ.

Kalenden 14 ᶜ.

Kalenderverbesserung 21 ᵇ.

Kalte kirchweih *in Basel: Oct.* 11 (*Münsterkirchweih*). *In Franken: Martini, Nov.* 11.

Kanonische Stunden 19 ᵈ.

Kanuti regis m. *Juli* 10 (*Skand.*).

Kanuti ducis m. *Jan.* 7 (*Skand.*).

Karfreitag, charfreitag *Freitag vor Ostern.*

Karoli Magni imp. *Jan.* 28; Transl. *Juli* 27 (*Aachen*).

Karstdag *Christtag, Dec.* 25.

Karwoche *Woche vor Ostern.*

Kässonntag *Invocavit.*

Kathedra Petri, kathedratio Petri, katteri Petri *Febr.* 22.

Katertemper, kattemer *Quatember.*

Katreintag, Katelinendag *Catharina, Nov.* 25.

Kaufschlagsmontag (*Meckl.*) *Montag nach Invocavit.*

Kenelmi regis m. *Juli* 17 (*Engl.*).

Kentigerni ep. cf. *Jan.* 13 (*Schottl.*).

Kerzweihe *Febr.* 2.

Ketilli cf. *Juli* 11 (*Skand.*).

Kiliani et soc. m. *Juli* 8.

Kindleintag, kindertag *Dec.* 28. *Auch Mittwoch nach Ostern und Pfingsten wird ein kind-*

leintag (zu ostern, zu pfingsten) *begangen, analog dem nach Weihnachten.*

Kirsdag, Kirsavent *Christtag, Christabend, Dec.* 25 *und* 24.

Klagesdach *Nicolaus, Dec.* 6.

Kleiner fastelavent *Montag nach Estomihi.*

Kleiner frauentag, Marientag *Sept.* 8.

Kleine Uhr 20 ᶜ.

Klibeltag *März* 25, s. Frauentag der clüben.

Knoblauchsmittwoch *Mittwoch nach Pfingsten.* Knoblauchstag *Juli* 28, *Pantaleon* (*Luther*).

Konkurrenten 7 ᵃ.

Konsulatsjahre 9 ᵃ.

Koppermaendach, koppeltjes maendach *Montag nach Epiphania* (*Niederl.*).

Kopseliger montag, kopslagmandach (*Meckl.*) *Montag nach Invocavit.*

Korsdag (*niederl.*) *Christtag, Dec.* 25. (*Skand.* ist kors *Kreus*).

Kreuzaufnehmen, kreuzerheben *in der Nacht vom Ostersonnabend auf Ostersonntag.*

Kreuzsonntag *Vocem jocunditatis* (5. *Sonntag nach Ostern*).

Kreuztag *ohne Beisatz ist, wenn nicht Gründe — etwa Ferienbezeichnung — für den 3. Mai sprechen, der 14. Sept.*

Kreuztag der erhebung, der hoghinge, als es erhaben wart *Sept.* 14.

Kreuztag als es gefunden ward, vindinge des h. cruces *Mai* 3.

Kreuztag im herbst, im September, vor Michaelis, vor heremissen *Sept.* 14, *exaltatio crucis.*

Kreuztag als es zu himmel fur, des h. kruzes himmelvart *Sept.* 14, *exaltatio crucis.*

Kreuztag im mai, ze meygen *Mai* 3, *inventio crucis.*

Kreuztag nach ostern, na paschen, vor pingsten *Mai* 3.

Kreuztage, kreuzwoche, kruzedag, cruceweke, crucen *die Tage von Vocem jocund. bis Himmelfahrt.*

Kronfreitag *Freitag nach Quasimodogeniti.*

Krumme mittwochen *Mittwoch vor Ostern.*

Krüselbraden *der zu Michaelis verzehrte Lichtbraten.*

Kruzedage, kruzen s. Kreuztage.

Kunegundis imp. v. *März* 3; Transl. *Sept.* 9 (*Bamb.*).

L.

Ladislai regis cf. *Juni* 27 (*Ung.*); Depositio *Juli* 29 (*Ung.*).

Lamberti ep. m. *Sept.* 17; Transl. *Apr.* 28 (*Lütt.*); Triumphus *Oct.* 13 (*Lütt.*).

Lancea domini *Freitag nach Quasimodo.*

Langer fridag *Karfreitag.*

Lanz, länzen *Frühling.*

Lardarium *Fastnachtsdienstag.*

Largum sero *Weihnachtsvigilie* (*Böhmen*).

Lasmaent *Januar.*

Lateiner, die *Mai* 11 *Mamerti*, 12 *Pancratii*, 13 *Servatii*, als *Wettergrenze.*

Laterer dag 16ᶜ.

Latere ebennacht.*Septembernachtgleiche.*

Lateren twölften *Jan.* 20.

Lateste dach *der letzte Tag eines Monats.*

Laubreise, laubrost *November* (*auch October, oder wohl Herbst überhaupt*).

Laudes, laudes metten 19ᵈ.

Laumaent, lauwe *Januar.*

Laurentii m. *Aug.* 10.

Laxatio carnis *Dienstag vor Aschermittwoch.*

Lazari ep. m. (cf.) *Dec.* 17.

Leandri ep. Treviren. *Febr.* 27.

Lebuini cf. (hiemalis, im Winter)

Nov. 12 (*Utr.*); Transl. (to midzomer) *Juni* 25 (*Utr.*).

Lebkücheltag *Dec.* 28.

Leguntii ep. Treviren. *Febr.* 19 (*Trier*); ep. Meten. *Febr.* 18 (*Metz*).

Leichnamstag *Fronleichnam, Donnerstag nach Trinitatis.*

Leisketod *Sonntag Lätare.*

Lenz 14ᵇ.

Lenzmonat, Lenz *März.*

Leodegarii ep. Eduen. m. *Oct.* 2.

Leonhardi abb. cf. *Nov.* 6.

Leonis pp. cf. (II) *Juni* 28 (*zum Datiren wenig benutzt*); pp. cf. (I) *Apr.* 11 (*mit Abweichungen*); pp. cf. (IX) *Apr.* 19.

Leopardi m. *Sept.* 30 (*Aachen*).

Leopoldi march. cf. *Nov.*15(*Salzb.*).

Lesen, das *Weinlese, im Mittelalter meist Ende September beginnend.*

Lestemant *December.*

Letania major, minor s. Litania.

Letare Hierusalem 4. *Fastensonntag.*

Letetur cor querentium *Quatemberfreitag nach Crucis exaltatio* (*Sept.* 14) *und Donnerstag nach Lätare.*

Letzte fassnacht, letzter fastelavend *Dienstag nach Estomihi.*

Letzte fastenwoche *Karwoche.*

Letzter herbstmond *December.*

Lex domini *Sonnabend nach Reminiscere.*

Liberator meus *Mittwoch nach Judica.*

Liborii ep. *Juli* 23; Transl. *Apr.* 28 (*Paderb.*).

Lichamestag *Fronleichnam, Donnerstag nach Trinitatis.*

Lichter Tag 19ᶜ, 19ᵉ.

Lichtmess, lichtweihe *Febr.* 2.

Lini pp. m. *Nov.* 26 (*seltener Sept.* 23).

Lismant *Januar.*

Litania major, Gregoriana, Romana *Apr.* 25.

Litanie minores, triduane *die drei Tage vor Himmelfahrt.*

Littera annalis 5^e.

Littera dominicalis 3^e.

Littera lunaris 5^e.

Littera martyrologii. *Im Mittelalter die Buchstaben a — u unter Ausfall des O als Repräsentanten der goldenen Zahlen. Im Gregorianischen Kalender die Buchstaben a — u, dann A — H, M, N und P als Repräsentanten der Epakten 1 bis ✳.*

Littera paschalis 5^e.

Littera postpunctata, prepunctata 6^a.

Livarii m. *Nov.* 25 (*Metz*).

Livini ep. m. *Nov.* 12 (*Magdeb.*) s. Lebuini.

Lociendag, Losiendag *Dec.* 13, *Lucie.*

Locus clavium 6^e.

Locus concurrentium 7^a.

Lofrote, lobrise *November* (*auch October, oder wohl Herbst überhaupt*).

Loicentag *Oct.* 18, *Lucas.*

Loymaent *December.*

Lollestag *Lulli, Oct.* 16.

Longini m. *März* 15 (*seltener Dec.* 2).

Lorenzentag *Aug.* 10, *Laurentiim.*

Losmant *Januar.*

Lotzel fassnacht *Donnerstag vor Estomihi.*

Lubentii pb. cf. *Oct.* 13 (*Trier*).

Luce evang. *Oct.* 18.

Lucie v. m. *Dec.* 13.

Lucii pp. m. *März* 4 (*Skand.*); Transl. *Aug.* 25 (*Skand.*).

Lucii regis cf. *Dec.* 3; Transl. *Oct.* 9 (*Chur*).

Ludgeri ep. Monasterien. *März* 26; Depositio *Apr.* 24 (*Münster*); Transl. *Oct.* 3 (*Münster*).

Ludmille m. *Sept.* 16 (*Prag*); Transl. *Nov.* 10 (*Prag*).

Ludovici ep. cf. *Aug.* 19; Transl. *Nov.* 8 oder 10 (*Francisc.*).

Ludovici regis cf. *Aug.* 25.

Lugius, Luio *Juli.*

Lulli cf. *Oct.* 16.

Lumina sancta *Febr.* 2.

Luna 2^c.

Luna ipsius diei 5^b.

Luna quarta decima pasche 5^b, 5^c.

Lunarbuchstaben 5^e.

Lunatio 1^c.

Lusemant *Juni.*

Lutker fastelavend (vastingesdach), lutzel fassnacht, *Donnerstag vor Estomihi.*

Lutke paschedach *Palmarum.*

Lutrudis v. *Sept.* 22 (*Hildesh., Paderb.*).

Lux domini (dei) *Sonntag.* Lux *allgemein für* dies *gebraucht.*

Lux fulgebit *zweite Weihnachtsmesse* (in aurora, primo mane).

M.

Macharii m. (cf.) *Jan.* 23.

Macharii ep. cf. *Nov.* 12 (*Schottl.*).

Machuti ep. Alethen. cf. *Nov.* 15 (*Engl.*).

Madalberte s. Mathalberte.

Maderztag *Medardus, Juni* 8.

Madius, Magius *Mai.*

Magdalenentag s. Marie Magdalene.

Maglorii ep. Dolen. cf. *Oct.* 24 (*Ung.*).

Magni m. *Aug.* 19 (*vorwiegend in Norddeutschland*).

Magni abb. cf. *Sept.* 6 (*hauptsächlich in Süddeutschl.*).

Magni comitis Orcadum m. *Apr.* 16 (*Skand.*); Transl. *Dec.* 13 (*Skand.*).

Magnificet *Donnerstag nach Oculi.*

Magorum trium s. Regum trium.

Majoli abb. cf. *Mai* 11 (*Clun.*).

Maitag, Mayertag *Mai* 1. Maiabend *Apr.* 30.

Malachie ep. cf. *Aug.* 20 (*Köln*); *Nov.* 5 (*Cist.*).

Mamerti ep. cf. *Mai* 11.

Mamme m. *Juli* 18 (*Freis.*).

Mammetis m. *Aug.* 17 (*Metz*).

Mandatum *Fusswaschung am Gründonnerstag.*

Mane *morgens etwa* 8 — 9 *Uhr.* Summo mane, primo mane *ganz früh.*

Mannfassnacht, manne fastelabend, mannfasten *Invocavit.*

Mansueti ep. Tullen. cf. *Sept.* 3 (*Mainz, Trier*).

Marcelli pp. m. *Jan.* 16; *daneben tritt der Tag eines* Marcelli m. (*auch* Marcellini m.) *Sept.* 4 *ganz zurück.*

Marcelli et Petri m. *Juni* 2.

Marcelli et Apuleji m. *Oct.* 7.

Marcellini *s.* Marcelli.

Marcellini et Petri m. *Juni* 2.

Marcellini et Cleti pp. m. *Apr.* 26 (*Mainz*).

Marci ev. *Apr.* 25; Transl. *Jan.* 31 (*Venedig*).

Marci et Marcelliani m. *Juni* 10.

Marci pp. cf. *Oct.* 7.

Marci et Marciani m. *Oct.* 4.

Marci ep. Hierosol. m. *Oct.* 22 (*Dtschord.*).

Mardi gras *Fastnachtsdienstag.*

Margarete v. m. *Juli* 13; *doch Juli* 12: *Salzb. u. Suffragane; Juli* 15: *Basel, Chur, Konst., Strassb.; Juli* 19: *Laus., Sitten; Juli* 20: *Aquil., Genf, Frankr., Skand., Engl.*

Margarete reg. Scotie *Nov.* 16 (*Schottl.*); Transl. *Juni* 19 (*Schottl.*).

Mari ep. Treveren. *Jan.* 26 (*Trier*).

Mariczentag *Sept.* 22, *Mauritii m.*

Marie *die franzōs. Ausdrücke mit* Marie *s. bei* Notre dame.

Marie candelarum, candelose, corealis (festum) *Febr.* 2.

Marie ad martyres *Mai* 13.

Marie nivis (ad nives) *Aug.* 5; (*Aug.* 12: *Passau; Aug.* 31: *Meiss.*).

Marie de pietate *s.* Compassio Marie.

Marie Egyptiace (matrone, continentis, electe) *Apr.* 9; (*Apr.* 2: *Gnes. und Suffr., Strassb.*).

Marie Magdalene *Juli* 22; Conversio (da sie bekerd ward) *Märs* 1 (*Hild.*); *Apr.* 1 (*Salzb., Konst.*); *Märs* 10 (*Augsbg., Magdeb.*).

Marie et Martho v. *Jan.* 19.

Marien berchgang *Juli* 2.

Marien engelgruss *Märs* 25.

Marien gradendag *Margarete* (*s. diese*). See Not...

Marienjahr 11ᵃ.

Marien ohnmachtfeier, schmerzen *s.* Compassio Marie.

Marien reininge *Febr.* 2.

Marientag *s.* Frauentag.

Marientag von Egypten *s.* Marie Egyptiace.

Marii et Marthe (Audifax et Habacuc) m. *Jan.* 19.

Marthe hospite Christi *Juli* 29 (*hie und da verschoben, meist auf Juli* 27); *Oct.* 17 (*Köln, Salzbg., Trier, eigentlich Transl.*).

Marteror (*franz.*) *Nov.* 1.

Marterwoche, martirweke, mertelweke *Woche vor Ostern.*

Martialis ep. cf. *Juni* 30 (*Strassb.*).

Martini ep. cf. (brumalis, hiemalis, im herbst, im winter) *Nov.* 11; Transl. (estivalis, bullientis, im sommer, schuddekorf) *Juli* 4.

Martini pp. m. *Nov.* 10 (*Nov.* 12: *Orden*).

Martsche (*Strassb.*) *am vierten Mittwoch nach Ostern.*

Marzache (*franz.*) *Märs* 25.

Marzanasonntag *Lätare.*

Märzmesse, Marzache (*franzōs.*) *Märs* 25.

Mathalberte v. *Sept.* 7 (*Gnesen, Köln, Magdeb.*).

Materni ep. Treviren. cf. *Sept.* 13 (*Bresl., Köln, Magd., Mains*);

Transl. *Oct.* 23 (*Trier, Haupt-*
fest).

Materni ep. Mediolanen. *Juli* 18
(*Schweiz, Strassb.*).

Materniani ep. *Juli* 7 (*Brem.*).

Matthei ap. evang., Matthiestag,
Mattewesdag, Mattheistag im
herbst *Sept.* 21.

Matthie ap., Mattiastag, Matheis-
tag in den fasten, vor vaschanges,
im lenz, im spurkel, im winter
Febr. 24 (*im Schaltjahr meist
der* 25).

Matthie ep. Hierosolym. cf. *Jan.* 30
(*Dtschord.*).

Matutinum 19ᵈ.

Matutinum tenebrosum, tenebrarum
*die am Mittwoch, Donnerstag,
Freitag vor Ostern anticipirten Metten der folgenden
Tage.*

Mauretanische Aera 10ᵇ.

Mauri abb. cf. *Jan.* 15.

Mauri ep. Virdunen. cf. *Nov.* 10
(*Metz*).

Mauri ep. Quinque eccl. *Dec.* 1
(*Ung.*).

Mauriciendag, Maurisdag *Sept.* 22.

Maurilii ep. cf. *Sept.* 13 (*Dtschord.*).

Maurini abb. m. *Juni* 10 (*Köln*).

Mauritii et soc. m. *Sept.* 22.

Maurorum m. *Oct.* 15.

Maxentie vid. *Apr.* 30 (*Trient*).

Maximi ep. cf. *Mai* 29 (*Bresl.*,
s. Maximini); *Nov.* 27 (*Laus.*).

Maximi m. *Oct.* 19 (*Magdeb.*).

Maximiliani ep. m. *Oct.* 12 (*Salzb.*,
Gnes.).

Maximini ep. Treveren. cf. *Mai* 29
(*auch* Maximi, Maximiniani).

Medardi ep. Noviomen. cf. *Juni* 8.

Meditatio cordis *Freitag nach
Lätare.*

Medium mensis *Mitte des Monats*
(*häufig in westfäl. Daten*).

Megedetag *Oct.* 21.

Meginradi (Meinradi) erem. m.
Jan. 21 (*Konst.*); Transl. *Oct.* 6
(*Konst.*).

Meinden, meindentag s. Gemeine
Woche.

Meintag *Montag.*

Meinulphi diac. cf. *Oct.* 5 (*Paderborn*).

Melchiadis pp. m. *Dec.* 10.

Memento nostri 4. *Adventssonntag.*

Mendeltag, mendeldonnerstag
Gründonnerstag.

Menne m. *Nov.* 11 (*zum Datiren
nicht verwendet*).

Mennii (Memmii) ep. Catalaunen.
Aug. 5 (*Metz*).

Mensis astans 15ᵇ.

Mensis embolismeus 1ᶜ.

Mensis exiens 15ᵇ.

Mensis fenalis *Juli.*

Mensis intrans 15ᵇ.

Mensis lunaris 1ᶜ.

Mensis magnus *Juni.*

Mensis Marie *Mai* (*Ital.*).

Mensis messionum *August.*

Mensis novorum 5ᵉ.

Mensis pasche 16ᵈ.

Mensis Plutonis *Februar.*

Mensis purgatorius *Februar.*

Mensis restans, stans 15ᵇ.

Mensis venustus *April.*

Mentem sanctam *Agathe, Febr.* 5.

Merenda 20ᵃ.

Mereste kreuzgang *Apr.* 25.

Merte, Mertemant *März.*

Merteinstag *Nov.* 11, *Martini.*

Mertelweke *Woche vor Ostern.*

Metach, metchen *Mittwoch.*

Metropoli aep. Treveren. m. *Oct.* 8
(*Trier*).

Mette 19ᵈ.

Mexlianstag *Oct.* 12, *Maximiliani.*

Mi août *Mitte August.*

Michaelis archang. (dedic. eccl.
in monte Gargano, im herbst,
zu dem licht) *Sept.* 29; apparitio (inventio) in monte Gargano (vor pfingsten) *Mai* 8. Ded.
eccl. Mich. in monte Tumba
Oct. 16 (*Frankr., Engl.*).

Mi carême *Mittfasten, Lätare.*

Michel pfinztag *Gründonnerstag.*

Michtes, midechen *Mittwoch.*

Midfasten s. Mittfasten.

Midsomer, middensomer *Juni* 24.

Midsomermant *Juni.*

Mildrade abb. v. *Juli* 13 (*Utr.*).

Mi mars *Mitte* (16.) *März.*

Mindere Zahl 9ᵉ.

Mindeste Kreuzgang *die drei Tage vor Himmelfahrt.*

Miniatis m. *Oct.* 25 (*Magd.*).

Minuta diei 21ᵇ.

Mirtesdach *Nov.* 11, *Martini.*

Miserere mei *ein kurzes Stossgebet, als Bezeichnung eines geschwind vorübergehenden Ereignisses.*

Miserere mei domine quoniam ad te clamavi 16. *Sonntag nach Trinitatis* (17. *nach Pfingst.*).

Miserere mei domine quoniam conculcavit me hostis *Montag nach Judica.*

Miserere mei domine quoniam tribulor *Freitag nach Judica.*

Misereris omnium domine *Aschermittwoch.*

Misericordia domini plena est terra 2. *Sonntag nach Ostern. Hierfür tritt auch ein* Misericordias domini cantabo in eternum, *wofür auch* Misericordiam *steht.*

Missa aurea *Sonnabend der vollen Woche nach Michaelis (der* Gemeinen Woche*).*

Missa cardinalis, summa, solemnis 19ᵈ.

Missa matutina, prima 19ᵈ.

Missus est angelus *Quatembermittwoch des Advents* (*Evang.*).

Mittach, mittichen, mitche *Mittwoch.*

Mitten mey *der 16. Mai. Ebenso* mitten hornung (15. *Febr.*), mitten merz (16. *März*).

Mittfasten, mitterfasten, midfasten *meist Lätare, aber auch die Woche vor Lätare.*

Mittsommer, mittwinter 14ᵃ.

Modeste v. Trev. *Nov.* 4 (*Trier*).

Modicum et non videbitis *Jubilate,* 3. *Sonntag nach Ostern* (*Evang.*).

Modoaldi ep. Treveren. m. *Mai* 12 (*Trier*).

Moirendach *Oct.* 15, *Maurorum* m.

Mois de l'air, oir, aires, des moissons, messons *August.*

Mois de pâques, mois de noël 16ᵈ.

Mois sénal *Juli.*

Moloci ep. cf. *Juni* 25 (*Schottl.*).

Momenta 21ᵃ.

Monat, monet *Montag.*

Monatstage 15ᵇ.

Monatszeichen 13ᵈ.

Mondalter 2ᶜ.

Mondcyklus 1ᶜ.

Mondgleichung 23ᵇ.

Mondregularen 7ᵇ.

Mondschalttag 2ᵃ.

Monice vid. *Mai* 4 (*Augustin.*); Transl. *Apr.* 9 (*August.*).

Mononis erem. m. *Oct.* 10 (*Lütt.*).

Monulphi et Gondulphi ep. Trajecten. cf. *Juli* 16 (*Lütt.*).

Morandi cf. *Juni* 3 (*Mainz, Basel*).

Morgens (mornetz) *als Tag darauf* 16ᶜ.

Mos s. *auch* Stilus.

Mos Anglicanus 12ᵇ.

Mos Coloniensis 11ᵈ.

Mos Gallicanus 12ᵃ.

Mos Trevericus 11ᶜ.

Mulier adultera *Sonnabend nach Oculi* (*Evang.*).

Mulier Samaritana *Freitag nach Oculi* (*Evang.*).

Munera nostra quesumus *zweite Messe auf Weihnachten.*

Munera oblata quesumus *Pfingstsonntag.*

Munus quod tibi domine *Montag nach Oculi.*

N.

Naboris et Felicis m. *Juli* 12; Transl. *Juli* 23 (*Köln*).

Nächster tag 16ᶜ.

Nacht *als Vortag* 16ᵇ.

Nachtessen 20ᵃ.

Nachtgleichen 14ᵇ.

Nachtsang 20ᵃ.

Namenloser Sonntag *Judica.*

Narcisci ep. m. *Oct.* 29.

Narrenkirchweih *Estomihi und die beiden Tage danach.*

Natale Petri *Juni* 29.

Natalis calicis *Gründonnerstag.*

Natalis domini *Dec.* 25.

Natalis Marie *Aug.* 15.

Nativitas Christi, domini *Dec.* 25.

Nativitas Johannis baptiste *Juni* 24.

Nativitas Marie v., domine nostre *Sept.* 8.

Natuiti (Naviti) ep. Treveren. m. *Juli* 7 (*Trier*).

Navent 16ᵇ.

Nazarii et Celsi m. *Juli* 28 (*Schweiz, Orden*).

Ne derelinquas me *Mittwoch nach Reminiscere.*

Negester dag, nelkester dag 16ᶜ.

Ne necessitatibus meis *Freitag nach Invocavit.*

Nerei, Achillei et Pancratii m. *Mai* 12.

Nersdag 16ᶜ.

Neu, Neumond 1ᶜ.

Neue feier, neues fest *Juli* 2.

Neuer Stil 21ᵇ.

Neujahrstag *Jan.* 1; Neujahrsabend *Dec.* 31.

Nicasii ep. Remen. m. *Dec.* 14.

Nicetii ep. Treveren. cf. *Oct.* 1 (*Trier*).

Nicolai ep. cf. (hiemalis, vor weihnachten, im winter) *Dec.* 6; Transl. *Mai* 9; nur Salzbg.: *Juli* 9 (N. estivalis, im sommer).

Nicolai Tolentini pb. cf. (can. 1446) *Sept.* 10 (*Augustin.*).

Nicomedis m. *Juni* 1, *dagegen tritt für Daten* Se*pt.* 15 *zurück.*

Niniani ep. cf. *Sept.* 16 (*Schottl.*).

Nivis Marie *Aug.* 5 (*Aug.* 12 *Passau*; *Aug.* 31 *Meissen*).

Nocturni 19ᵈ.

Noël *Weihnachten.*

Nona 19ᵈ, 20ᵃ.

Nona aurea *Himmelfahrt Christi.*

Nonagesima *der Sonntag Septuagesima als Beginn der neunwöchentlichen Fasten.*

Nonen 14ᶜ.

Nonenslap 20ᵃ.

Nontag *Himmelfahrt Christi.*

Norberti aep. Magdeb. cf. *Juni* 6 (*Prämonstr.*).

Nos autem gloriari oportet *Dienstag und Donnerstag nach Palmarum und die beiden Kreuztage* (*Mai* 3, *Sept.* 14).

Notre dame l'Angevine, Septembrèche, saltasse *Sept.* 8; chandelosse, chandelière *Febr.* 2; chasse Mars, Marzache, aux marteaux, empouse *März* 25; demi Août *Aug.* 15.

Nox *als Vortag* 16ᵇ.

Nudius tertius, nudius quintus *vor drei Tagen, vor fünf Tagen; im Mittelalter auch* (*mit post*) *für die Tage nachher gebraucht.*

Numeriani aep. Treveren. cf. *Juli* 5 (*Trier*).

Numerus aureus 2ᵃ, 2ᶜ.

Nunc scio vere *Peter und Paul Juni* 29, *Petri Kettenfeier Aug.* 1.

O.

O *die mit o beginnenden Weihnachtsantiphonen, deren erste* o sapientia *ist. Dieser Tag fällt je nach den Kirchen verschieden vom* 12. *bis* 17. *Dec., besonders auf* 16 *und* 17. *Dec.*

Oberster tag *Jan.* 6.   ef Epiph

Oblata munera nova *dritte Messe auf Weihnachten.*

Oblatio Christi *Febr.* 2 (*Engl.*).

Oblatio Marie v. *Nov.* 26 (*Engl.*).

Occasus solis 20ᵃ.

Octava (octave) 16ᶜ.

Octava apostolorum *Juli 6.*

Octava domini, Christi, nativitatis *Jan. 1.*

Octava mensis pasche *Sonntag Vocem jocunditatis.*

Oculi mei semper 3. *Fastensonnt.*

Ode vid. *Oct.* 23 *oder* 24 *(Lütt.).*

Ode v. *Nov.* 27 *(Lütt.).*

Odelrici s. Udalrici *(Juli 4).*

Odestag, Odenstag *Mittwoch.*

Odulphi pb. cf. *Juni 12 (Utr.).*

Offartstag, Offertstag *Himmelfahrt Christi.*

Offenbarung unsers herrn *Jan. 6, Epiphania domini.*

Officium tenebrarum *die am Mittwoch, Donnerstag und Freitag der Karwoche anticipirten Metten der folgenden Tage.*

Olavi regis m. *Juli* 29 *(Skand.);* Transl. *Aug.* 3 *(Skand.).*

Olympiaden 0ᵈ.

Olrikesdag *Juli 4.*

Omnes de Saba *Jan. 6.*

Omnes gentes plaudite 7. *Sonntag nach Trinitatis* (8. *nach Pfingsten).*

Omnia que fecisti 20. *Sonntag nach Trinitatis* (21. *nach Pfingsten).*

Omnis terra adoret te 2. *Sonntag nach Epiphania.*

Omnium animarum, fidelium defunctorum *Nov.* 2.

Omnium sanctorum *Nov.* 1.

Onuphrii erem. cf. *in Deutschl. Juni* 10, 11 *oder* 13 *(der eigentliche Tag: Juni 12).*

Openbaringe unses heren *Jan. 6.*

Opferung Marie s. Presentatio Marie.

Optati ep. *Nov.* 27 *(Trier).*

Orgia Bacchi *Fassnacht.*

Osanna filio David *Palmsonntag.*

O sapientia s. O.

Osmundi ep. Saresberien. cf. *Dec.* 4 *(England);* Transl. *Juli 16 (Engl.).*

Ostensio reliquiarum s. Heiltumsfest.

Osterabend *Vigilia pasche.*

Osterbluemtag *Palmsonntag.*

Osterbuchstaben 5⁰.

Ostercyklus 4ᶜ.

Osterfest 4ᶜ.

Ostergrenze 5ᵈ.

Ostergrenzen neuen Stils 5ᵈ, 23ᶜ.

Osterkerze 11ᵈ.

Ostern *das Osterfest mit 4 Feiertagen und der Octave, daher sind die Tage* in den ostern, in paschen *in der Osterwoche zu suchen, die Tage* nach Ostern, na paschen *in der mit Quasimodo beginnenden Woche.*

Osterregularen 7ᵈ.

Ostertafel 5ᵈ.

Ostertag, osterlicher tag, heiliger tag zu ostern *Ostersonntag.*

Ostertag des peichttages *Gründonnerstag.*

Ostervollmond 5ᶜ.

Osterwoche, pascheweke *Woche nach dem Ostersonntag, dagegen* Woche nach ostern, paschen *die Woche nach Quasimodo.*

Oswaldi regis m. *Aug.* 5.

Oswini regis m. *Aug.* 20 *(Engl.);* Transl. *März* 11 *(Engl.).*

Othmari abb. cf. *Nov.* 16.

Ottilie v. non m. *Dec.* 13.

Ottonis ep. Babenb. cf. *Sept.* 30 (Transl.): *Bamb.; Oct.* 1 *Kamm.; (ausserdem Juni* 30: *Bamb., Hild.; Juli* 1 *Freis., Regensb.).*

Ouget, ougestmant, owestman *August.*

Overslachtig jar *Schaltjahr.*

P siehe auch **B.**

Palbentag, palentag *Palmsonntag.*

Palladii ep. cf. *Juli 6 (Schottl.).*

Palme, palmarum, palmen, palmtag, palmensonnendag, palm-

ostern, palmostertag, palmen-
paesken, als man die palmen
wihet *Sonntag vor Ostern*.
Palmabend *Sonnabend vorher*.
Palmwoche *wohl meist die Woche
v o r Palmarum*.
Pamphili ep. cf. *Apr.* 28 (*Magdb.*).
Pancratii m. *Mai* 12.
Panes *Lätare* (*Evang.*).
Pantaleonis m. *Juli* 28.
Pantali ep. Basilien. m. *Oct.* 12
(*Basel*).
Pâques communians *Ostersonntag* (ob *für* commençans *verlesen?*) s. Pascha intrans.
Pâques entrans *zu trennen, indem das* entrans *zur Jahreszahl gehört, die begonnen
wird* (*Osteranfang*).
Pâques fleuries *Palmsonntag*.
Parasceven, parasceve *Karfreitag*.
Pascha *Ostern* (*s. dieses*).
Pascha annotinum, annotinum
pasche, paschale *das Datum
des vorjährigen Osterfestes
(in französischen Ostertafeln
erwähnt). Gefeiert wurde es
(in Frankreich) nur dann,
wenn es nicht in die Fasten
des nächsten Jahres fiel, und
zwar immer am Montag nach
Quasimodogeniti ohne Rücksicht, ob das Datum vor oder
nach diesem Tag lag.*
Pascha bonum, carnosum *Ostersonntag*.
Pascha clausum, clausum pasche
Sonntag nach Ostern.
Pascha competentium *Palmsonnt.*
Paschachtende, paschantdag *Sonntag nach Ostern, die Oster-
octave.*
Pascha epiphanie *Jan.* 6.
Pascha florum, floridum *Palmsonntag*.
Pascha intrans (pasques entrans,
commençans). *Bei diesen Daten,
die nur beim Osteranfang
vorkommen, gehört das Parti-*

zip *zu der folgenden Jahres-
zahl.*
Pascha de madio *Pfingsten*.
Pascha magnum, major (majus)
Ostersonntag.
Pascha medium *Mittwoch nach
Ostern*.
Pascha novum *Ostersonnabend,
beim Osteranfange auf das
neue Jahr hinweisend.*
Pascha pentecostes *Pfingsten*.
Pascha petitum *Palmsonntag*.
Pascha resurrectionis domini
Ostersonntag.
Pascha rosarum *Pfingsten*.
Paschen, paschedag *Ostern* (*s.
dieses*).
Pascheweke s. Osterwoche.
Passio domini, dominica passionis
Judica. Passio dominica *Kar-
freitag*.
Passio imaginis domini *Nov.* 9.
Pastor bonus 2. *Sonntag nach
Ostern* (*Evang.*).
Paterniani ep. cf. *Juli* 10 (*Salzb.*).
Patientis ep. Meten. *Jan.* 8 (*Metz*).
Patricii ep. cf. *März* 17 (*Salzb.,
Engl.*).
Pauli conversio *Jan.* 25; comme-
moratio *Juni* 30 (s. Petri et
Pauli).
Pauli primi erem. cf. *Jan.* 10.
Pauli ep. Virdunen. cf. *Febr.* 8
(*Trier*).
Paulini ep. cf. *Juni* 22 (*Mainz*).
Paulini ep. Treveren. m. (cf.)
Aug. 31 (*Brem., Köln, Trier,
Gnesen, Prag*).
Paulini ep. cf. *Oct.* 10 (*Engl.*).
Paulstag *alleinstehend meist
Jan.* 25. Paulsabend *stets Jan.*24.
Paulstag im afterwinter *Jan.* 25.
Paulstag der bekerung, des be-
kerers *Jan.* 25.
Paulstag commemorationis *Juni* 30.
Paulstag des einsiedels *Jan.* 10.
Paulstag des gedechtnisses, gehüg-
nütz, dechtnisse *Juni* 30.
Paulstag im hartmonat *Jan.* 25.

Paulstag der kerung, Pauls kertag, Pauls ker *Jan.* 25.

Paulstag vor der lichtmisse *Jan.* 25.

Paulstag to middensomer *Juni* 30.

Paulstag im sommer *Juni* 30.

Paulstag des wecherer, als er wechert ist *Jan.* 25.

Paulstag nach weinachten, ze weinachten, im winter *Jan.* 25.

Pausatio Marie v. *Aug.* 15.

Pavacii ep. *Juli* 24 (*Paderb.*).

P. c. 9ª.

Pedilavium *Gründonnerstag*(*Ev.*).

Pelagii m. *Aug.* 28 (*Konst.*; *hie und da verschoben*).

Pelmedach *Palmsonntag.*

Pentecosten, pentecoste *Pfingsten.*

Pentecosten clausum *Sonntag nach Pfingsten.*

Pentecoste media *Mittwoch nach Pfingsten.*

Perchery (*franz.*) *Febr.* 22, *Peters Stuhlfeier.*

Perchtag, perchten, perchnachten *Jan.* 6.

Perchtoltztag *Juli* 27 (*Passau*).

Pergentini et Laurentini m. *Juni* 3 (*Magdeb.*).

Perpetue et Felicitatis v. m. *März* 7.

Pertelmestag *Bartholomäus, Aug.* 24.

Pervigilium, pervigilia *Vorabend.*

Peternellentag *Mai* 31, *Petronelle v.*

Peterstag *ohne Beisatz Juni* 29; Petersabend *Juni* 28; achte tag des Peters tages *Juli* 6.

Peterstag vor dem arne *Juni* 29; in dem arne *Aug.* 1.

Peterstag zu ingeenden augst *Aug.* 1.

Peterstag to den benden, als he in den banden sat, als em de bande afsprungen *Aug.* 1.

Peterstag in dem brachode *Juni* 29.

Peterstag ad cathedram, cathedra Antiochie *Febr.* 22.

Peterstag der enbindung, als er entpunden ward *Aug.* 1.

Peterstag vor der erne *Juni* 29; in der erne *Aug.* 1.

Peterstag in der fasten, vor vaschang, by vastavende *Febr.* 22.

Peterstag als er gefangen, gebunden war, Peters gefenknustag *Aug.* 1.

Peterstag als he gehoget wart, gekrönt ward, seiner erhöung *Febr.* 22.

Peterstag (des h. zwelfboten) als er gemartelt wart, Peters und Pawels der h. apostele alse ze worden gemartelt *Juni* 29.

Peterstag als er gestült ward *Febr.* 22.

Peterstag im hornung *Febr.* 22.

Peterstag in der hoewet *Aug.* 1.

Peterstag kettenfeier, kettenlose *Aug.* 1.

Peterstag (Peters und Paulstag) als dem korn die wurzel bricht *Juni* 29.

Peters des kreuter tag, als man das krut wiget *Aug.* 1.

Peterstag im lenzen, nach lichtmesse *Febr.* 22.

Peterstag de by sunte Mathiesdage kumpt *Febr.* 22.

Peterstag des h. martyrers, von Meylan *Petrus m., Apr.* 29.

Peterstag als man meerrettig weiht *Febr.* 22.

Peters und Paulstag to middensommer *Juni* 29.

Peterstag im oegstmant *Aug.* 1.

Peterstag als he pawes wart, als hy uterwelt is to einem pavese *Febr.* 22.

Peterstag als men den plog utwerpet *Febr.* 22.

Peterstag des reichen *Aug.* 1.

Peterstag schunefeger *Aug.* 1.

Peterstag im snit *Aug.* 1.

Peters stulfeier, stultag, setelinge, als er gesetzt wart auf den stuel zu Rom *Febr.* 22. Petri cathedra Rome (*Jan.* 18) *tritt für das Mittelalter gans in den Hintergrund, s.* Cathedra.

Peterstag nach sunwenden, ze
　sunegicht *Juni* 29.
Peterstag ad vincula, vinkelstag
　oit vinckele *Aug.* 1.
Peterstag vogelgeniste *Febr.* 22.
Peterstag so allermenleiche ze
　wasser gat *Febr.* 22.
Peterstag im winter *Febr.* 22.
Peterstag in zelle, zullen *Febr.* 22.
Peterstag zewrechirs *Aug.* 1.
Petits rois *Jan.* 13.
Peto domine *Sonntag nach dem*
　11. *Sept.* (*Respons.*).
Petri et Pauli ap. *Juni* 29 (octava
　Juli 6).
Petri ad cathedram *Febr.* 22.
Petri in gula Augusti *Aug.* 1.
Petri ad vincula *Aug.* 1.
Petri novi m. (de Mediolano)
　Apr. 29 (*Predic.*).
Petroci erem. cf. *Juni* 4 (*Engl.*).
Petronelle v. *Mai* 31.
Peweler aflat *s.* Aflat.
Pfaffenfassnacht *Estomihi.*
Pfeffertag *Dec.* 28.
Pfincztag *Donnerstag.*
Pfingsten, pinxten *mit 4 Feier-*
　tagen und einer Octave (Pfingst-
　achter). *Daher na pinxten die*
　Tage der vollen Woche nach
　Pfingsten, in den pinxten *die*
　Tage der Pfingstoctave.
Pfingstag, *Pfingstsonntag.*
Pfingstwoche *die Woche vom*
　Pfingstsonntag an.
Pfultag *Mai* 2.
Philiberti abb. cf. *Aug.* 20 (*Trier*).
Philippi et Jacobi ap. *Mai* 1.
Philippi diac. *Juni* 6 (*Dtschord.*).
Piati pb. m. *Oct.* 1 (*Lüttich*).
Picmacnt *September.*
Pierre des fenels *Juni* 29.
Picrre dessus pierre *Febr.* 22.
Pii pp. m. *Juli* 11 (*Augustin.*).
Pingesten, pinxten, pinxtendach
　Pfingsten. Pinxtandach, pinxter-
　achtende *Sonntag nach Pfing-*
　sten.
Pinnose v. *Febr.* 20 (*Bresl.*).

Pirminii ep. cf. *Nov.* 3 (*Mainz,*
　Trier).
Placidi et Sigisberti *Juli* 11 (*Chur*).
Placidi et Eventii m. *Oct.* 5
　(*Krak.*).
Plaesentag *Blasii, Febr.* 3.
Platzmittwoch *Mittwoch vor*
　Ostern.
Plogmariendach *März* 25.
Plumostertag, plumostern, pluem-
　tag *Palmsonntag.*
Polaygentag *Aug.* 28, *Pelagius.*
Polycarpi ep. (pb.) m. *Jan.* 26.
Poeltentag *Hippolytus, Aug.* 13.
Pontiani m. *Jan.* 14 (*Utr.*); *Jan.* 19
　(*Magdeb.*).
Pontifikatsjahre 9[b].
Populus Sion 2. *Adventsonntag.*
Portiuncula *Aug.* 2, *Kirchweih-*
　fest der Franciscaner.
Posterius 17[a].
Post pascha 11[c].
Postridie 16[c].
Potatio Stephani *Dec.* 26.
Potentiane v. m. *Mai* 19.
Prandium 20[a].
Prandium de mane 19[d].
Praxedis v. *Juli* 21.
Precisientag *Jan.* 1.
Prechtag, prehentag *Jan.* 6.
Precursoris domini *Juni* 24, *Joh.*
　baptiste.
Preidentag *Brigitte, s. diese.*
Prejecti (Projecti) ep. m. *Jan.* 25.
Preimstag, Preims und Felicians-
　tag *Juni* 9.
Presentatio domini nostri Jesu
　Christi *Febr.* 2.
Presentatio Marie v. (ad templum)
　Nov. 21, *s.* Illatio Marie, Obla-
　tio Marie.
Previgilia *vermuthlich die* vigilia
　vigilie 16[b].
Priczentag *Nov.* 13, *Briccii.*
Pridie 16[b], 14[c].
Prillemant *April.*
Prima 19[d].
Primi et Feliciani m. *Juni* 9.
Primo mane *am frühen Morgen.*

Prisce v. m. *Jan.* 18.

Prisci m. *Sept.* 1.

Privati ep. m. *Aug.* 21.

Probelsonntag *Sonntag nach Ostern.*

Processi et Martiniani m. *Juli* 2.

Processio Marie v. (in montana) *Juli* 2.

Procisientag *Jan.* 1.

Procopii abb. Pragen. cf. *Juli* 4 (*Prag, Gnes.*).

Procopii m. *Juli* 8 (*Osnabr.*); *Juli* 9 (*Worms, Würzb.*).

Profestum 16ᵇ.

Projecti *s.* Prejecti.

Prope esto (es tu) domine *Quatemberfreitag nach Lucie.*

Protasii ep. Lausannen. cf. *Nov.* 6 (*Laus.*).

Protector noster 14. Sonnt. *nach Trinitatis* (15. *nach Pfingst.*).

Proti et Jacincti m. *Sept.* 11.

Publicani et pharisei 11. *Sonntag nach Trinitatis* (12. *nach Pfingsten) nach dem Evang.*

Puer annorum XII 1. *Sonntag nach Epiphania (Evang.).*

Puer natus est *dritte Messe (Hochamt) auf Weihnachten und die Messe am Neujahrstag.*

Puerorum (innocentum) m. *Dec.* 28.

Pülletag *Mai* 2.

Pulsus serotinus, ave Maria 20ᵃ.

Pumpermette *die am Mittwoch, Donnerstag und Freitag der Karwoche anticipirten Metten der folgenden Tage.*

Punctum 21ᵃ.

Purificatio Marie v. *Febr.* 2.

Pusinne v. *Apr.* 23 (*Mind.*).

Q.

Quadragena, quadragesima, qu. major, ante pascha, *auch* quadragesimum *die 6 wöchige Fastenzeit vor Ostern*; quadragesima *als Tag der Sonntag Invocavit.*

Quadragesima intrans *dasselbe wie* caput jejunii *Aschermittwoch.*

Quadragesima media, mediana, mediane *Lätare oder, falls es keinen festen Tag bezeichnet, die Woche von Oculi bis Lätare.*

Quadragesima parva *Advent.*

Quadragesimus assumptionis Marie *Sept.* 23.

Quadraginta m. *März* 9 (*Gnesen März* 11).

Quadrans 21ᵃ.

Quarentana *dasselbe wie* Quadragena.

Quargdienstag *Dienstag nach Estomihi.*

Quartale 14ᵇ.

Quarterium anni, quaternus anni 14ᵇ.

Quasi modo geniti 1. *Sonntag nach Ostern.*

Quatember, quatertemper 14ᵇ.

Quatuor coronatorum m. *Nov.* 8.

Quatuordecim noctes *s.* Vierzehennacht 16ᵈ.

Quatuor tempora 14ᵇ.

Quatuor v. *s.* Eufemie etc. (*Sept.*19).

Quindena, qu. pascho 16ᵈ.

Quinquagesima *Sonntag Estomihi.*

Quinque fratrum m. (Johannis et soc., Benedicti et soc.) *Nov.* 12 (*Gnes., Prag*).

Quinquendium, quinquenoctium 5 *Tage (einschl. beider Termine).*

Quinquennium *ein Zeitraum von* 5 *Jahren.*

Quinque panes *Lätare (Evang.).*

Quinque vulnerum Christi *Freitag nach der Fronleichnamsoctave.*

Quintana *Estomihi.*

Quintilis *Juli.*

Quintini m. *Oct.* 31.

Quinzine de pasques 14 *Tage nach Ostersonntag.*

Quiriaci ep. Hierosol. m. *Mai* 4 (*Dtschord.*).

Quirini m. *Märs* 24 (*Salzb.*); Transl. *Juni* 16 (*Salzb.*).

Quirini m. *Apr.* 30 (*Köln, Mainz, Trier*).

Quirini ep. m. *Juni* 4 (*Aquil., Ung.*).

Quiterie v. m. *Mai* 22 (*Worms*).

Quotember *Quatember* 14[b].

R.

Radbodi ep. cf. *Nov.* 29 (*Utr.*); (Lebuini et R.) *Juni* 25 (*Utr.*).

Radegundis v. *Aug.* 11 (*Salzb.*).

Ramalia, rami palmarum, olivarum *Palmsonntag.*

Rasemstag *Erasmus, Juni* 3.

Rebmonat, redmonat *Februar.*

Rechte fassnacht *Dienstag nach Estomihi.*

Reddite cesari 23. *Sonntag nach Trinitatis* (24. *nach Pfingst.*).

Redime me domino *Montag nach Reminiscere.*

Regenfledis v. *Nov.* 20 (*Köln*); *Oct.* 8 (*Utr.*).

Regine v. m. *Sept.* 7.

Reginswindis (Reusindis) v. m. *Juli* 15 (*Würzb.*).

Regierungsjahre 9[b].

Regulares 7[d].

Regulares clavium 6[e].

Regulares feriales, solares mensium 7[c].

Regulares lunares mensium 7[b].

Regulares pasche 7[d].

Regule v. *Sept.* 11. (Felicis et R.).

Regum trium *Jan.* 6; Transl. *Juli* 23 (*Köln*): Obitus tertii regis *Jan.* 11 (*Köln*).

Reimberti ep. Bremen. cf. *Juni* 11 (*Brem.*).

Reinigung Marie *Febr.* 2.

Remacli ep. cf. *Sept.* 3.

Remigii ep. Rem. cf. (Remcismisse) *Oct.* 1.

Reminiscere 2. *Fastensonnt. und Quatembermittwoch vor demselben.*

Reparate v. m. *Oct.* 8 (*Worms*).

Repleatur os meum *Freitag nach Pfingsten.*

Requiem eternam *Nov.* 2, *commemoratio animarum.*

Requies Marie *Aug.* 15.

Requiescant in pace *Seelenmesse der Gemeinwoche (nach Michaelis).*

Resaille *Juni.*

Residuum dominicarum *die Zahl der Sonntage zwischen Pfingsten und 1. Advent.*

Respice domine (resp. secundum) 13. *Sonntag nach Trinitatis* (14. *nach Pfingsten*).

Respice in me (resp. primum) 3. *Sonntag nach Trinitatis* (4. *nach Pfingsten*).

Resurrectio domini, dominica *Ostern.*

Resurrexi *Ostersonntag.*

Reusindis s. Reginswindis.

Revelatio Michaelis *Mai* 8.

Revolutionskalender 24[c].

Richardi regis cf. *Febr.* 7 (*Eichst.*).

Richardi ep. cf. *Apr.* 3 (*Engl.*); Transl. *Juni* 16 (*Engl.*).

Richardis imp. v. *Sept.* 18 (*Strassburg*).

Rinnsonntag *Estomihi.*

Roberti abb. cf. *Apr.* 29 (*Cisterc.*).

Rochi cf. *Aug.* 16.

Rogate 5. *Sonntag nach Ostern.*

Rogationes *die drei Tage vor Himmelfahrt.*

Romani m. *Aug.* 9.

Romani abb. cf. *Febr.* 28.

Romani aep. Rotomagen. cf. *Oct.* 23 (*Engl.*).

Römerzinszahl 8[a].

Römische Datirung 14[c].

Romualdi abb. cf. *Juni* 19 (*Camald.*).

Rorate celi *Quatembermittwoch im Advent, später auch der* 4. *Adventssonntag.*

Rosenmontag *Montag nach Estomihi (Köln).*

Rosensonntag *Lätare.*

Rückerstag *Montag nach Estomihi.*

Rufi m. *Aug.* 27.

Rufi et Valerii m. *Juni* 14 *(Brem., Paderb.).*

Rumpelmette *die am Mittwoch, Donnerstag und Freitag der Karwoche anticipirten Metten der folgenden Tage.*

Rundtafel *am vierten Mittwoch nach Ostern (Strassb.).*

Ruperti ep. Salisburgen. cf. (in der vasten) *März* 27 *(Salzb.);* Transl. (im herbst, im lesen) *Sept.* 24 *(Salzb.).*

Ruselmaent *October.*

Rüsttag *Karfreitag.*

S.

Sabbatum, sabbathstag, sabbiztag *Sonnabend, Samstag.*

Sabbatum albis depositis, in albis, post albas *Sonnabend vor Quasimodo.*

Sabbatum carnisprivii *Sonnabend vor Estomihi.*

Sabbatum duodecim lectionum *die Quatembersonnabende.*

Sabbatum filii prodigi *Sonnabend nach Reminiscere.*

Sabbatum in passione *Sonnabend nach Judica.*

Sabbatum in ramis palmarum *Sonnabend vor Palmarum.*

Sabbatum in traditione symboli *Sonnabend vor Palmarum.*

Sabbatum luminum, magnum *Karsonnabend.*

Sabbatum pasche *Sonnabend vor Quasimodo.* Sabbatum sanctum pasche *Sonnabend vor Ostern.*

Sabbatum pentecostes *Sonnabend nach Pfingsten.*

Sabbatum quando elemosyna datur *Sonnabend vor Palmarum.*

Sabbatum quo alleluja clauditur *Sonnabend vor Reminiscere.*

Sabbatum sanctum *Karsonnabend.*

Sabbatum trinitatis *Sonnabend nach Trinitatis.*

Sabbe abb. *Dec.* 5 *(Prag, Orden).*

Sabine v. m. *Aug.* 29.

Sabini m. *Juli* 9 *(Kammin).*

Sabini, Latini et Exuperantii m. *Dec.* 1 *(Magdeb.).*

Sacramentum, sacramentstag *Fronleichnam.*

Saltus lune 3^a, 6^c.

Salus populi 19. *Sonntag nach Trinitatis* (20. *nach Pfingst.*) *und Donnerstag nach Oculi.*

Salutatio Marie *Dec.* 18.

Salvatorstag *Trinitatis. In Italien* Salvatoris dies *Aug.* 16, *in Engl. Mai* 24.

Salve regina 20^b.

Samaritana *Freitag nach Oculi (Evang.).*

Sambestag *Sonnabend.*

Sampsonis ep. Dolen. cf. *Juli* 28 *(Engl.).*

Sanctificate jejunium *Freitag nach Quasimodo.*

Sanctificatio Johannis bapt. *Sept.* 24.

Sanctificatio Marie *Dec.* 8 *bei den Dominic.*

Sanctorum in Selio *Juli* 8 *(Skand.)*

Sanctorum omnium *Nov.* 1 (Octava *Nov.* 8).

Santgangen *Oct.* 10 *(Deventer).*

Saterdag *Sonnabend, Samstag.*

Saturnine v. m. *Mai* 20 *(Paderb.).*

Saturnini (Chrysanthi et Darie) m. *Nov.* 29.

Sauwels bekerung *Jan.* 25, *Conv. Pauli.*

Schaffdonnerstag *Donnerstag nach Estomihi.*

Schaidburgertag, schaubertag *Sonnt. nach Aug.* 29 *(Luxemb.).*

Schaltjahr 1^b, 21^d.

Schaltmonat 1^c.

Schalttag 1^b, 14^d, 21^c.

Scharnentid *morgens früh.*

Scheibensonntag *Invocavit.*

Scheidung der zwölfboten *Juli* 15.

Scheidung unser lieben frauen *Aug.* 15.

Schein *Mondphasen, daher auch der Mondmonat.*

Scheuffefassnacht *Invocavit.*

Schiefe dienstag, mittwoch *die Tage der Karwoche.*

Schlachtmonat *December* (in *Niederdtschl. auch November*).

Schmalziger samstag *Sonnabend vor Estomihi.*

Schobermontag, schoberdienstag *Montag und Dienstag nach dem Sonntag nach Aug.* 29 (*Luxemb.*), *s.* Schaidburgertag.

Scholastice v. *Febr.* 10.

Schönnonetag *Himmelf. Christi.*

Schoofsonntag *Invocavit.*

Schortelwoensdach *Mittwoch vor Ostern.*

Schrickeljaar, schrickeldag *Schaltjahr, Schalttag* (*holländ.*).

Schuddecorftag *Juli* 4, *s.* Martini.

Schurtag *Aschermittwoch.*

Schutteldach *Estomihi* (*Aachen*).

Schutzengelfest *heute der* 1. *Sonntag im October.*

Schwarzer königstag *Jan.* 11 (*obitus tertii regis, Köln*).

Schwarzer sonntag *Judica.*

Schwerer donnerstag *Donnerstag vor Estomihi.*

Scillitanorum m. *s.* Sperati.

Scrupulum 21^b.

Scrutinium magnum *Mittwoch nach Lätare.*

Sebaldi cf. *Aug.* 19 (*Bamb.*).

Sebastianstag *Jan.* 20.

Secundi et Alexandri m. *Aug.* 26 (*Magdeb.*); *Aug.* 28 (*Brem.*).

Secundum Egyptiacos 3^a.

Secundum Theutonicos 13^a.

Sedes clavium 6^e.

Sedes concurrentium 7^a.

Sedes epactarum *März* 22, *s.* 6^b.

Segolene v. *Juli* 24 (*Metz*).

Selentag *s.* Aller seelentag.

Seligen und Merentag *Aug.* 30, *Felicis et Adaucti m.*

Selle *Februar.*

Semperstag, semperdonnerstag *Donnerstag vor Estomihi.*

Septem dolorum Marie *s.* Compassio Marie.

Septem dormientium m. *Juni* 27 (*Juli* 27: *Frankr., England, Skand., Ung.; Juli* 28: *Gnes.; Sept.* 13: *Aquil., Salzb., Pass.; Sept.* 12: *Regensb.*).

Septem fratrum m. *Juli* 10.

Septenarium 2^e.

Septimana *s.* Hebdomada.

Septuagesima *Circumdederunt.*

Sergii et Bacchi m. *Oct.* 7 (*Oct.* 8: *Gnes.*).

Sero, in sero *Abends.*

Servatii ep. cf. *Mai* 13; Transl. *Juni* 7 (*Lütt., Utr.*).

Seval (*franz.*) *Juli.* Ob verlesen aus Fenal?

Severe v. *Juni* 25 (*Paderb.*); *Juli* 20 (*Trier*).

Severi ep. cf. *Oct.* 22 (obitus *Febr.* 1: Mainz neben dem 22. *Oct.*).

Severi aep. Treviren. cf. *Oct.* 15 (*Trier*).

Severini ep. Colonien. cf. *Oct.* 23.

Severini abb. cf. *Jan.* 5 (*Salzb.*).

Sexagesima *Sonntag Exsurge.*

Sexagesima media *Sonnt. Oculi.*

Sexta 19^d.

Sextilis *August.*

Siebenbrüdertag *Juli* 10.

Siebenschläfertag *s.* Septem dormientium.

Siebenschmerzenfest *s.* Compassio Marie.

Si bona suscepimus *Sonntag nach dem* 28. *Aug.* (*Respons.*).

Sicut oculi servorum *Montag nach Invocavit.*

Siderisches *Jahr* 1^d.

Sigfridi ep. cf. *Febr.* 15 (*Skand.*).

Sigismundi regis m. *Mai* 1 (*Schweiz, sonst meist auf Mai* 2 *verschoben*).

Si iniquitates 22. *Sonntag nach Trinitatis* (23. *nach Pfingst.*).

Sille, silmaent *Februar.*

Silverii pp. m. *Juni* 20 (*Franciscaner*).

Silvestri pp. cf. *Dec.* 31. Als men s. Silvesters heuft drecht *Freitag nach Misericordia* (*Köln*).

Simeonis ep. Hierosol. m. *Febr.* 18 (*Dtschord.*).

Simeonis cf. Treveren. *Juni* 1 (*Trier*).

Simeonis ep. Meten. *Febr.* 16 (*Metz*).

Symonstag *Oct.* 28.

Simonis et Jude (Thaddei) ap. *Oct.* 28.

Symphorose cum septem filiis m. *Juli* 18 (*Orden*).

Simplicii, Faustini et Beatricis m. *Juli* 29.

Singezeit *Advent.*

Singichten *Sonnenwende* (*Juni* 24).

Synodischer Monat 1ᶜ.

Sinxen *Pfingsten* (*niederl.*).

Si oblitus fuero *Cantate* (*Respons.*).

Sisinnii, Martyrii et Alexandri m. *Mai* 29 (*Trient*).

Sitientes venite ad aquas *Sonnabend nach Lätare.*

Sixti pp., Felicissimi et Agapiti m. *Aug.* 6.

Sixti et Sinnicii cf. *Sept.* 1 (*Norddeutschland*).

Skeinesmandeig *Sonntag nach Pfingsten* (?).

Skortelwoensdag *Mittwoch vor Ostern.*

Snavend *Sonnabend.*

Sole cf. *Dec.* 3 (*Eichst.*).

Sole intrante, morante 13ᵈ.

Solemnitas solemnitatum *Ostern.*

Solemnitas s. *sonst* Festum.

Solstitium 14ᵇ.

Somertras *Juni* (*Lothringen*).

Sommertag 13ᵉ.

Sommersonntag *Lätare.*

Somnium primum *Zeit vor Mitternacht.*

Sonnencyklus 3ᵇ.

Sonnengleichung 21ᵈ.

Sonnenjahr 1ᵃ.

Sonnenregularen 7ᶜ.

Sonnenwenden 14ᵇ.

Sonnenzirkel 3ᶜ.

Sonntag als sich unsers herren zukunft anhebt 1. *Adventssonntag.*

Sonntag ausgehender gemeinwochen, osterwochen, pfingstwochen *der Sonntag am Schluss dieser Wochen.*

Sonntag barmherzigkeit des herrn, gedenke widder *Uebersetzungen von Misericordia domini, Reminiscere.*

Sonntag der gebundenen zeit *Septuagesima.*

Sonntag Jerusalem *Lätare.*

Sonntag rogationum *Vocem jocunditatis* (5. *Sonntag nach Ostern.*

Sonntag westerlegin *Sonntag Quasimodo.*

Sonntagsbuchstaben 3ᵉ, 22ᵈ.

Sophie v. (vid.) m. *Mai* 15 (*Sept.* 3: *Mind.*; *Mai* 10: *Speyer*).

Sotheris v. m. *Febr.* 10.

Spanische Aera 10ᵃ.

Spasmum Marie s. Compassio Marie.

Speciose v. *Oct.* 15 (*Hild.*, *Mind.*).

Speckman *December.*

Speerfreitag, speer und cronendach *Freitag nach Quasimodogeniti.*

Speltmaent *September.*

Speosippi, Eleosippi, Meleosippi m. (Geminorum m.) *Jan.* 17.

Sperati et soc. m. (Scillitanorum) *Juli* 17 (*Paderb.*, *Verden*).

Spiritus domini *Pfingstsonntag.*

Sporkel, spurkel *Februar.*

Stanislai ep. m. *Mai* 8; Transl. *Sept.* 27 (*Gnes.*).

Statuit *besonders Petri Stuhlfeier* (*Febr.* 22) *und Nikolaus* (*Dec.* 6).

Stenczilstag nach ostern *Mai* 8; im herbst *Sept.* 27, *Stanislai m.*

Stephani protom. *Dec.* 26 (Octava *Jan.* 2). Inventio (Steph., Gamalielis et Abibon) *Aug.* 3.

Stephani pp. m. *Aug.* 2.

Stephani regis Ung. cf. *Aug.* 20. Inventio dextre *Mai* 30 (*Ung.*).

Stephanstag in den aren, im augst *Aug.* 3.

Stephanstag als er erfunden ward, der funding *Aug.* 3.

Stephanstag in den osterfeiertagen *der Ostermontag*, ze pfingsten *der Pfingstmontag.*

Stephanstag im schnitt, im somer *Aug.* 3.

Stephanstag zu weihnachten, im winter *Dec.* 26.

Stiller freitag *Karfreitag.*

Stille woche *Karwoche.*

Stilo vetere, antiquo, novo, reformato 22[c].

Stilus *s. auch* Mos.

Stilus curie Lausannensis 13[a].

Stilus Moguntinensis 11[c].

Stolter aflat *Mittwoch nach dem Pfingstsonntag* (*Hildesh.*).

Stolzer montag *Pfingstmontag.*

Strena *Neujahr.*

Stritsonntag *Invocavit* (*Frankfurt a. Main*).

Stunden 19[d], 20[b], 20[c].

Stundentheilung 21[a].

Subenten *Juni* 24, *Sonnwende.*

Succinctio campanorum *Mittwoch vor Ostern.*

Sulle *Februar.*

Sulpitii ep. cf. *Jan.* 17 (*Metz, Strassb.*).

Sulpitii et Serviliani m. *Oct.* 3 (*Augsb., Bamb.*).

Summo mane *früh morgens.*

Sungichten 14[b].

Sunnive et soc. v. *Juli* 8 (*Skand.*); Transl. *Aug.* 31 (*Skand.*).

Surrexit pastor bonus 2. *Sonntag nach Ostern.*

Susanne v. m. *Aug.* 11.

Suscepimus deus 8. *Sonnt. nach Trinitatis* (9. *nach Pfingsten*).

Suscipe domine 5. *Sonntag nach Ostern* (*Sekrete*).

Swiberti ep. Verden. *März* 1 (*Brem., Köln*); Reliqu. adventus *Mai* 9 (*Verd.*).

Swithuni ep. Wintonien. cf. *Juli* 2 (*Engl.*); Transl. *Juli* 15 (*Engl.*).

T siehe auch **D.**

Tabula paschalis 5[b].

Thaddeustag *Oct.* 28.

Tag 1[a].

Tag des jares *Neujahr.*

Tagesbezeichnung 14[c].

Tagesbuchstaben 3[d].

Tageseintheilung 19[c].

Tagetentag *Agathe, Febr.* 5.

Tagzeiten 19[d].

Tamanstag *s.* Thomastag.

Tamper, tamperdage *Quatember.*

Tatiani et soc. m. *Jan.* 16 (*Bamb.*).

Tauber sonntag *Palmarum.*

Taube woche *Karwoche.*

Taufe Christi *Jan.* 6 (?) oder 13 (*Böhmen*).

Taufsamstag *Sonnabend vor Ostern.*

Thebeorum m. *Sept.* 22.

Tecle v. m. *Sept.* 23.

Theilung der zwölfboten *Juli* 15.

Tein dusend merteler (ridder) dach *Juni* 22.

Temperfasten *Quatember*; tempersonnabend *Sonnabend in den Quatembern.*

Tempus illuminationis *Winterszeit* (*in Schulen*).

Tempus paschale *die Ostertage und die Ostern folgende, von ihm abhängige Zeit.*

Tempus quadragesimale *Fasten vor Ostern.*

Tempus vespertinum *Spätnachmittag.*

Tenebro *die Mittwoch, Donners-*

tag und Freitag vor Ostern anticipirten Metten der folgenden Tage.

Theobaldi cf. Juli 1 (Mainz, Trier); ep. cf. Mai 16 (Ratzeb.); cf. Oct. 3 (Kamm.).

Theodardi ep. Leodien. Sept. 10 (Lütt.).

Theoderici pb. m. Oct. 23 (Mainz).

Theodogari cf. Oct. 30 (Schlesw.).

Theodoli (Theodori) ep. Sedunen. cf. Aug. 16 (Schweiz).

Theodori m. Nov. 9.

Theonesti ep. m. Oct. 30 (Mainz).

Theophania Epiphania, Jan. 6.

Terentii et Fidentii m. Sept. 27 (Magdeb.).

Terentii ep. Meten. Oct. 29 (Metz); Transl. Mai 16 (Metz).

Terminus paschalis 5 d.

Terribilis est locus iste Kirchweihfest.

Tertia 19 d.

Tertulini m. Juli 31 (Magdeb.).

Tibi dixit cor meum Dienstag nach Reminiscere.

Tiburtii, Valeriani et Maximi m. (im Aprillen, nach ostern) Apr. 14.

Tiburtii m. (et Susanne) Aug. 11.

Tyligentag Egidius, Sept. 1.

Timothei ap. m. Jan. 24.

Timothei et Apollinaris m. Aug. 23, dagegen treten Timothei et Symphoriani Aug. 22 wegen der Oct. ass. Mar. in Daten ganz zurück.

Thiphaine (franz.) Jan. 6.

Tirsi et soc. m. Oct. 4 (Trier, Köln).

Thyrsi et Victoris m. Jan. 31 (Basel).

Tistag Dienstag.

Todsonntag Lätare.

Tokunft unsers heren Jesu Christi Advent.

Thome ap. (vor weihnachten, wan men de kindere utdrivet, Didymus) Dec. 21; Transl. Juli 3.

Thome ep. Cantuarien. m. (ze weihnachten, in den weihnachtsfeiertagen) Dec. 29; Transl. Juli 7 (Engl.).

Thome de Aquino cf. (in den fasten) März 7; Transl. Jan. 28 (Domin.).

Toenisdach Jan. 17, Antonii.

Thorathentag Febr. 6, Dorothee.

Torbanstag Mai 25, Urbani.

Torkeltage Montag und Dienstag nach Estomihi.

Thorkilli ep. Nov. 12 (Skand.).

Torlaci ep. cf. Dec. 23 (Skand.).

Toussaints, la Allerheiligen, Nov. 1.

Traci, Probi et Andronici m. Oct. 11 (Trier).

Traditiones Mittwoch nach Oculi (Evang.).

Transfiguratio domini Aug. 6 mit einzelnen Abweichungen.

Transfixio Marie s. Compassio Marie.

Transite ad me Juli 2, Visitatio Marie.

Translatio . . . s. bei den einzelnen Heiligen.

Translation der Feste 18 b.

Treme, tremedi, tresime Jan. 6.

Tricesimus assumptionis Marie Sept. 13.

Triduum ein Zeitraum von 3 Tagen. Triduum passionis Donnerstag, Freitag, Sonnabend der Karwoche.

Trihorium drei Stunden.

Trinitatis (sc. festum) der Sonntag nach Pfingsten.

Trium magorum, regum s. Regum trium.

Triumphus corporis Christi Fronleichnamsfest.

Tropisches Jahr 1 a.

Trudberti m. Apr. 26 (Salzb.).

Trudonis pb. cf. Nov. 23 (Lütt.).

Tult 16 a.

Tumbe fassnacht Donnerstag vor Estomihi.

Turbanstag Mai 25, Urbani.

Twedunker, twelicht *Abenddämmerung*.

Twelf aposteldach, twelfbodendach *Juli* 15.

Twelfachtende, twelfandach *Jan.* 13.

Twelften, twölften *Jan.* 6.

Tzuingno *Juni.*

Tzunwenten *Sonnenwende.*

U.

Uberstentag *Jan.* 6.

Uchte *Dämmerung, häufiger die am Morgen.*

Udalrici ep. Augustani cf. *Juli* 4; Transl. *Aug.* 10 (*Augsb.*).

Uffartstag, uffertstag *Himmelfahrt Christi.*

Uffrelle *April.*

Ulrichstag (im höwet, nach der sonnwenden) *Juli* 4.

Umtrent, um den trint *ungefähr* (*lat.*: vel quasi).

Uncie 21ª.

Undecim milium v. m. *Oct.* 21.

Undern 20ª.

Unschuldiger kindertag, unnosel kinderdach *Dec.* 28.

Unsen abend. *Unerklärt, kommt mit* vor *und* nach *einem Tage vor.*

Unsinniger donnerstag *Donnerstag vor Estomihi.*

Unzeliger mertelerdag *Oct.* 6 (*Trier*).

Upfartsdach *Himmelfahrt Christi.*

Upstandinge uses hern *Ostern.*

Urbani pp. (ep.) m. (cf.) *Mai* 25; Transl. *Jan.* 22 (*Magdeb.*).

Urbicii ep. Meten. *März* 20 (*Metz*).

Ursi et soc. m. *Sept.* 30 (*Schweiz*).
s. Victoris et Ursi (*Sept.* 30).

Ursicini cf. *Dec.* 20 (*Basel*).

Ursmari ep. cf. *Apr.* 18 (*Lütt.*).

Urstende Christi *Ostern.*

Ursule et soc. m. *Oct.* 21.

Usgeend s. Ausgeend.

Uten *ungefähr*; umme vastelavend uten *um Fassnacht.*

V siehe F und W.

Vado ad eum *Cantate* (*Evang.*).

Valentini pb. (*auch* ep.) m. *Febr.* 14. *Dagegen tritt* Val. m. *Nov.* 3 (*Magdeb.*) *ganz zurück.*

Valentini ep. Patavini cf. *Jan.* 7 (*Salzb.*); Transl. *Aug.* 4 (*Pass.*).

Valentinstag des bischofs *Jan.* 7 (*Passau*).

Valentinstag im hornung, nach der lichtmessen *Febr.* 14.

Valentinstag des martrer *Febr.* 14.

Valentinstag nach dem obristen, nach dem heil. prehentage *Jan.* 7.

Valentinstag im snit *Aug.* 4, *Transl. Valentini.*

Valentinstag vor dem vassang *Febr.* 14.

Valentinstag in den weihnachten *Jan.* 7.

Valerii ep. Treveren. cf. *Jan.* 29.

Varleichnam *Fronleichnam.*

Vasang, vassnacht, vastelabend, vasten s. *unter* F.

Vedasti et Amandi ep. cf. *Febr.* 6; *Febr.* 7: Gnes., Magdeb. *Selten zum Datiren benutzt*; s. Amandi et Vedasti.

Veitstag *Juni* 15, *Viti* m.

Veltinstag s. Valentinstag.

Vendredi adoré *Karfreitag.*

Veni et ostende *Quatembersonnabend im Advent* (*ebenso der Mittwoch*).

Venite adoremus *Quatembersonnabend nach Crucis* (*Sept.* 14).

Venite benedicti *Mittwoch nach Ostern.*

Verba mea *Sonnabend nach Oculi.*

Verbum incarnatum *Dec.* 25.

Verene v. *Sept.* 1 (*Süddeutschl.*).

Verklärung Christi *meist Aug.* 6, *mit einzelnen Abweichungen.*

Verkorener, verlorener, verschworener montag *Montag nach Epiphania.*
Verkündigung Marie *März* 25.
Verrisinge unsers hern *Ostern.*
Verteinnacht 16^d.
Vertich dage *die Fasten, Quadragesima.*
Vertiden *Quatember* s. 14^b.
Vespera 20^b.
Vespera prima, secunda 16^b, 20^b.
Vespera *für* Vigilia (*selten*) 16^b.
Victoria Michaelis *Mai* 9.
Victorini ep. m. *Sept.* 5 (*Magdeb.*).
Victorini et Floriani m. *Nov.* 2 (*Münst.*).
Victoris et soc. m. *Oct.* 10 (*Brem., Köln, Magdeb., Mainz*); *Juli* 21 (*Trier*).
Victoris m. *Mai* 8 (*Schweiz*).
Victoris et Corone m. *Mai* 14 (*Brem.*).
Victoris et Ursi m. *Sept.* 30 (*Schweiz*).
Victricem manum *Donnerstag nach Ostern.*
Vidi dominum *Sonntag nach dem 28. Oct.* (*Respons.*).
Vidimus stellam *Jan.* 6 (*Antiphone*).
Vidua Naim 16. *Sonntag nach Trinitatis* (17. *nach Pfingst.*) *nach dem Evang.*
Vigilia 16^b.
Vigilia apostolorum *Juni* 28.
Vigilia Christi, domini, verbi incarnati *Dec.* 24.
Vigilia vigilie 16^b.
Vigilien 19^c.
Vigilii ep. Tridentini m. *Juni* 26 (*Salzb.*); Transl. (als er gehaben worden ist) *Jan.* 31 (*Salzb.*).
Vilips und Jacobstag *Mai* 1.
Vincentii m. (nach weihnachten, als sich die vöglein zweien) *Jan.* 22.
Vincentii ep. m. (nach pfingsten) *Juni* 6 (*Gnes., Magdeb.*).
Vincentii Ferrerii pb. cf. (*can.*1455) *Apr.* 5 (*Domin.*).

Vincula Petri *Aug.* 1.
Vingtime jour *Jan.* 13.
Vinicole *Freitag nach Reminiscere* (*Evang.*).
Virgilii ep. Salisburgen. cf. *Nov.* 27 (*Salzb.*); Transl. *Sept.* 26(*Salzb.*).
Virginum *Oct.* 21, 11000 *Jungfrauen.*
Viri Galilei, quid admiramini *Himmelfahrt Christi.*
Vier nonen *die vier ersten Fastentage bis Sonntag Invocavit* (*Kassel*).
Vier tage in den fasten *von Aschermittwoch bis Invocavit.*
Vierter herbstmonat *December.*
Vierzehnnacht 16^d.
Vierzeiten 14^b.
Visitatio apostolorum (*fehlerhaft*) *Juli* 15, *für divisio.*
Visitatio Marie v. *Juli* 2.
Vitalis m. *Apr.* 28.
Vitalis et Agricole m. *Nov.* 27 (*Nov.* 4: *Aquil.*).
Vitalis et soc. (Zenonis et Felicole) m. *Febr.* 14 *als Genossen des Valentini, zum Datiren nicht verwendet.*
Viti, Modesti et Crescentie m. *Juni* 15.
Vlaristag *Jan.* 13, *Hilarii.*
Vlasiusdach *Febr.* 3, *Blasii.*
Vocem jocunditatis 5. *Sonntag nach Ostern.*
Volborn *Februar.*
Voller Tag 19^c, 19^e.
Volmant *September.*
Volrot *December.*
Vorabend, vorfir, vorhochtid, vortag 16^b.
Vorslap *vor Mitternacht.*
Vrawentag, vrowentag s. *Frauentag.*
Vrenentag *Sept.* 1, *Verene.*
Vromittag, vromorgen *Vormittag, Morgen.*
Vulstani ep. Wigornien. cf. *Jan.* 19 (*Engl.*).

W siehe auch V.

Walarici abb. cf. *Dec.* 12 *(Utr.)*.

Waldetrudis v. *Febr.* 3 *(Lütt.)*.

Walperti ep. cf. *Mai* 2 *(Mainz)*.

Walpurgis v. (im mai, da der gauch guchzet) *Mai* 1 *(daneben Febr.* 25, *Salzb., anscheinend unwesentlich für die Datirung)*.

Walstag *Juli* 15, *divisio apostolorum.*

Warleichnam *Fronleichnam.*

Wartolomestag *Aug.* 24, *Bartholomei.*

Wedel, wadel *Neumond, auch andere Mondphasen.*

Wedemaent *Juni.*

Weiberfassnacht, weiberdonnerstag *Donnerstag vor Estomihi.*

Weichen phintztag *Gründonnerstag.*

Weichfasten 14 b.

Weidemaent *Juni.*

Weihnachten *Dec.* 25. *Das Fest dauerte* 4 *Tage, hatte eine Octave (Jan.* 1)*; zu dem Weihnachtskreise gehörte aber die Zeit bis Jan.* 20, *den* lateren twölften.

Weinmond *October.*

Weisser donnerstag, witte dornsdach *Donnerstag vor Ostern.*

Weisser freitag *Karfreitag.*

Weisser sonntag, witte sondach *Invocavit. Erst im* 16. *Jhrdt. kommt es statt* dom. in albis *(Quasimodo) vor.*

Weltären 10 b, 10 c.

Wenceslai regis m. *Sept.* 28; Transl. *März* 4 *(Prag).*

Wendelmaent *December.*

Wenige rinnabend *Donnerstag vor Estomihi.*

Wenigere Zahl 9 e.

Werenfridi pb. cf. *Aug.* 14 *(Utr.).*

Werfeier *Freitag nach Quasimodogeniti.*

Westerlege *Quasimodogeniti.*

Wetterfreitag *Freitag nach Himmelfahrt.*

Wetterherren *Juni* 26, *Johannis und Pauli.*

Wettertage, weerdage, wedderdage *an der See: Frühjahr, wenn die Schifffahrt wieder beginnt. In Süddeutschl. um Georgi (Apr.* 23, 24) *und Anfang Mai.*

Wigberti abb. cf. *Aug.* 13 *(Mainz).*

Wilfridi ep. Eboracen. cf. *Oct.* 12 *(Engl.)*; Transl. *Apr.* 24 *(Engl.).*

Wilhelmstag s. Guillelmi.

Willebaldi ep. Eistetten. cf. *Juli* 7.

Willebrordi ep. Ultrajecten. cf. (Wilfertsdaoh) *Nov.* 7.

Willehadi ep. Bremen. cf. *Nov.* 8.

Wimmet *October.*

Winnemonat *Mai.*

Wintermonat *November (auch December und Januar)*; hinterster wintermond *auch Februar.*

Wintertag 13 e.

Wischeldach *Jan.* 2 *(Deventer).*

Witte dornsdach, sondach s. Weisser donnerstag, sonntag.

Witteldach Tag *um Ostern, wohl Gründonnerstag (*Weisser donnerstag).

Wlasentag *Febr.* 3, *Blasii.*

Woche nach *bei den nicht auf einen Sonnt. fallenden Festen eher die Octave, als die volle Woche nachher.*

Wochentage 15 d.

Wodenstag, woensdach *Mittwoch.*

Wolborgentag *Mai* 1, *Walpurgis.*

Wolfgangi ep. Ratisbonen. cf. *Oct.* 31; Transl. *Oct.* 7 *(Salzb.).*

Wolfmond *December (auch November und Januar).*

Wonafacidag *Juni* 5, *Bonifacii.*

Wonnemond *Mai.*

Worborgendach *Mai* 1, *Walpurgis.*

Worleichnam *Fronleichnam.*

Wortemisse, worzemesse *Aug.* 15.

Wulreichstag *Juli* 4, *Ulrich.*

Wunentag *Mittwoch*.
Wunnebaldi cf. *Dec.* 18 (*Eichst.*).
Wurzweihe *Aug.* 15.
Wuscheltag *Donnerstag vor Estomihi.*
Wuetig donnerstag, wuette fassnacht *Donnerstag vor Estomihi.*

Z.

Zachei ep. cf. *Aug.* 23 (*Dtschord.*).
Zählweise des Mittelalters. *Bei Ordinalzahlen wird der Anfangs- und Endtermin mitgezählt, bei Kardinalzahlen bleibt der erstere ausser Rechnung. Doch hat diese Regel auch Ausnahmen.*
Zantgangen *Oct.* 10 (*Deventer*).
Zeichen 8ᵃ.
Zeinstig *Dienstag* (*schwäbisch*).
Zelle *Februar*.
Zehn nonen *die zehn ersten Fastentage bis Sonntag Reminiscere* (*Kassel*).
Zenonis ep. cf. *Dec.* 8 (*Salzb.*).
Zehn tage in den fasten *von Aschermittwoch bis Reminiscere.*
Zehntausend ritter tag *Juni* 22.

Zephyrini pp. m. *Aug.* 26 (*Augustiner, Francisc.*).
Zeverini s. Severini.
Zilgendach *Nov.* 22, *Cecilie.*
Zille *Februar.*
Zimen und Judas *Oct.* 28.
Zistag, zinstag *Dienstag.*
Zothici et soc. (Hierenei, Jacincti et Habundi) m. *Febr.* 10 (*zum Datiren nicht benutzt*).
Zukunft unsers herren *Advent.*
Zulle *Februar.*
Zundach, zunnavend, zunnwende *Sonntag, Sonnabend, Sonnenwende.*
Zwanzigste tag *Jan.* 13.
Zweiter tag 16⁰.
Zweites neujahr *Jan.* 6.
Zwelften s. Zwölften.
Zwischen den jaren *von Weihnachten bis Neujahr (Frankfurt a. M.).*
Zwischen den zwein frauentagen *zwischen Aug.* 15 *und Sept.* 8.
Zwischen licht *Dämmerungszeit.*
Zwölfboten theilung, zwölfboten tag, zwölfherentag *Juli* 15.
Zwölften, zwölfter tag *Jan.* 6 *und der Zeitraum zwischen Dec.* 25 *und Jan.* 6. *Zwölften abend Jan.* 5.

Regierungsjahre der deutschen Könige und Kaiser.

Konrad I. 911 *Nov.* 10; † 918 *Dec.* 23.
Heinrich I. 919 *Apr.* 9/14; † 936 *Juli* 2.
Otto I. 936 *Aug.* 8; *imp.* 962 *Febr.* 2; † 973 *Mai* 7.
Otto II. 961 *Mai* 26; *imp.* 967 *Dec.* 25; † 983 *Dec.* 7.
Otto III. 983 *Dec.* 24; *imp.* 996 *Mai* 21; † 1002 *Jan.* 23.
Heinrich II. 1002 *Juni* 6; *Lomb.* 1004 *Mai* 14; *imp.* 1014 *Febr.* 14 † 1024 *Juli* 13.
Konrad II. 1024 *Sept.* 8; *imp.* 1027 *März* 26; *Burg.* 1033 *Febr.* 2; † 1039 *Juni* 4.

5*

Heinrich III. 1039 *Juni* 4 (*ordin.* 1028 *Apr.* 4); *imp.* 1046 *Dec.* 25;
† 1056 *Oct.* 5.

Heinrich IV. 1056 *Oct.* 5 (*ordin.* 1053 *Juli* 17); *imp.* 1004 *März* 31;
entsetzt 1105 *Dec.* 31; † 1106 *Aug.* 7.

Rudolf von Schwaben. 1077 *März* 15; † 1080 *Oct.* 15/16.

Hermann von Luxemburg. 1081 *Dec.* 26; *entsagt* 1088.

Konrad, Heinrichs IV. Sohn. 1087 *Nov.*; *entsetzt* 1093; † 1101 *Juli*.

Heinrich V. 1106 *Jan.* 6 (*ordin.* 1099 *Jan.* 6); *imp.* 1111 *Apr.* 15;
† 1125 *Mai* 23.

Lothar. 1125 *Sept.* 13; *imp.* 1133 *Juni* 4; † 1137 *Dec.* 3/4.

Konrad III. 1138 *März* 13; † 1152 *Febr.* 15.

Heinrich, Conrads III. Sohn. 1147 *März* 30; † 1150.

Friedrich I. 1152 *März* 9; *imp.* 1155 *Juni* 18; *Burg.* 1178 *Juli*;
† 1190 *Juni* 10.

Heinrich VI. 1169 *Aug.* 15; *imp.* 1191 *Apr.* 14; *Sicil.* 1194 *Dec.* 25;
† 1197 *Sept.* 28.

Philipp. 1198 *März* 6 (*gekr. Sept.* 8); † 1208 *Juni* 21. *Zählt meist
von der Wahl.*

Otto IV. 1198 *Juli* 12; *imp.* 1209 *Oct.* 4; † 1218 *Mai* 19.

Friedrich II. 1212 *Dec.* 9; *Sicil.* 1198 *Mai* 17; *imp.* 1220 *Nov.* 22;
Jerus. 1225 *Nov.* 9; † 1250 *Dec.* 13.

Heinrich, Friedrichs II. Sohn. 1222 *Mai* 8; *Sicil.* 1212 *März*; *entsetzt* 1235 *Juli*; † 1242 *Febr.* 12.

Heinrich Raspe. 1246 *Mai* 22; † 1247 *Febr.* 16.

Konrad IV. 1250 *Dec.* 13 (*rex electus seit* 1237 *Febr.*); *Sicil.* 1250;
† 1254 *Mai* 20.

Wilhelm von Holland. 1248 *Nov.* 1; † 1256 *Jan.* 28.

Richard von Cornwall. 1257 *Mai* 17; † 1272 *Apr.* 2.

Alfons von Castilien. 1257 *Apr.* 1 *gewählt* (*zählt keine anni
regni*); † 1284 *Apr.* 4.

Rudolf von Habsburg. 1273 *Oct.* 24; † 1291 *Juli* 15.

Adolf von Nassau. 1292 *Mai* 5 (*Wahl*); † 1298 *Juli* 2.

Albrecht I. 1298 *Juli* 27 (*gekr. Aug.* 24); † 1308 *Mai* 1. *Zwischen
Krönung und Wahl schwankend.*

Heinrich VII. 1308 *Nov.* 27 (*gekr.* 1309 *Jan.* 6, *hiernach zählend,
vorher rex electus*); *imp.* 1312 *Juni* 29; † 1313 *Aug.* 24.

Friedrich der Schöne. 1314 *Nov.* 25; † 1330 *Jan.* 13[1]).

Ludwig der Bayer. 1314 *Nov.* 25; *Lomb.* 1327 *Mai* 31; *imp.* 1328
Jan. 17; † 1347 *Oct.* 11[1]).

Karl IV. 1346 *Juli* 11; *Böhm.* 1346 *Aug.* 26; *Lomb.* 1355 *Jan.* 6;
imp. 1355 *Ostersonntag*; *Burg.* 1365; † 1378 *Nov.* 29.

---

[1]) Johann K. v. Böhmen. 1311 *Febr.* 7; † 1346 *Aug.* 26.

Günther von Schwarzburg. 1349 *Jan.* 1; *entsagt* 1349 *Mai* 24;
  † 1349 *Juni* 18.

Wenzel. 1376 *Juli* 6; *Böhm.* 1363 *Juni* 15; *entsetzt* 1400 *Aug.* 20;
  † 1419 *Aug.* 16.

Ruprecht. 1400 *Aug.* 21; † 1410 *Mai* 18.

Jobst. 1410 *Oct.* 1; † 1411 *Jan.* 18.

Sigismund. 1410 *Sept.* 20; *Ung.* 1387 *März* 31; *Böhm.* 1420 *Juli* 28;
  Lomb. 1431 *Nov.* 25; *imp.* 1433 *Mai* 31; † 1437 *Dec.* 9.

Albrecht II. 1438 *März* 18; *Ung.* 1438 *Jan.* 1; *Böhm.* 1438 *Juni* 29;
  † 1439 *Oct.* 27.

Friedrich III. 1440 *Apr.* 6; *imp.* 1452 *März* 16; *Ung.* 1459 *März* 4;
  † 1493 *Aug.* 19[1]).

Maximilian I. 1486 *Apr.* 9; *Burg.* 1477; *Ung.* 1490 *Apr.* 4; *erw.
  röm. Kaiser* 1508 *Febr.* 10; † 1519 *Jan.* 12[2]).

Karl V. 1519 *Juni* 28; *Span.* 1516; *erw. röm. Kaiser* 1520 *Oct.* 26;
  Lomb. 1530 *Febr.* 22; *imp. seit* 1530 *Febr.* 24 *von der Königs-
  wahl ab zählend; entsagt* 1556 *Aug.* 23; † 1558 *Sept.* 21.

Ferdinand I. 1531 *Jan.* 5; *Ung.* 1526 *Dec.* 16; *Böhm.* 1527 *Febr.* 21;
  imp. 1556 *Febr.* 24; † 1564 *Juli* 25[3]).

Maximilian II. 1562 *Nov.* 24; *Böhm.* 1548 *Apr.* 25 (*seit* 1562
  Sept. 20); *Ung.* 1563 *Sept.* 8; *imp.* 1564 *Juli* 25; † 1576 *Oct.* 12.

Rudolf II. 1575 *Oct.* 27; *Ung.* 1572 *Sept.* 25; *Böhm.* 1575 *Sept.* 22;
  imp. 1576 *Oct.* 12; † 1612 *Jan.* 20.

Matthias. 1612 *Juni* 13; *Ung.* 1608 *Juni* 26; *Böhm.* 1611 *Mai* 23;
  † 1619 *März* 20.

Ferdinand II. 1619 *Aug.* 28; *Ung.* 1618 *Juli* 1; *Böhm.* 1617 *Juni* 29;
  † 1637 *Febr.* 15[4]).

Ferdinand III. 1636 *Dec.* 22; *Ung.* 1625 *Dec.* 8; *Böhm.* 1627
  Nov. 27; *imp.* 1637 *Febr.* 15; † 1657 *Apr.* 2.

Ferdinand IV. 1653 *Mai* 24; *Ung.* 1647 *Juni* 16; *Böhm.* 1646
  Aug. 5; † 1654 *Juli* 9.

Leopold I. 1658 *Juli* 18; *Ung.* 1655 *Juni* 27; *Böhm.* 1654 *Sept.* 14;
  † 1705 *Mai* 5.

Joseph I. 1690 *Jan.* 24; *Ung.* 1687 *Dec.* 9; *Böhm. und imp.* 1705
  Mai 5; † 1711 *Apr.* 17.

Karl VI. 1711 *Oct.* 12; *Ung.* 1712 *Mai* 22; *Böhm.* 1711 *Apr.* 17;
  † 1740 *Oct.* 20.

---

[1]) Ladislaw (*postumus*) *Ung.* 1440 *Mai* 15 (*Johann Hunyadi Gubernator bis*
1453 *Febr.* 13); *Böhm.* 1453 *Oct.* 28; † 1457 *Nov.* 23. ‖ Georg Podiebrad.
Böhm. 1458 *Mai* 7; † 1471 *März* 22. ‖ Matthias Corvinus. *Ung.* 1458 *Jan.* 24
(*gekr.* 1464 *März* 25); *Böhm.* 1469 *Mai* 3; † 1490 *Apr.* 6.

[2]) Wladislaw. *Böhm.* 1471 *Aug.* 22; *Ung.* 1490 *Juli* 15; † 1516 *März* 13.
Ludwig. *Böhm. und Ung.* 1516 *März* 13; † 1526 *Aug.* 29.

[3]) Johann Zapolya. *Ung.* 1526 *Nov.* 1; † 1540 *Juli* 21.

[4]) Friedrich von der Pfalz. *Böhm.* 1619 *Oct.* 25; *verjagt* 1620.

Karl VII. 1742 *Jan.* 24; † 1745 *Jan.* 20[1]).

Franz I. 1745 *Sept.* 13; † 1765 *Aug.* 18[1]).

Joseph II. 1764 *März* 27; *imp.* 1765 *Aug.* 18; *Ung. und Böhm.*
    1780 *Nov.* 29; † 1790 *Febr.* 20[1]).

Leopold II. 1790 *Sept.* 30; *Tosc.* 1765 *Aug.* 18; † 1792 *März* 1.

Franz II. 1792 *Juli* 5; *entsagt* 1806 *Aug.* 6; † 1835 *März* 2.

Pontifikatsjahre der Päpste.

Anastasius III. 911 *Juni*; † 913 *Aug.*

Lando. 913 *Aug.*; † 914 *März.*

Johannes X. 914 *März*; *abges.* 928 *Juni.*

Leo VI. 928 *Juni*; † 929 *Febr.*

Stephanus VIII. 929 *Febr.*; † 931 *März.*

Johannes XI. 931 *März*; † 936 *Jan.*

Leo VII. 936 *vor Jan.* 9; † 939 *Juli.*

Stephanus IX. 939 *vor Juli* 19; † 942 *Oct.*

Marinus II. 942 *vor Nov.* 11; † 946 *Apr.*

Agapitus II. 946 *Mai* 10; † 955 *Dec.*

Johannes XII. 955 *Dec.* 16; *abges.* 963 *Dec.* 4.

Leo VIII. 963 *Dec.* 6; † 965 *März.*

Benedictus V. 964 *Mai*; *abges.* 964 *Juni.*

Johannes XIII. 965 *Oct.* 1; † 972 *Sept.* 6.

Benedictus VI. 973 *Jan.* 19; † 974 *Juli.*

Benedictus VII. 974 *Oct.*; † 983 *Oct.*

Johannes XIV. 983 *Ende*; † 984 *Aug.* 20.

Bonifacius VII. 974 *Juni*; *verjagt Aug.*; *kehrt zurück* 984;
    † 985 *Juli.*

Johannes XV. 985 *Aug.*; † 996 *Apr.*

Gregorius V. 996 *Mai* 3; † 999 *Febr.*

Johannes XVI. *antip.* 997 *Mai*; *abges.* 998 *März.*

Silvester II. 999 *Apr.*; † 1003 *Mai* 12.

Johannes XVII. 1003 *Juni* 13; † 1003 *Dec.* 7.

Johannes XVIII. 1003 *Dec.* 25; † 1009 *Juni.*

Sergius IV. 1009 *Juli*; † 1012 *Juni* 17.

Benedictus VIII. 1012 *Juni* 22; † 1024 *Juni* 11.

---

[1]) **Maria Theresia.** *Oestr.* 1740 *Oct.* 20; *Ung.* 1741 *Juni* 25; *Böhm.* 1743
Mai 12; † 1780 *Nov.* 29.

Gregorius *antip.* 1012 *Juni*; *verjagt* 1012 *Ende.*

Johannes XIX. 1024 *Juni*; † 1033 *Jan.*

Benedictus IX. 1033 *Jan.*; *resig.* 1045 *Mai* 1 (*s. unten*).

Silvester *antip.* 1045 *Jan.* 21; *abges.* 1046 *Dec.* 20.

Gregorius VI. 1045 *Mai* 1; *abges.* 1046 *Dec.* 20.

Clemens II. 1046 *Dec.* 24; *cons. Dec.* 25; † 1047 *Oct.* 9.

Benedict IX. (*wiederum*). 1047 *Nov.* 8; *verjagt* 1048 *Juli* 16.

Damasus II. 1047 *Dec.* 25; *cons.* 1048 *Juli* 17; † 1048 *Aug.* 9.

Leo IX. 1048 *Dec.*; *cons.* 1049 *Febr.* 12; † 1054 *Apr.* 19.

Victor II. 1054 *Sept.*; *cons.* 1055 *Apr.* 13; † 1057 *Juli* 28.

Stephanus X. 1057 *Aug.* 2; *cons. Aug.* 3; † 1058 *März* 29.

Benedictus X. 1058 *Apr.* 5; *abges.* 1060 *Apr.*

Nicolaus II. 1058 *Dec.*; *cons.* 1059 *Jan.* 24; † 1061 *Juli* 27.

Alexander II. 1061 *Oct.* 1; † 1073 *Apr.* 21.

Cadalus (Honorius II) *antip.* 1061 *Oct.* 28; *abges.* 1064 *Mai* 31.

Gregorius VII. 1073 *Apr.* 22; † 1085 *Mai* 25.

Wibertus (Clemens III.) *antip.* 1080 *Juni* 25; *cons.* 1084 *März* 24; † 1100 *Sept.*

Victor III. 1086 *Mai* 24; *cons.* 1087 *Mai* 9; † 1087 *Sept.* 16.

Urbanus II. 1088 *März* 12; † 1099 *Juli* 29.

Paschalis II. 1099 *Aug.* 13; *cons. Aug.* 14; † 1118 *Jan.* 21.

Theodoricus *antip.* 1100 *Sept.*; *verjagt* 1100 *Dec.*

Albertus *antip.* 1102 *Febr.*; *abges.* 1102 *März.*

Maginulfus (Silvester IV.) *antip.* 1105 *Nov.* 18; *abges.* 1111 *Apr.* 12.

Gelasius II. 1118 *Jan.* 24; *cons. März* 10; † 1119 *Jan.* 29.

Calixtus II. 1119 *Febr.* 2; *cons. Febr.* 9; 1124 *Dec.* 13/14.

Burdinus (Gregorius VIII.) *antip.* 1118 *März* 8; *abges.* 1121.

Thebaldus Buccapecus (Celestinus) *antip.* 1124 *Dec.* 15; *resign.* 1124 *Dec.* 16.

Honorius II. 1124 *Dec.* 16; *cons. Dec.* 21; † 1130 *Febr.* 13.

Innocentius II. 1130 *Febr.* 14; *cons. Febr.* 23; † 1143 *Sept.* 24.

Anacletus II. *antip.* 1130 *Febr.* 14; *cons. Febr.* 23; † 1138 *Jan.* 25.

Gregorius (Victor IV.) *antip.* 1130 *März* 15; *resig.* 1130 *Mai* 29.

Celestinus II. 1143 *Sept.* 26; † 1144 *März* 8.

Lucius II. 1144 *März* 12; † 1145 *Febr.* 15.

Eugenius III. 1145 *Febr.* 15; *cons. Febr.* 18; † 1153 *Juli* 8.

Anastasius IV. 1153 *Juli* 12; † 1154 *Dec.* 3.

Hadrianus IV. 1154 *Dec.* 4; *cons. Dec.* 5; † 1159 *Sept.* 1.

Alexander III. 1159 *Sept.* 7; *cons. Sept.* 20; † 1181 *Aug.* 30.

Victor IV. (Octavianus)
   Apr. 20.
Paschalis III. (Guido
   † 1168 *Sept.* 20.
Calixtus III. *antip.* 1168
Innocentius III. (Landus
Lucius III. 1181 *Sept.*
Urbanus III. 1185 *Nov.*
Gregorius VIII. 1187
Clemens III. 1187 *Dec.*
Celestinus III. 1191
Innocentius III. 1198
Honorius III. 1216 *Juli*
Gregorius IX. 1227 *Mär*
Celestinus IV. 1241 *Oct.*
Innocentius IV. 1243 *Ju:*
Alexander IV. 1254 *Dec*
Urbanus IV. 1261 *Aug.*
Clemens IV. 1265 *Febr.*
Gregorius X. 1271 *Sept.*
Innocentius V. 1276 *Jan*
Hadrian V. 1276 *Juli*
Johannes XXI. 1276 *Sep*
Nicolaus III. 1277 *Nov.*
Martinus IV. 1281 *Febr.*
Honorius IV. 1285 *Apr.*
Nicolaus IV. 1288 *Febr.*
Celestinus V. 1294 *Juli*
Bonifacius VIII. 1294
Benedictus XI. 1303 *Oct*

In Avignon seit 1309.

Clemens V. 1305 *Juni* 5; *cons. Nov.* 14; † 1314 *Apr.* 20.
Johannes XXII. 1316 *Aug.* 7; *cons. Sept.* 5; † 1334 *Dec.* 4.
Nicolaus V. *antip.* 1320 *Mai* 12; *resign.* 1330 *Aug.* 4.
Benedictus XII. 1334 *Dec.* 20; *cons. Dec.* 26; † 1342 *Apr.* 25.
Clemens VI. 1342 *Mai* 7; *cons. Mai* 19; † 1352 *Dec.* 6.
Innocentius VI. 1352 *Dec.* 18; *cons. Dec.* 23; † 1362 *Sept.* 12.

---

1) *Hätte eigentlich* Johannes XX. *heissen müssen.*

Urbanus V. 1362 *Sept.* 28; *cons. Nov.* 6; † 1370 *Dec.* 19.

Gregorius XI. 1370 *Dec.* 30; *cons.* 1371 *Jan.* 5; † 1378 *März* 27.

Clemens VII. 1378 *Sept.* 20; *cons. Oct.* 31; † 1394 *Sept.* 16.

Benedictus XIII. 1394 *Sept.* 28; *cons. Oct.* 11; *abges.* 1409 *Juni* 5
  vom Concil zu Pisa, 1417 *Juli* 26 *vom Concil zu Konstanz.*

In Rom.

Urbanus VI. 1378 *Apr.* 8; *cons. Apr.* 18; † 1389 *Oct.* 15.

Bonifacius IX. 1389 *Nov.* 2; *cons. Nov.* 9; † 1404 *Oct.* 1.

Innocentius VII. 1404 *Oct.* 17; *cons. Nov.* 11; † 1406 *Nov.* 6.

Gregorius XII. 1406 *Nov.* 30; *cons. Dec.* 19; *abges.* 1409 *Juni* 5 *vom*
  Concil zu Pisa, entsagt 1415 *Juli* 4.

In Pisa.

Alexander V. 1409 *Juni* 26; *cons. Juli* 7; † 1410 *Mai* 3.

Johannes XXIII. 1410 *Mai* 17; *cons. Mai* 25; *abges.* 1415 *Mai* 29
  vom Concil zu Konstanz.

In Rom.

Martinus V. 1417 *Nov.* 11; *cons. Nov.* 21; † 1431 *Febr.* 20.

Clemens VIII. *antip.* 1424; *nicht anerkannt*; *resign.* 1429 *Juli* 26.

Eugenius IV. 1431 *März* 3; *cons. März* 12; *abges.* 1439 *Juni* 25;
  † 1447 *Febr.* 23.

Felix V. *antip.* 1439 *Nov.* 5; *cons.* 1440 *Juli* 24; *resign.* 1449
  Apr. 7.

Nicolaus V. 1447 *März* 6; *cons. März* 19; † 1455 *März* 24.

Calixtus III. 1455 *Apr.* 8; *cons. Apr.* 20; † 1458 *Aug.* 6.

Pius II. 1458 *Aug.* 19; *cons. Sept.* 3; † 1464 *Aug.* 15.

Paulus II. 1464 *Aug.* 31; *cons. Sept.* 16; † 1471 *Juli* 26.

Sixtus IV. 1471 *Aug.* 9; *cons. Aug.* 25; † 1484 *Aug.* 12.

Innocentius VIII. 1484 *Aug.* 29; *cons. Sept.* 12; † 1492 *Juli* 25.

Alexander VI. 1492 *Aug.* 11; *cons. Aug.* 26; † 1503 *Aug.* 18.

Pius III. 1503 *Sept.* 22; *cons. Oct.* 8; † 1503 *Oct.* 18.

Julius II. 1503 *Nov.* 1; *cons. Nov.* 26; † 1513 *Febr.* 21.

Leo X. 1513 *März* 15; *cons. März* 19; † 1521 *Dec.* 1.

Hadrianus VI. 1522 *Jan.* 9; *cons. Aug.* 31; † 1523 *Sept.* 14.

Clemens VII. 1523 *Nov.* 19; *cons. Nov.* 26; † 1534 *Sept.* 25.

Paulus III. 1534 *Oct.* 13; *cons. Nov.* 1; † 1549 *Nov.* 10.

Julius III. 1550 *Febr.* 8; *cons. Febr.* 22; † 1555 *März* 23.

Marcellus II. 1555 *April* 9; *cons. Apr.* 10; † 1555 *Apr.* 30.

Paulus IV. 1555 *Mai* 23; *cons. Mai* 26; † 1559 *Aug.* 18.

Pius IV. 1559 *Dec.* 25; *cons.* 1560 *Jan.* 6; † 1565 *Dec.* 9.

Pius V. 1566 *Jan.* 7; *cons. Jan.* 17; † 1572 *Mai* 1.

Gregorius XIII. 1572 *Mai* 13; *cons. Mai* 26; † 1585 *Apr.* 10.

Sixtus V. 1585 *Apr.* 24; *cons. Mai* 1; † 1590 *Aug.* 27.

Urbanus VII. 1590 *Sept.* 15; † 1590 *Sept.* 27.

Gregorius XIV. 1590 *Dec.* 5; *cons. Dec.* 8; † 1591 *Oct.* 15.

Innocentius IX. 1591 *Oct.* 29; *cons. Nov.* 2; † 1591 *Dec.* 30.

Clemens VIII. 1592 *Jan.* 30; *cons. Febr.* 2; † 1605 *März* 5.

Leo XI. 1605 *Apr.* 1; *cons. Apr.* 10; † 1605 *April* 27.

Paulus V. 1605 *Mai* 16; *cons. Mai* 29; † 1621 *Jan.* 28.

Gregorius XV. 1621 *Febr.* 9; *cons. Febr.* 12; † 1623 *Juli* 8.

Urbanus VIII. 1623 *Aug.* 6; *cons. Sept.* 29; † 1644 *Juli* 29.

Innocentius X. 1644 *Sept.* 15; *cons. Oct.* 4; † 1655 *Jan.* 7.

Alexander VII. 1655 *Apr.* 7; *cons. Apr.* 28; † 1667 *Mai* 22.

Clemens IX. 1667 *Juni* 20; *cons. Juni* 27; † 1669 *Dec.* 9.

Clemens X. 1670 *Apr.* 29; † 1676 *Juli* 22.

Innocentius XI. 1676 *Sept.* 21; † 1689 *Aug.* 12.

Alexander VIII. 1689 *Oct.* 6; † 1691 *Febr.* 1.

Innocentius XII. 1691 *Juli* 12; *cons. Juli* 15; † 1700 *Sept.* 27.

Clemens XI. 1700 *Nov.* 23; *cons. Dec.* 18; † 1721 *März* 19.

Innocentius XIII. 1721 *Mai* 8; *cons. Mai* 18; † 1724 *März* 7.

Benedictus XIII. 1724 *Mai* 29; *cons. Juni* 4; † 1730 *Febr.* 21.

Clemens XII. 1730 *Juli* 12; *cons. Juli* 16; † 1740 *Febr.* 6.

Benedictus XIV. 1740 *Aug.* 17; *cons. Aug.* 25; † 1758 *Mai* 3.

Clemens XIII. 1758 *Juli* 6; *cons. Juli* 16; † 1769 *Febr.* 2.

Clemens XIV. 1769 *Mai* 19; *cons. Juni* 4; † 1774 *Sept.* 22.

Pius VI. 1775 *Febr.* 15; *cons. Febr.* 22; † 1799 *Aug.* 29.

Pius VII. 1800 *März* 14; *cons. März* 21; † 1823 *Aug.* 20.

Leo XII. 1823 *Sept.* 28; *cons. Oct.* 5; † 1829 *Febr.* 10.

Pius VIII. 1829 *März* 31; *cons. Apr.* 5; † 1830 *Nov.* 30.

Gregorius XVI. 1831 *Febr.* 2; *cons. Febr.* 6; † 1846 *Juni* 1.

Pius IX. 1846 *Juni* 16; *cons. Juni* 21; † 1878 *Febr.* 7.

Leo XIII. 1878 *Febr.* 20; *cons. März* 3.

Anweisung zur Datenberechnung.

Die Aufgaben, die mit den folgenden Tafeln zu lösen sind, gelten vornehmlich der Aufsuchung des Wochentages, Monatsdatums, Monats, Jahres und Jahrhunderts. Beispiele werden am besten die Anwendung der Tafeln erläutern.

Zunächst mögen die Tafeln I und II ins Auge gefasst werden:

1. Bekannt 3. Mai 1510. Gesucht Wochentag?

Nach Tafel I ist der Sonntagsbuchstabe für 1510 = F. Auf Tafel II steht der 3. Mai in der 4. Längsreihe. Fahren wir in dieser Reihe mit dem Finger hinab bis zur Querreihe neben F, so erhalten wir Freitag als gesuchten Wochentag.

2. Bekannt Freitag Mai 1510. Gesucht Monatsdatum?

Sonntagsbuchstabe nach Tafel I ist F. Auf Tafel II sind nach der Querreihe bei F alle in der 4. Längsreihe stehenden Tage Freitage, also im Mai der 3. 10. 17. 24. 31.

In beschränkter Weise kommt diese Aufgabe bei Urkundendaten vielfach zur Anwendung, so:

Bekannt Montag nach Kreuzerfindung 1510. Gesucht Monatsdatum?

Sonntagsbuchstabe = F. Kreuzerfindung = 3. Mai. Montag darauf nach der letzten Längsreihe der Tafel II = 6. Mai. Der Montag vor Kreuzerfindung, wenn dieser gefordert würde, findet sich in derselben Längsreihe etwas höher hinauf als 29. April.

3. Bekannt Freitag 3. . . 1510. Gesucht Monat?

1510 Sonntagsbuchstabe = F. In der Querreihe bei F steht auf Tafel II der Freitag in der 4. Längsreihe. In dieser ist nur bei Mai eine 3 verzeichnet. Wäre eine 4, 5 oder 6 das gegebene Monatsdatum gewesen, so wären wir zwischen zwei Monaten, bei einer 1 gar zwischen drei Monaten im Zweifel gewesen.

4. Bekannt Freitag, 3. Mai 15 . . Gesucht die minderen Jahre?

Auf Tafel II findet sich in der Längsreihe des 3. Mai der Freitag in der Querreihe des F. Dieses ist also der Sonntagsbuchstabe des gesuchten Jahres, resp. der zweite, wenn es ein Schaltjahr ist. Auf Tafel I finden wir unter 1500 zum Sonntagsbuchstaben F (oder, da der gesuchte Tag nach dem 1. März liegt, F an zweiter Stelle) die Jahre:

1504.	32.	60.	88.
10.	38.	66.	94.
21.	49.	77.	—
27.	55.	83.	—

ausserdem neuen Stils die Jahre 1585, 1591, 1596.

Einem dieser Jahre gehört das gegebene Datum an.

5. Bekannt Freitag, 3. Mai . . 10. Gesucht das Jahrhundert?

Auf Tafel II findet sich in der Längsreihe des 3. Mai Freitag in der Querreihe des F. Auf Tafel I findet sich in der Querreihe 10 der Buchstabe F nur bei 100, 000, 1500. Eines dieser Jahrhunderte ist das gesuchte.

Dass alle diese 5 Aufgaben statt mit Tafel II auch mit Hülfe der 35 Kalender (Tafel XII) gelöst werden können, ist einleuchtend, denn Tafel II ist ja selbst nur ein zusammengedrängter Kalender. Jedoch ist bei den Aufgaben 3, 4 und 5 eine Benutzung der 35 Kalender nicht so sehr anzurathen, da hier der Umstand wesentlich für Tafel II in die Wagschale fällt, dass auf ihr der gesammte Kalender mit einem Blicke übersehen werden kann.

Für die Aufgaben 1 und 2 dagegen muss die Benutzung des 35 Kalender entschieden und vorzugsweise empfohlen werden, da er bei diesen Fragen nach W.ochentag und Monatsdatum meist auch auf die Stellung der gesuchten Tage innerhalb des Festkalenders ankommen wird. Die Lösung dieser beiden Aufgaben würde sich mit den 35 Kalendern und den sie erschliessenden Festzahlen, den Ordnungsnummern der 35 möglichen Ostertage (Tafel XIII und XIV), so vollziehen:

1. Bekannt 3. Mai 1510. Gesucht Wochentag?
1510 hat nach Tafel XIII die Festzahl 10[1]). Aus dem Kalender 10 ersehen wir, dass der 3. Mai des Jahres ein Freitag war.

2. Bekannt Freitag Mai 1510. Gesucht Monatsdatum?
Festzahl von 1510 ist 10. Auf Kalender 10 finden wir als Freitage im Mai den 3., 10., 17., 24., 31.

Ebenso können wir das beschränkte Datum: Montag nach Kreuzerfindung 1510 mit Kalender 10 leicht als auf den 6. Mai fallend feststellen. Bei einiger Bekanntschaft mit den Daten der Heiligentage wird man die Auflösung derartiger dem Geschichtsforscher so häufig begegnenden Aufgaben mit Hülfe der Festzahlen und der 35 Kalender, die die geläufigsten Heiligentage enthalten, entschieden der Benutzung der Tafeln I und II vorziehen.

Unbedingt nothwendig aber ist die Benutzung der Festzahlen und der 35 Kalender bei allen solchen Aufgaben, bei denen ein bewegliches Fest für die gesuchten Tage in Frage kommt. Die Aufgabe 2 lautet dabei so:

Bekannt Festbezeichnung und Jahr. Gesucht Monatsdatum? Kaiser Friedrich Barbarossa wurde am Sonntag Lätare 1152 zu Aachen als König gekrönt. Auf welches Monatsdatum fiel diese Festlichkeit?

Nach Tafel XIII hat 1152 die Festzahl 9. Auf Kalender 9 finden wir den Sonntag Lätare am 9. März. Folglich ist dies das gesuchte Datum.

Die Aufgabe 4 lautet so:
Bekannt Festbezeichnung und Monatsdatum. Gesucht die dazu gehörigen Jahre?

---

[1]) Bei Tafel XIII und XIV wird man gut thun, zuerst den Einer der Jahreszahl aufzusuchen und in dessen Längsreihe zu suchen, bis man das geforderte Jahrzehnt erreicht hat.

Gesetzt, es sei ein Ereigniss im 14. Jhrdt. geschehen an einem Himmelfahrtstage, der gleichzeitig der 2. Mai war. Welche Jahre kommen in Betracht? Aus den 35 Kalendern sehen wir, dass das Jahr, das am 2. Mai Himmelfahrt hat, die Festzahl 3 haben muss. Ueber dem Kalender 3 finden wir, dass dieser nur in den Jahren 1353 und 1364* in Gültigkeit war.

Hätte das Ereigniss unter den gleichen Bedingungen in einem Jahrhundert stattgefunden, wofür über den Kalendern die zugehörigen Jahre nicht angegeben sind, also beispielsweise im 8. Jhrdt., so müssten wir folgenden Weg einschlagen:

Aus den 35 Kalendern finden wir die Festzahl 3. Diese erscheint auf Tafel V zu F 5 und F 16. Wegen F (oder F an zweiter Stelle) können aber im 8. Jahrhundert nach Tafel I in Betracht kommen die Jahre: 709.   37.   65.   93.
  15.   43.   71.   99.
  20.   48.   76.   —
  26.   54.   82.   —

Zu den goldenen Zahlen 5 und 16 sind aber aus Tafel III die beiden folgenden Jahresreihen zu entnehmen:

wegen 5: 707.   26.   45.   64.   83.
wegen 16:   18.   37.   56.   75.   94.

Folglich können nur die zwei in beiden Jahresreihen vorkommenden Jahre 726 und 737 in Frage kommen.

Wäre das Ereigniss im 19. Jhrdt. an einem Aschermittwoch geschehen, der zugleich der 5. Februar war, so kämen nach den 35 Kalendern wegen dieses Datums die Festzahlen 2 für Gemeinjahre und 1 für Schaltjahre in Betracht. Ueber Kalender 2 finden wir 1845 als einzig mögliches Gemeinjahr, über Kalender 1 ist ein Schaltjahr überhaupt nicht verzeichnet, also ist 1845 das gesuchte Jahr.

Für das 7. Jhrdt. würde die Lösung so verlaufen: Auf Tafel V erscheint Festzahl 1 zu D 16, Festzahl 2 zu E 5 und E 16.

Für D 16 kommen bloss Schaltjahre in Frage, die D als zweiten Sonntagsbuchstaben zeigen, also für das 7. Jhrdt.:

auf Tafel   I wegen D: 604.   32.   60.   88.
auf Tafel III wegen 16:   604.   —   80.   —

Folglich ist 604* ein mögliches Jahr.

Für E 5 und 16 kommen nur Gemeinjahre in Frage, also:

auf Tafel   I wegen E: 609.   37.   65.   93.
  15.   43.   71.   99.
  26.   54.   82.   —
auf Tafel III wegen 5:   —   631.   50.   69.
auf Tafel III wegen 16:   623.   42.   61.   99.

Folglich kommt zu dem Schaltjahr 604 nur das Gemeinjahr 699 als mögliches Jahr hinzu.

Die Seltenheit des Vorkommens derartiger Aufgaben wird über die Unbequemlichkeit ihrer Auflösung hinwegsehen lassen.

I. Sonntagsbuchstaben.

Jahre über Hundert				Alter Stil.						
				0 700 1400	100 800 1500	200 900 1600	300 1000 1700	400 1100 1800	500 1200 1900	600 1300 2000
			00	DC	ED	FE	GF	AG	BA	CB
01	29	57	85	B	C	D	E	F	G	A
02	30	58	86	A	B	C	D	E	F	G
03	31	59	07	G	A	B	C	D	E	F
04	32	60	80	FE	GF	AG	BA	CB	DC	ED
05	33	61	89	D	E	F	G	A	B	C
06	34	62	90	C	D	E	F	G	A	B
07	35	63	91	B	C	D	E	F	G	A
08	36	64	92	AG	BA	CB	DC	ED	FE	GF
09	37	65	93	F	G	A	B	C	D	E
10	38	66	94	E	F	G	A	B	C	D
11	39	67	95	D	E	F	G	A	B	C
12	40	68	96	CB	DC	ED	FE	GF	AG	BA
13	41	69	97	A	B	C	D	E	F	G
14	42	70	98	G	A	B	C	D	E	F
15	43	71	99	F	G	A	B	C	D	E
16	44	72	—	ED	FE	GF	AG	BA	CB	DC
17	45	73	—	C	D	E	F	G	A	B
18	46	74	—	B	C	D	E	F	G	A
19	47	75	—	A	B	C	D	E	F	G
20	48	76	—	GF	AG	BA	CB	DC	ED	FE
21	49	77	—	E	F	G	A	B	C	D
22	50	78	—	D	E	F	G	A	B	C
23	51	79	—	C	D	E	F	G	A	B
24	52	80	—	BA	CB	DC	ED	FE	GF	AG
25	53	81	—	G	A	B	C	D	E	F
26	54	82	—	F	G	A	B	C	D	E
27	55	83	—	E	F	G	A	B	C	D
28	56	84	—	DC	ED	FE	GF	AG	BA	CB
			00	C	—	E	—	G	BA	—
Jahre über Hundert				1700 2100	—	1800 2200	—	1500 1900	1600 2000	—
				Neuer Stil.						

78

II. Wochentage.

	A	B	C	D	E	F	G
Januar. **October.**	1	2	3	4	5	6	7
	8	9	10	11	12	13	14
	15	16	17	18	19	20	21
	22	23	24	25	26	27	28
	29	30	31	1	2	3	4
Februar. **März.** **November.**	5	6	7	8	9	10	11
	12	13	14	15	16	17	18
	19	20	21	22	23	24	25
	26	27	28	29	30	31	1
April. **Juli.**	2	3	4	5	6	7	8
	9	10	11	12	13	14	15
	16	17	18	19	20	21	22
	23	24	25	26	27	28	29
	30	31	1	2	3	4	5
August.	6	7	8	9	10	11	12
	13	14	15	16	17	18	19
	20	21	22	23	24	25	26
	27	28	29	30	31	1	2
September. **December.**	3	4	5	6	7	8	9
	10	11	12	13	14	15	16
	17	18	19	20	21	22	23
	24	25	26	27	28	29	30
	31	1	2	3	4	5	6
Mai.	7	8	9	10	11	12	13
	14	15	16	17	18	19	20
	21	22	23	24	25	26	27
	28	29	30	31	1	2	3
Juni.	4	5	6	7	8	9	10
	11	12	13	14	15	16	17
	18	19	20	21	22	23	24
	25	26	27	28	29	30	31

Wochentage nach den Sonntagsbuchstaben.		A	B	C	D	E	F	G
	A	So	Mo	Di	Mi	Do	Fr	Sa
	B	Sa	So	Mo	Di	Mi	Do	Fr
	C	Fr	Sa	So	Mo	Di	Mi	Do
	D	Do	Fr	Sa	So	Mo	Di	Mi
	E	Mi	Do	Fr	Sa	So	Mo	Di
	F	Di	Mi	Do	Fr	Sa	So	Mo
	G	Mo	Di	Mi	Do	Fr	Sa	So

Bei Schaltjahren gilt der erste Sonntagsbuchstabe bis Ende Februar.

III. Goldene Zahlen.

Jahrhunderte.	Jahre über Hundert.																		
	00	01	02	03	04	05	06	07	08	09	10	11	12	13	14	15	16	17	18
	19	20	21	22	23	24	25	26	27	28	29	30	31	32	33	34	35	36	37
	38	39	40	41	42	43	44	45	46	47	48	49	50	51	52	53	54	55	56
	57	58	59	60	61	62	63	64	65	66	67	68	69	70	71	72	73	74	75
	76	77	78	79	80	81	82	83	84	85	86	87	88	89	90	91	92	93	94
	95	96	97	98	99	—	—	—	—	—	—	—	—	—	—	—	—	—	—
400	2	3	4	5	6	7	8	9	10	11	12	13	14	15	16	17	18	19	1
500	7	8	9	10	11	12	13	14	15	16	17	18	19	1	2	3	4	5	6
600	12	13	14	15	16	17	18	19	1	2	3	4	5	6	7	8	9	10	11
700	17	18	19	1	2	3	4	5	6	7	8	9	10	11	12	13	14	15	16
800	3	4	5	6	7	8	9	10	11	12	13	14	15	16	17	18	19	1	2
900	8	9	10	11	12	13	14	15	16	17	18	19	1	2	3	4	5	6	7
1000	13	14	15	16	17	18	19	1	2	3	4	5	6	7	8	9	10	11	12
1100	18	19	1	2	3	4	5	6	7	8	9	10	11	12	13	14	15	16	17
1200	4	5	6	7	8	9	10	11	12	13	14	15	16	17	18	19	1	2	3
1300	9	10	11	12	13	14	15	16	17	18	19	1	2	3	4	5	6	7	8
1400	14	15	16	17	18	19	1	2	3	4	5	6	7	8	9	10	11	12	13
1500	19	1	2	3	4	5	6	7	8	9	10	11	12	13	14	15	16	17	18
1600	5	6	7	8	9	10	11	12	13	14	15	16	17	18	19	1	2	3	4
1700	10	11	12	13	14	15	16	17	18	19	1	2	3	4	5	6	7	8	9
1800	15	16	17	18	19	1	2	3	4	5	6	7	8	9	10	11	12	13	14
1900	1	2	3	4	5	6	7	8	9	10	11	12	13	14	15	16	17	18	19
2000	6	7	8	9	10	11	12	13	14	15	16	17	18	19	1	2	3	4	5
2100	11	12	13	14	15	16	17	18	19	1	2	3	4	5	6	7	8	9	10
2200	16	17	18	19	1	2	3	4	5	6	7	8	9	10	11	12	13	14	15

IV. Cyklische Neumonde alten Stils.

Monatstag	Januar	Februar	März	April	Mai	Juni	Juli	August	September	October	November	December	Monatstag
1	3	•	3	•	11	•	{(19)/19}	8	16	16	•	•	1
2	•	11	•	11	•	19	8	•16	•5	5	•13	{13/22}	2
3	11	19	11	•	19	8	•	5	•	13	2	•	3
4	•	8	•	19	8	16	16	•	13	2	•	•10	4
5	19	•	•19	8	•	5	5	13	2	•	10	•	5
6	8	16	•8	16	16	•	•	2	•	10	•	18	6
7	•	5	•	5	5	13	13	•	10	•	18	7	7
8	16	•	16	•	•	2	2	10	•	18	7	•	8
9	5	13	5	13	13	•	•	•	18	7	•	15	9
10	•	2	•	2	2	10	10	18	7	•	15	4	10
11	13	•	13	•	•	•	•	7	•	15	4	•	11
12	2	10	2	10	10	18	18	•	15	4	•	12	12
13	•	•	•	•	•	7	7	15	4	•	12	1	13
14	10	18	10	18	18	•	•	4	•	12	1	•	14
15	•	7	•	7	7	15	15	•	12	1	•	9	15
16	10	•	18	•	•	4	4	12	1	•	9	•	16
17	7	15	7	15	15	•	•	1	•	9	•	17	17
18	•	4	•	4	4	12	12	•	9	•	17	6	18
19	15	•	15	•	•	1	1	9	•	17	6	•	19
20	4	12	4	12	12	•	•	•	17	6	•	14	20
21	•	1	•	1	1	9	9	17	6	•	14	3	21
22	12	•	12	•	•	•	•	6	•	14	3	•	22
23	1	9	1	9	9	17	17	•	14	3	•	11	23
24	•	•	•	•	•	6	6	14	3	•	11	19	24
25	9	17	9	17	17	•	•	3	•	11	19	•	25
26	•	6	•	6	6	14	14	•	11	(19)	•	8	26
27	17	•	17	•	•	3	3	11	(19)	19	8	•	27
28	6	14	6	14	14	•	•	(19)	19	8	•	16	28
29	•	—	•	3	3	11	11	19	8	•	16	5	29
30	14	—	14	•	•	•	(19)	8	•	16	5	•	30
31	3	—	3	—	11	—	19	•	—	5	—	13	31

Einrichtung und Gebrauch s. oben S. 2c — 3b.

Goldene Zahl.	Sonntagsbuchstaben alten Stils.							Goldene Zahl.
	A	B	C	D	E	F	G	
1	19	20	21	22	16	17	18	1
2	5	6	7	8	9	10	11	2
3	26	27	28	29	30	24	25	3
4	19	13	14	15	16	17	18	4
5	5	6	7	8	2	3	4	5
6	26	27	21	22	23	24	25	6
7	12	13	14	15	16	10	11	7
8	33	34	35	29	30	31	32	8
9	19	20	21	22	23	24	18	9
10	12	13	7	8	9	10	11	10
11	26	27	28	29	30	31	32	11
12	19	20	21	15	16	17	18	12
13	5	6	7	8	9	10	4	13
14	26	27	28	29	23	24	25	14
15	12	13	14	15	16	17	18	15
16	5	6	7	1	2	3	4	16
17	26	20	21	22	23	24	25	17
18	12	13	14	15	9	10	11	18
19	33	34	28	29	30	31	32	19
	A	B	C	D	E	F	G	

VI. Uebersicht der Festzahlen neuen Stils (bis 1899).

Goldene Zahl	Sonntagsbuchstaben neuen Stils							Goldene Zahl
	A bis 1699 | bis 1899	**B** bis 1699 | bis 1899	**C** bis 1699 | bis 1899	**D** bis 1699 | bis 1899	**E** bis 1699 | bis 1899	**F** bis 1699 | bis 1899	**G** bis 1699 | bis 1899	
1	26	27	28	29	23 | 30	24	25	1
2	12 | 19	13	14	15	16	17	18	2
3	5	6	7	1 | 8	2	3	4	3
4	26	27	21	22	23	24	25	4
5	12	13	14	15	16	10	11	5
6	33	34	28 | 35	29	30	31	32	6
7	19	20	21	22	23	17 | 24	18	7
8	12	6 | 13	7	8	9	10	11	8
9	26	27	28	29	30	31	32	9
10	19	20	21	15	16	17	18	10
11	5	6	7	8	9	10	4	11
12	26	27	28	22 | 29	23	24	25	12
13	12	13	14	15	16	17	11 | 18	13
14	33 | 5	34 | 6	35 | 7	29 | 1	30 | 2	31 | 3	32 | 4	14
15	26	20	21	22	23	24	25	15
16	12	13	14	8 | 15	9	10	11	16
17	33	27 | 34	28	29	30	31	32	17
18	19	20	21	22	16 | 23	17	18	18
19	5 | 12	6	7	8	9	10	11	19
	A	**B**	**C**	**D**	**E**	**F**	**G**	

VII. Ostertag.

Festzahl	Ostern	Littera paschalis
1	22 M	B.
2	23 —	C.
3	24 —	D.
4	25 —	E.
5	26 —	F.
6	27 —	G.
7	28 —	H.
8	29 —	I.
9	30 —	K.
10	31 —	L.
11	1 A	M.
12	2 —	N.
13	3 —	O.
14	4 —	P.
15	5 —	Q.
16	6 —	R.
17	7 —	S.
18	8 —	T.
19	9 —	V.
20	10 —	.A
21	11 —	.B
22	12 —	.C
23	13 —	.D
24	14 —	.E
25	15 —	.F
26	16 —	.G
27	17 —	.H
28	18 —	.I
29	19 —	.K
30	20 —	.L
31	21 —	.M
32	22 —	.N
33	23 —	.O
34	24 —	.P
35	25 —	.Q

VIII. Ostergrenzen, Claves, Regularen, Epakten alten Stils.

Goldene Zahl	Ostergrenzen		Claves terminorum	Regulares pasche	Epakten	Goldene Zahl
1	5 A	D	26	V	0	1
2	25 M	G	15	I	11	2
3	13 A	E	34	VI	22	3
4	2 A	A	23	II	3	4
5	22 M	D	12	V	14	5
6	10 A	B	31	III	25	6
7	30 M	E	20	VI	6	7
8	18 A	C	39	IV	17	8
9	7 A	F	28	VII	20	9
10	27 M	B	17	III	9	10
11	15 A	G	36	I	20	11
12	4 A	C	25	IV	1	12
13	24 M	F	14	VII	12	13
14	12 A	D	33	V	23	14
15	1 A	G	22	I	4	15
16	21 M	C	11	IV	15	16
17	9 A	A	30	II	26	17
18	29 M	D	19	V	7	18
19	17 A	B	38	III	18	19

Der Ostersonntag ist stets der Sonntag nach der Ostergrenze.

Die Epakte gilt vom 1. Sept. des Vorjahres bis zum 1. Sept. des angegebenen Jahres.

Goldene Zahl	Ostergrenzen neuen Stils				Goldene Zahl
	von 1582 bis 1699	von 1700 bis 1899	von 1900 bis 2199	von 2200 bis 2299	
1	12 A — D	13 A — E	14 A — F	15 A — G	1
2	1 A — G	2 A — A	3 A — B	4 A — C	2
3	21 M — C	22 M — D	23 M — E	24 M — F	3
4	9 A — A	10 A — B	11 A — C	12 A — D	4
5	29 M — D	30 M — E	31 M — F	1 A — G	5
6	17 A — B	18 A — C	18 A — C	21 M — C	6
7	6 A — E	7 A — F	8 A — G	9 A — A	7
8	26 M — A	27 M — B	28 M — C	29 M — D	8
9	14 A — F	15 A — G	16 A — A	17 A — B	9
10	3 A — B	4 A — C	5 A — D	6 A — E	10
11	23 M — E	24 M — F	25 M — G	26 M — A	11
12	11 A — C	12 A — D	13 A — E	14 A — F	12
13	31 M — F	1 A — G	2 A — A	3 A — B	13
14	10 A — C	21 M — C	22 M — D	23 M — E	14
15	0 A — G	9 A — A	10 A — B	11 A — C	15
16	28 M — C	29 M — D	30 M — E	31 M — F	16
17	16 A — A	17 A — B	17 A — B	10 A — C	17
18	5 A — D	6 A — E	7 A — F	8 A — G	10
19	25 M — G	26 M — A	27 M — B	28 M — C	19

Der Ostersonntag ist stets der Sonntag nach der Ostergrenze.

X. Revolutionskalender, Jahresübersicht.

	I 1792 II 1793 III 1794 V 1796 VI 1797 VII 1798		IV 1795		VIII 1799 IX 1800 X 1801 XI 1802 XIII 1804 XIV 1805		XII 1803	
Vindémiaire	22. Sept.	O	23. Sept.	Q	23. Sept.	Q	24. Sept.	S
Brumaire	22. Oct.	L	23. Oct.	P	23. Oct.	P	24. Oct.	R
Frimaire	21. Nov.	K	22. Nov.	O	22. Nov.	O	23. Nov.	Q
Nivôse ¹)	21. Dec.	G	22. Dec.	L	22. Dec.	L	23. Dec.	P
¹) Der Nivôse greift in das folgende Jahr unserer Zeit-rechnung über.	I 1793 II 1794 III 1795 V 1797 VI 1798 VII 1799		IV 1796 Februar 29 Tage		VIII 1800 IX 1801 X 1802 XI 1803 XIII 1805		XII 1804 Februar 29 Tage	
Pluviôse	20. Jan.	E	21. Jan.	G	21. Jan.	G	22. Jan.	L
Ventôse	19. Feb.	H	20. Feb.	I	20. Feb.	M	21. Feb.	N
Germinal	21. Mrz.	G	21. Mrz.	G	22. Mrz.	L	22. Mrz.	L
Floréal	20. Apr.	F	20. Apr.	F	21. Apr.	K	21. Apr.	K
Prairial	20. Mai	E	20. Mai	E	21. Mai	G	21. Mai	G
Messidor	19. Juni	D	19. Juni	D	20. Juni	F	20. Juni	F
Thermidor	19. Juli	C	19. Juli	C	20. Juli	E	20. Juli	E
Fructidor	18. Aug.	B	18. Aug.	B	19. Aug.	O	19. Aug.	C
	I 1793 II 1794 IV 1796 V 1797 VI 1798		III 1795 VII 1799 6 Jours c.		VIII 1800 IX 1801 X 1802 XII 1804 XIII 1805		XI 1803 6 Jours c.	
Jours compl.	17. Sept.	A	17. Sept.	A	18. Sept.	B	18. Sept.	B

Die Buchstaben verweisen auf die folgende Tafel.

XI. Revolutionskalender, Monatstage.

Franz. Monats- tag	Monatstage unserer Zeitrechnung																		Franz. Monats- tag
	A	B	C	D	E	F	G	H	I	K	L	M	N	O	P	Q	R	S	
1	17	18	19	19	20	20	21	19	20	21	22	20	21	22	23	23	24	24	1
2	18	19	20	20	21	21	22	20	21	22	23	21	22	23	24	24	25	25	2
3	19	20	21	21	22	22	23	21	22	23	24	22	23	24	25	25	26	26	3
4	20	21	22	22	23	23	24	22	23	24	25	23	24	25	26	26	27	27	4
5	21	22	23	23	24	24	25	23	24	25	26	24	25	26	27	27	28	28	5
6	22	23	24	24	25	25	26	24	25	26	27	25	26	27	28	28	29	29	6
7	—	24	25	25	26	26	27	25	26	27	28	26	27	28	29	29	30	30	7
8	—	25	26	26	27	27	28	26	27	28	29	27	28	29	30	30	31	1	8
9	—	26	27	27	28	28	29	27	28	29	30	28	29	30	31	31	1	2	9
10	—	27	28	28	29	29	30	28	29	30	31	1	1	1	1	1	2	3	10
11	—	28	29	29	30	30	31	1	1	1	1	2	2	2	2	2	3	4	11
12	—	29	30	30	31	31	1	2	2	2	2	3	3	3	3	3	4	5	12
13	—	30	31	1	1	1	2	3	3	3	3	4	4	4	4	4	5	6	13
14	—	31	1	2	2	2	3	4	4	4	4	5	5	5	5	5	6	7	14
15	—	1	2	3	3	3	4	5	5	5	5	6	6	6	6	6	7	8	15
16	—	2	3	4	4	4	5	6	6	6	6	7	7	7	7	7	8	9	16
17	—	3	4	5	5	5	6	7	7	7	7	8	8	8	8	8	9	10	17
18	—	4	5	6	6	6	7	8	8	8	8	9	9	9	9	9	10	11	18
19	—	5	6	7	7	7	8	9	9	9	9	10	10	10	10	10	11	12	19
20	—	6	7	8	8	8	9	10	10	10	10	11	11	11	11	11	12	13	20
21	—	7	8	9	9	9	10	11	11	11	11	12	12	12	12	12	13	14	21
22	—	8	9	10	10	10	11	12	12	12	12	13	13	13	13	13	14	15	22
23	—	9	10	11	11	11	12	13	13	13	13	14	14	14	14	14	15	16	23
24	—	10	11	12	12	12	13	14	14	14	14	15	15	15	15	15	16	17	24
25	—	11	12	13	13	13	14	15	15	15	15	16	16	16	16	16	17	18	25
26	—	12	13	14	14	14	15	16	16	16	16	17	17	17	17	17	18	19	26
27	—	13	14	15	15	15	16	17	17	17	17	18	18	18	18	18	19	20	27
28	—	14	15	16	16	16	17	18	18	18	18	19	19	19	19	19	20	21	28
29	—	15	16	17	17	17	18	19	19	19	19	20	20	20	20	20	21	22	29
30	—	16	17	18	18	18	19	20	20	20	20	21	21	21	21	21	22	23	30
	A	B	C	D	E	F	G	H	I	K	L	M	N	O	P	Q	R	S	

unter Berücksichtigung des Monatswechsels.

A. S. 851. 946. 1041. 1136*. 1383. 1478. 1573. 1668*.

Schaltjahr Januar	Schaltjahr Februar	Januar	Februar	März	April	Mai
1 Circ. dni.	1	1 Circ. dni.	1 Esto m.	1 Letare	1	1 Phil. et J.
2 8. Steph.	2 Esto m.	2 8. Steph.	2 Pur. Mar.	2	2	2
3 8. Joh. e.	3	3 8. Joh. e.	3	3	3	3 Exaudi
4 8. Innoc.	4	4 0. Innoc.	4 Cap. jej.	4	4 Ambros.	4
5	5 Cap. jej.	5	5 Agathe	5	5 Mis. dni.	5
6 Epiph.	6	6 Epiph.	6	6	6	6 Joh. a. p. l.
7	7	7	7	7 Prp. et F.	7	7
8	8	8	8 Invoc.	8 Judica	8	8
9	9 Invoc.	9	9 Apollon.	9	9	9
10 Pauli er.	10 Scholast.	10 Pauli er.	10 Scholast.	10	10	10 Pentec.
11	11	11	11 Quatbr.	11	11	11
12	12 Quatbr.	12	12	12 Gregorii	12 Jubilate	12 Pancrat.
13 8. Epiph.	13	13 0. Epiph.	13	13	13	13 Quatbr.
14 Felicis	14 Valent.	14 Felicis	14 Valent.	14	14 Tib. et V.	14
15	15	15	15 Remin.	15 Palmar.	15	15
16 Marcelli	16 Remin.	16 Marcelli	16 Juliane	16	16	16
17 Antonii	17	17 Antonii	17	17 Gertrud.	17	17 Trinit.
18 Prisce	18	18 Circumd.	18	18	18	18
19 Circumd.	19	19	19	19 Cena dni.	19 Cantate	19
20 Fab. et S.	20	20 Fab. et S.	20	20 Parasc.	20	20
21 Agnetis	21	21 Agnetis	21	21 Bened.	21	21 Crp. Chr.
22 Vincent.	22 Cath. P.	22 Vincent.	22 Oculi	22 Pascha	22	22
23	23 Oculi	23	23	23	23	23
24	24	24	24 Matthie	24	24	24 r. p. Tr.
25 Conv. P.	25 Matthie	25 Exurge	25	25 An. Mar.	25 Marci	25 Urbani
26 Exurge	26	26	26	26	26 Voc. joc.	26
27	27	27	27	27	27	27
28	28	28	28	28	28	28
29	29	29		29 Quasim.	29	29
30		30		30	30 Asc. dni.	30
31		31		31		31 Petron.

Juni	Juli	August	Septbr.	October	Novbr.	Decbr.
1	1	1 Vinc. P.	1 Egidii	1 Remigii	1 Omn. ss.	1
2 Mar.etP.	2 Vis.Mar.	2 Steph. p.	2	2	2 Co.anim.	2
3	3	3 Inv. Ste.	3	3	3	3
4	4 Udalrici	4	4	4 20.p.Tr.	4	4 Barbare
5 Bonifac.	5 7. p. Tr.	5 Oswaldi	5	5	5	5
6	6 8.Apost.	6	6 16.p.Tr.	6 8. Mich.	6	6 Nicolai
7 3. p. Tr.	7	7	7	7	7	7
8	8 Kiliani	8	8 Nat.Mar.	8	8 8.Omn.s.	8 Con.Mar.
9 Pr.etFel.	9	9 12.p.Tr.	9	9 Dionysii	9	9
10	10 7 fratr.	10 Laurent.	10	10	10	10
11 Barnabe	11	11	11 Prot.etJ.	11 21.p.Tr.	11 Mart. ep.	11
12	12 8. p. Tr.	12	12	12	12	12
13	13	13	13 17.p.Tr.	13	13 Briccii	13 Lucie
14 4. p. Tr.	14	14	14 Ex. cruc.	14	14	14
15 Viti	15 Div. Ap.	15 Ass.Mar.	15	15	15 26.p.Tr.	15
16	16	16 13.p.Tr.	16 Quatbr.	16 Galli	16	16 Quatbr.
17	17	17 8. Laur.	17 Lamb.	17	17	17
18	18	18	18	18 Luce	18 8. Mart.	18
19 Grv.etP.	19 9. p. Tr.	19	19	19	19 Elisab.	19
20	20	20	20 18.p.Tr.	20	20	20 4. Adv.
21 5. p. Tr.	21 Praxed.	21	21 Matthei	21 Und.m.v.	21	21 Thome
22	22 M.Magd.	22 8.Ass.M.	22 Mauritii	22	22 Cecilie	22
23	23	23 14.p.Tr.	23	23	23 Clement.	23
24 Joh. bpt.	24	24 Barthol.	24	24	24	24
25	25 Jacobi	25	25	25 23.p.Tr.	25 Kathar.	25 Nat. dni.
26 Joh.et P.	26 Anne	26	26	26	26	26 Steph.
27	27	27	27 Csm.etD.	27	27	27 Joh. ev.
28 6. p. Tr.	28	28	28	28 Sim.et J.	28	28 Innoc.
29 Pet. et P.	29	29 Dec.Joh.	29 Michael.	29	29 1. Adv.	29 Thm. ep.
30 Co.Pauli	30 Abd.etS.	30 Fel.et A.	30 Jeron.	30	30 Andree	30
	31	31		31		31 Sylvestri

A. S. 878. 889. 973. 984*. 1068*. 1231. 1315. 1326. 1410. 1421. 1505. 1516*. 1600*.

Schaltjahr Januar	Schaltjahr Februar	Januar	Februar	März	April	Mai
1 Circ. dni.	1	1 Circ. dni.	1	1	1	1 Asc. dni.
2 8. Steph.	2 Pur. Mar.	2 8. Steph.	2 Esto m.	2 Letare	2	2
3 8. Joh. e.	3 Esto m.	3 8. Joh. e.	3	3	3	3 Inv. cruc.
4 8. Innoc.	4	4 8. Innoc.	4	4	4 Ambros.	4 Exaudi
5	5 Agathe	5	5 Cap. jej.	5	5	5
6 Epiph.	6 Cap. jej.	6 Epiph.	6	6	6 Mis. dni.	6 Joh. a. p. l.
7	7	7	7	7 Prp. et F.	7	7
8	8	8	8	8	8	8
9	9 Apollon.	9	9 Invoc.	9 Judica	9	9
10 Pauli er.	10 Invoc.	10 Pauli er.	10 Scholast.	10	10	10 Grd. et E.
11	11	11	11	11	11	11 Pentec.
12	12	12	12 Quatbr.	12 Gregorii	12	12 Pancrat.
13 8. Epiph.	13 Quatbr.	13 8. Epiph.	13	13	13 Jubilate	13
14 Felicis	14 Valent.	14 Felicis	14 Valent.	14	14 Tib. et V.	14 Quatbr.
15	15	15	15	15	15	15
16 Marcelli	16 Juliane	16 Marcelli	16 Remin.	16 Palmar.	16	16
17 Antonii	17 Remin.	17 Antonii	17	17 Gertrud.	17	17
18 Prisce	18	18 Prisce	18	18	18	18 Trinit.
19	19	19 Circumd.	19	19	19	19
20 Circumd.	20	20 Fab. et S.	20	20 Cenadni	20 Cantate	20
21 Agnetis	21	21 Agnetis	21	21 Parasc.	21	21
22 Vincent.	22 Cath. P.	22 Vincent.	22 Cath. P.	22	22	22 Crp. Chr.
23	23	23	23 Oculi	23 Pascha	23	23
24	24 Oculi	24	24 Matthie	24	24	24
25 Conv. P.	25 Matthie	25 Conv. P.	25	25 An. Mar.	25 Marci	25 Urbani
26	26	26 Exurge	26	26	26	26
27 Exurge	27	27	27	27	27 Voc. joc.	27
28	28	28	28	28	28	28
29	29	29		29	29	29
30		30		30 Quasim.	30	30
31		31		31		31 Petron.

N. S. 1636*. 1704*. 1788*. 1845. 1856*. 1913.

Juni		Juli		August		Septbr.		October		Novbr.		Decbr.	
1	2. p. Tr.	1		1	Vinc. P.	1	Egidii	1	Remigii	1	Omn. ss.	1	
2	Mar.etP.	2	Vis.Mar.	2	Steph. p.	2		2		2	Co.anim.	2	
3		3		3	Inv. Ste.	3		3		3		3	
4		4	Udalrici	4		4		4		4		4	Barbare
5	Bonifac.	5		5	Oswaldi	5		5	20. p. Tr.	5		5	
6		6	3. Apost.	6		6		6	8. Mich.	6		6	Nicolai
7		7		7		7	16. p. Tr.	7		7		7	2. Adv.
8	3. p. Tr.	8	Kiliani	8		8	Nat.Mar.	8		8	8.Omn.s.	8	Con.Mar.
9	Pr.etFel.	9		9		9		9	Dionysii	9	25.p. Tr.	9	
10		10	7 fratr.	10	Laurent.	10		10		10		10	
11	Barnabe	11		11		11	Prot.etJ.	11		11	Mart. ep.	11	
12		12		12		12		12	21. p. Tr.	12		12	
13		13	8. p. Tr.	13		13		13		13	Briccii	13	Lucie
14		14		14		14	Ex. cruc.	14		14		14	3. Adv.
15	Viti	15	Div. Ap.	15	Ass.Mar.	15		15		15		15	
16		16		16		16		16	Galli	16	26.p. Tr.	16	
17		17		17	8. Laur.	17	Lmb.Qu.	17		17		17	Quatbr.
18		18		18		18		18	Luce	18	8. Mart.	18	
19	Grv.etP.	19		19		19		19	22. p. Tr.	19	Elisab.	19	
20		20	9. p. Tr.	20		20		20		20		20	
21		21	Praxed.	21		21	Matthei	21	Und.m.v.	21		21	Thome
22	5. p. Tr.	22	M.Magd.	22	8.Ass.M.	22	Mauritii	22		22	Cecilie	22	
23		23		23		23		23		23	Clement.	23	
24	Joh. bpt.	24		24	Barthol.	24		24		24		24	
25	Joh.et P.	25	Jacobi	25		25		25		25	Kathar.	25	Nat. dni.
26		26	Anne	26		26		26	23. p. Tr.	26		26	Steph.
27		27	10. p. Tr.	27		27	Csm.etD.	27		27		27	Joh. ev.
28		28		28		28	19. p. Tr.	28	Sim.et J.	28		28	Innoc.
29	Pet.etP.	29		29	Dec.Joh.	29	Michael.	29		29		29	Thm. ep.
30	Co.Pauli	30	Abd.etS.	30	Fel. et A.	30	Jeron.	30		30	Andree	30	
		31		31	15. p. Tr.			31				31	Sylvestri

A. S. 821. 832*. 916*. 1079. 1163. 1174. 1258. 1269. 1353. 1364*. 1448*. 1611. 1695.

Schaltjahr Januar	Schaltjahr Februar	Januar	Februar	März	April	Mai
1 Circ. dni.	1	1 Circ. dni.	1	1	1	1 Phil.et J.
2 8. Steph.	2 Pur.Mar.	2 8. Steph.	2 Pur.Mar.	2	2	2 Asc. dni.
3 8. Joh. e.	3	3 8. Joh.e.	3 Esto m.	3 Letare	3	3 Inv.cruc.
4 8. Innoc.	4 Esto m.	4 8. Iunoc.	4	4	4 Ambros.	4
5	5 Agathe	5	5 Agathe	5	5	5 Exaudi
6 Epiph.	6	6 Epiph.	6 Cap. jej.	6	6	6 Joh.a.p.l.
7	7 Cap. jej.	7	7	7 Prp.et F.	7 Mis. dni.	7
8	8	8	8	8	8	8
9	9 Apollon.	9	9 Apollon.	9	9	9
10 Pauli er.	10 Scholast.	10 Pauli er.	10 Invoc.	10 Judica	10	10 Grd.et E.
11	11 Invoc.	11	11	11	11	11
12	12	12	12	12 Gregorii	12	12 Pentec.
13 8. Epiph.	13	13 8. Epiph.	13 Quatbr.	13	13	13
14 Felicis	14 Val. Qu.	14 Felicis	14 Valent.	14	14 Jubilate	14
15	15	15	15	15	15	15 Quatbr.
16 Marcelli	16 Juliane	16 Marcelli	16 Juliano	16	16	16
17 Antonii	17	17 Antonii	17 Remin.	17 Palmar.	17	17
18 Prisce	18 Remin.	18 Prisce	18	18	18	18
19	19	19	19	19	19	19 Trinit.
20 Fab.et S.	20	20 Circumd.	20	20	20	20
21 Circumd.	21	21 Agnetis	21	21 Cena dni.	21 Cantate	21
22 Vincent.	22 Cath. P.	22 Vincent.	22 Cath. P.	22 Parasc.	22	22
23	23	23	23	23	23	23 Crp.Chr.
24	24	24	24 Oc. Mtth.	24 Pascha	24	24
25 Conv .P.	25 Oc.Mtth.	25 Conv. P.	25	25 An. Mar.	25 Marci	25 Urbani
26	26	26	26	26	26	26 1. p. Tr.
27	27	27 Exurge	27	27	27	27
28 Exurge	28	28	28	28	28 Voc. joc.	28
29	29	29		29	29	29
30		30		30	30	30
31		31		31 Quasim.		31 Petron.

Juni	Juli	August	Septbr.	October	Novbr.	Decbr.
1	1	1 Vinc. P.	1 Egidii	1 Remigii	1 Omn. ss.	1 1. *Adv.*
2 Mar.etP.	2 Vis.Mar.	2 Steph. p.	2	2	2 Co.anim.	2
3	3	3 Inv. Ste.	3	3	3 24. *p. Tr.*	3
4	4 Udalrici	4 11. *p. Tr.*	4	4	4	4 Burbare
5 Bonifac.	5	5 Oswaldi	5	5	5	5
6	6 8. Apost.	6	6	6 0. Mich.	6	6 Nicolai
7	7 7. *p. Tr.*	7	7	7	7	7
8	8 Kiliani	8	8 Nat.Mar.	8	8 0.Omn.s.	8 Con.Mar.
9 Pr.etFel.	9	9	9	9 Dionysii	9	9
10	10 7 fratr.	10 Laurent.	10	10	10 25. *p. Tr.*	10
11 Barnabe	11	11 12. *p. Tr.*	11 Prot.etJ.	11	11 Mart. ep.	11
12	12	12	12	12	12	12
13	13	13	13	13 21. *p. Tr.*	13 Briccii	13 Lucie
14	14 8. *p. Tr.*	14	14 Ex. cruc.	14	14	14
15 Viti	15 Div. Ap.	15 Ass.Mar.	15 17. *p. Tr.*	15	15	15 3. *Adv.*
16 4. *p. Tr.*	16	16	16	16 Galli	16	16
17	17	17 8. Laur.	17 Lamb.	17	17 26. *p. Tr.*	17
18	18	18 13. *p. Tr.*	18 *Quatbr.*	18 Luce	18 0. Mart.	18 *Quatbr.*
19 Grv.etP.	19	19	19	19	19 Elisab.	19
20	20	20	20	20 22. *p. Tr.*	20	20
21	21 Praxed.	21	21 Matthei	21 Und.m.v.	21	21 Thome
22	22 M.Magd.	22 0. Ass.M.	22 Mauritii	22	22 Cecilie	22 4. *Adv.*
23 5. *p. Tr.*	23	23	23	23	23 Clement.	23
24 Joh. bpt.	24	24 Barthol.	24	24	24 27. *p. Tr.*	24
25	25 Jacobi	25 14. *p. Tr.*	25	25	25 Kathar.	25 Nat. dni.
26 Joh.etP.	26 Anne	26	26	26	26	26 Steph.
27	27	27	27 Csm.etD.	27 23. *p. Tr.*	27	27 Joh. ev.
28	28 10. *p. Tr.*	28	28	28 Sim.et J.	28	28 Innoc.
29 Pet. etP.	29	29 Dec.Joh.	29 Michael.	29	29	29 Thm. ep.
30 Co.Pauli	30 Abd.etS.	30 Fel.etA.	30 Jeron.	30	30 Andree	30
	31	31		31		31 Sylvestri

A. S. 848*. 927. 1011. 1022. 1095. 1106. 1117. 1190. 1201. 1212*. 1285. 1296*.
1380*. 1459. 1543. 1554. 1627. 1638. 1649.

Schaltjahr Januar	Schaltjahr Februar	Januar	Februar	März	April	Mai
1 Circ. dni.	1	1 Circ. dni.	1	1	1 *Quasim.*	1 Phil.et J.
2 s. Steph.	2 Pur.Mar.	2 s. Steph.	2 Pur.Mar.	2	2	2
3 s. Joh. e.	3	3 s. Joh. e.	3	3	3	3 *Asc. dni.*
4 s. Innoc.	4	4 s. Innoc.	4 *Esto m.*	4 *Letare*	4 Ambros.	4
5	5 Agathe	5	5 Agathe	5	5	5
6 Epiph.	6	6 Epiph.	6	6	6	6 *Exoudi*
7	7	7	7 *Cap. jej.*	7 Prp.et F.	7	7
8	8 *Cap. jej.*	8	8	8	8 *Mis. dni.*	8
9	9 Apollon.	9	9 Apollon.	9	9	9
10 Pauli er.	10 Scholast.	10 Pauli er.	10 Scholast.	10	10	10 Grd.et E.
11	11	11	11 *Invoc.*	11 *Judica*	11	11
12	12 *Invoc.*	12	12	12 Gregorii	12	12 Pancrat.
13 s. Epiph.	13	13 s. Epiph.	13	13	13	13 *Pentec.*
14 Felicis	14 Valent.	14 Felicis	14 *Qu.* Val.	14	14 Tib. et V.	14
15	15	15	15	15	15 *Jubilate*	15
16 Marcelli	16 Juliane	16 Marcelli	16 Juliane	16	16	16 *Quatbr.*
17 Antonii	17	17 Antonii	17	17 Gertrud.	17	17
18 Prisce	18	18 Prisce	18	18 *Palmar.*	18	18
19	19 *Remin.*	19	19 *Remin.*	19	19	19
20 Fab.et S.	20	20 Fab.et S.	20	20	20	20 *Trinit.*
21 Agnetis	21	21 *Circumd.*	21	21 Bened.	21	21
22 *Circumd.*	22 Cath. P.	22 Vincent.	22 Cath. P.	22 *Cena dni.*	22 *Cantate*	22
23	23	23	23	23 *Parasc.*	23	23 *Crp.Chr.*
24	24	24	24 Matthie	24	24	24 Urbani
25 Conv. P.	25 Matthie	25 Conv. P.	25 *Oculi*	25 *Pascha*	25 Marci	25
26	26 *Oculi*	26	26	26	26	26
27	27	27	27	27	27	27 *I. p. Tr.*
28	28	28 *Exurge*	28	28	28	28
29 *Exurge*	29	29	29	29	29 *Voc. joc.*	29
30		30	30	30	30	30
31		31	31	31		31 Petron.

Juni		Juli		August		Septbr.		October		Novbr.		Decbr.	
1		1	6. p. Tr.	1	Vinc. P.	1	Egidii	1	Remigii	1	Omn. ss.	1	
2	Mar.etP.	2	Vis.Mar.	2	Steph. p.	2	15.p.Tr.	2		2	Co.anim.	2	1. Adv.
3	2. p. Tr.	3		3	Inv. Ste.	3		3		3		3	
4		4	Udalrici	4		4		4		4	24.p.Tr.	4	Barbare
5	Bonifac.	5		5	Oswaldi	5		5		5		5	
6		6	8. Apost.	6		6		6	8. Mich.	6		6	Nicolai
7		7		7		7		7	20.p.Tr.	7		7	
8		8	Kiliani	8		8	Nat.Mar.	8		8	8.Omn.s.	8	Con.Mar.
9	Pr.etFel.	9		9		9	16.p.Tr.	9	Dionysii	9		9	2. Adv.
10	3. p. Tr.	10	7 fratr.	10	Laurent.	10		10		10		10	
11	Barnabe	11		11		11	Prot.etJ.	11		11	Mart. ep.	11	
12		12		12	12.p.Tr.	12		12		12		12	
13		13		13		13		13		13	Briccii	13	Lucie
14		14		14		14	Ex. cruc.	14	21.p.Tr.	14		14	
15	Viti	15	Div. Ap.	15	Ass.Mar.	15		15		15		15	
16		16		16		16	17.p.Tr.	16	Galli	16		16	3. Adv.
17	4. p. Tr.	17		17	8. Laur.	17	Lamb.	17		17		17	
18		18		18		18		18	Luce	18	8. Mart.	18	
19	Grv.et P.	19		19	13.p.Tr.	19	Quatbr.	19		19	Elisab.	19	Quatbr.
20		20		20		20		20		20		20	
21		21	Praxed.	21		21	Matthei	21	Und.m.v.	21		21	Thome
22		22	M.Magd.	22	8.Ass.M.	22	Mauritii	22		22	Cecilie	22	
23		23		23		23	18.p.Tr.	23		23	Clement.	23	4. Adv.
24	Joh. bpt.	24		24	Barthol.	24		24		24		24	
25		25	Jacobi	25		25		25		25	Kathar.	25	Nat. dni.
26	Joh.et P.	26	Anne	26	14.p.Tr.	26		26		26		26	Steph.
27		27		27		27	Csm.etD.	27		27		27	Joh. ev.
28		28		28		28		28	Sim.et J.	28		28	Innoc.
29	Pet. et P.	29	10. p.Tr.	29	Dec.Joh.	29	Michael.	29		29		29	Thm. ep.
30	Co. Pauli	30	Abd.etS.	30	Fel.et A.	30	Jeron.	30		30	Andreu	30	
		31		31				31				31	Sylvestri

A. S. 859. 870. 943. 954. 965. 1027. 1038. 1049. 1060*. 1122. 1133. 1144*. 1217. 1228*. 1307. 1312*. 1391. 1402. 1475. 1486. 1497. 1559. 1570. 1581. 1592*. 1654. 1665. 1676*.

	Schaltjahr		Januar	Februar	März	April	Mai
	Januar	Februar					
1	Circ. dni.		Circ. dni.	Pur. Mar.			Phil. et J.
2	s. Steph.	Pur. Mar.	o. Steph.		.	Quasim.	Inv. cruc.
3	s. Joh. e		s. Joh. e.				Inv. cruc.
4	s. Innoc.		s. Innoc.			Ambros.	Asc. dni.
5		Agathe		Esto m.	Letare		
6	Epiph.	Esto m.	Epiph.				Joh. a. p. l.
7					Prp. et F.		Exaudi
8				Cap. jej.			
9		Cap. jej.		Apollon.		Mis. dni.	
10	Pauli er.	Scholast.	Pauli er.	Scholast.			Grd. et E.
11							
12				Invoc.	Judica	.	Pancrat.
13	s. Epiph.	Invoc.	s. Epiph.				
14	Felicis	Valent.	Felicis	Valent.		Tib. et V.	Pentec.
15				Quatbr.			
16	Marcelli	Qu. Jul.	Marcelli	Juliane		Jubilate	
17	Antonii		Antonii		Gertrud.		Quatbr.
18	Prisce		Prisce				
19				Remin.	Palmar.		
20	Fab. et S.	Remin.	Fab. et S.				
21	Agnetis		Agnetis		Bened.		Trinit.
22	Vincent.	Cath. P.	Circumd.	Cath. P.			
23	Circumd.				Cena dni.	Cantate	
24				Matthie	Parasc.		
25	Conv. P.	Matthie	Conv. P.		An. Mar.	Marci	Crp. Chr.
26				Oculi	Pascha		
27		Oculi					
28							i. p. Tr.
29			Exurge				
30	Exurge					Voc. joc.	
31							Petron.

N. S. 1595. 1636. 1617. 1690. 1758. 1769. 1780*. 1815. 1826. 1837. 1967. 1978. 1989.

Juni		Juli		August		Septbr.		October		Novbr.		Decbr.	
1		1		1	Vinc. P.	1	Egidii	1	Remigii	1	Omn. ss.	1	
2	Mar.etP.	2	Vis.Mar.	2	Steph. p.	2		2		2	Co.anim.	2	
3		3		3	Inv. Ste.	3	15.p.Tr.	3		3		3	1. Adv.
4	2. p. Tr.	4	Udalrici	4		4		4		4		4	Barbare
5	Bonifac.	5		5	Oswaldi	5		5		5	24.p.Tr.	5	
6		6	8. Apost.	6	11.p.Tr.	6		6	8. Mich.	6		6	Nicolai
7		7		7		7		7		7		7	
8		8	Kiliani	8		8	Nat.Mar.	8	20.p.Tr.	8	8.Omn.s.	8	Con.Mar.
9	Pr.etFel.	9	7. p. Tr.	9		9		9	Dionysii	9		9	
10		10	7 fratr.	10	Laurent.	10	16.p.Tr.	10		10		10	2. Adv.
11	Barnabe	11		11		11	Prot.etJ.	11		11	Mart. ep.	11	
12		12		12		12		12		12	25.p.Tr.	12	
13		13		13	12.p.Tr.	13		13		13	Briccii	13	Lucie
14		14		14		14	Ex. cruc.	14		14		14	
15	Viti	15	Div. Ap.	15	Ass.Mar.	15		15	21.p.Tr.	15		15	
16		16	8. p. Tr.	16		16		16	Galli	16		16	
17		17		17	8. Laur.	17	Lamb.	17		17		17	3. Adv.
18	4. p. Tr.	18		18		18		18	Luce	18	8. Mart.	18	
19	Grv.etP.	19		19		19		19		19	Elisab.	19	
20		20		20	13.p.Tr.	20	Quatbr.	20		20		20	Quatbr.
21		21	Praxed.	21		21	Matthei	21	Und.m.v.	21		21	Thome
22		22	M.Magd.	22	8.Ass.M.	22	Mauritii	22		22	22.p.Tr.	22	Cecilie
23		23	9. p. Tr.	23		23		23		23	Clement.	23	
24	Joh. bpt.	24		24	Barthol.	24	18.p.Tr.	24		24		24	4. Adv.
25	5. p. Tr.	25	Jacobi	25		25		25		25	Kathar.	25	Nat. dni.
26	Joh.et P.	26	Anne	26		26		26		26	27.p.Tr.	26	Steph.
27		27		27	14.p.Tr.	27	Csm.etD.	27		27		27	Joh. ev.
28		28		28		28		28	Sim.et J.	28		28	Innoc.
29	Pet.etP.	29		29	Dec.Joh.	29	Michael.	29	23.p.Tr.	29		29	Thm. ep.
30	Co.Pauli	30	Abd.etS.	30	Fel.et A.	30	Jeron.	30		30	Andree	30	
		31		31				31				31	Sylvestri

A. S. 802. 813. 875. 886. 897. 908*. 970. 981. 992*. 1065. 1076*. 1155. 1160*.
1239. 1250. 1323. 1334. 1345. 1407. 1418. 1429. 1440*. 1502. 1513. 1524*. 1597.
1608*. 1687. 1692*.

| Schaltjahr | | Januar | Februar | März | April | Mai |
Januar	Februar					
1 Circ.dni.	1	1 Circ.dni.	1	1	1	1 *Voc. joc.*
2 s. Steph.	2 Pur.Mar.	2 0. Steph.	2 Pur.Mar.	2	2	2
3 s. Joh. e.	3	3 0. Joh. e.	3	3	3 *Quasim.*	3 *Inv.cruc.*
4 0. Innoc.	4	4 0. Innoc.	4	4	4 Ambros.	4
5	5 Agathe	5	5 Agathe	5	5	5 *Asc. dni.*
6 Epiph.	6	6 Epiph.	6 *Esto m.*	6 *Letare*	6	6 Joh.ap.l.
7	7 *Esto m.*	7	7	7 Prp.et F.	7	7
8	8	8	8	8	8	8 *Exaudi*
9	9 Apollon.	9	9 *Cap. jej.*	9	9	9
10 Pauli er.	10 *Cap. jej.*	10 Pauli er.	10 Scholast.	10	10 *Mis. dni.*	10 *Grd.etE.*
11	11	11	11	11	11	11
12	12	12	12	12 Gregorii	12	12 Pancrat.
13 s. Epiph.	13	13 0. Epiph.	13 *Invoc.*	13 *Judica*	13	13
14 Felicis	14 *Invoc.*	14 Felicis	14 Valent.	14	14 Tib.et V.	14
15	15	15	15	15	15	15 *Pentec.*
16 Marcelli	16 Juliane	16 Marcelli	16 *Quatbr.*	16	16	16
17 Antonii	17 *Quatbr.*	17 Antonii	17	17 Gertrud.	17 *Jubilate*	17
18 Prisce	18	18 Prisce	18	18	18	18 *Quatbr.*
19	19	19	19	19	19	19
20 Fab.et S.	20	20 Fab.et S.	20 *Remin.*	20 *Palmar.*	20	20
21 Agnetis	21 *Remin.*	21 Agnetis	21	21 Bened.	21	21
22 Vincent.	22 Cath. P.	22 Vincent.	22 Cath. P.	22	22	22 *Trinit.*
23	23	23 *Circumd.*	23	23	23	23
24 *Circumd.*	24	24	24 Matthie	24 *Cena dni.*	24 *Cantate*	24
25 Conv. P.	25 Matthie	25 Conv. P.	25	25 *Parasc.*	25 Marci	25 Urbani
26	26	26	26	26	26	26 *Crp.Chr.*
27	27	27	27 *Oculi*	27 *Pascha*	27	27
28	28 *Oculi*	28	28	28	28	28
29	29	29	29	29	29	29 *1. p. Tr.*
30		30 *Exurge*		30	30	30
31 *Exurge*		31		31		31 Petron.

N. S. 1622. 1633. 1644*. 1701. 1712*. 1785. 1796*. 1842. 1853. 1864*. 1910. 1921. 1932*.

Juni	Juli	August	Septbr.	October	Novbr.	Decbr.
1	1	1 Viuc. P.	1 Egidii	1 Remigii	1 Omn. ss.	1
2 Mar.etP.	2 Vis.Mar.	2 Steph. p.	2	2 *19.p.Tr.*	2 Co.anim.	2
3	3 *6. p. Tr.*	3 Inv. Ste.	3	3	3	3
4	4 Udalrici	4	4 *15.p.Tr.*	4	4	4 Barbare
5 Bonifac.	5	5 Oswaldi	5	5	5	5
6	6 8. Apost.	6	6	6 8. Mich.	6 *24.p.Tr.*	6 Nicolai
7	7	7 *11.p.Tr.*	7	7	7	7
8	8 Kiliani	8	8 Nat.Mar.	8	8 8.Omn.s.	8 Con.Mar.
9 Pr.etFel.	9	9	9	9 Dionysii	9	9
10	10 7 fratr.	10 Laurent.	10	10	10	10
11 Barnabe	11	11	11 Prot.etJ.	11	11 Mart.ep.	11 *3. Adv.*
12 *3. p. Tr.*	12	12	12	12	12	12
13	13	13	13	13	13 Briccii	13 Lucie
14	14	14 *12. p.Tr.*	14 Ex. cruc.	14	14	14 *Quatbr.*
15 Viti	15 Div. Ap.	15 Ass.Mar.	15	15	15	15
16	16	16	16	16 Galli	16	16
17	17 8. p. Tr.	17 8. Laur.	17 Lamb.	17	17	17
18	18	18	18 *17.p.Tr.*	18 Luce	18 8. Mart.	18 *4. Adv.*
19 Grv.etP.	19	19	19	19	19 Elisab.	19
20	20	20	20	20	20 *26.p.Tr.*	20
21	21 Praxed.	21 *13.p.Tr.*	21 *Qu.*Mtth.	21 Und.m.v.	21	21 Thome
22	22 M.Magd.	22 8.Ass.M.	22 Mauritii	22	22 Cecilie	22
23	23	23	23	23 *22.p.Tr.*	23 Clement.	23
24 Joh. bpt.	24 *9. p. Tr.*	24 Barthol.	24	24	24	24
25	25 Jacobi	25	25 *10.p.Tr.*	25	25 Kathar.	25 Nat. dni.
26 Joh.et P.	26 Anne	26	26	26	26	26 Steph.
27	27	27	27 Csm.etD.	27	27 *1. Adv.*	27 Joh. ev.
28	28	28 *14.p.Tr.*	28	28 Sim.et J.	28	28 Innoc.
29 Pet.et P.	29	29 Dec.Joh.	29 Michael.	29	29	29 Thm. ep.
30 Co.Pauli	30 Abd.etS.	30 Fel.et A.	30 Jeron.	30 *23.p.Tr.*	30 Andree	30
	31 *10. p.Tr.*	31		31		31 Sylvestri

A. S. 807. 818. 829. 840*. 902. 913. 924*. 997. 1003. 1008*. 1087. 1092*. 1090.
1171. 1182. 1193. 1255. 1266. 1277. 1280*. 1339. 1350. 1361. 1372*. 1434. 1445.
1456*. 1529. 1535. 1540*. 1619. 1624*. 1630.

	Schaltjahr		Januar		Februar		März		April		Mai
	Januar	Februar									
1	Circ. dni.	Exurge	Circ. dni.							Phil.et J.	
2	o. Steph.	Pur.Mar.	o. Steph.	Pur.Mar.						Voc. joc.	
3	o. Joh. e.		o. Joh. e.							Inv.cruc.	
4	o. Innoc.	Agathe	o. Innoc.					Quasim.			
5				Agathe							
6	Epiph.		Epiph.							Asc. dni.	
7				Esto m.	Letare						
8		Esto m.									
9		Apollon.		Apollon.						Exaudi	
10	Pauli er.	Scholast.	Pauli er.	Cap. jej.						Grd.et E.	
11		Cap. jej.					Mis. dni.				
12					Gregorii					Pancrat.	
13	o. Epiph.		o. Epiph.								
14	Felicia	Valent.	Felicia	Invoc.	Judica		Tib.et V.				
15		Invoc.									
16	Marcelli	Juliane	Marcelli	Juliane					Pentec.		
17	Antonii			Quatbr.	Gertrud.						
18	Prisce	Quatbr.	Prisce				Jubilate				
19									Quatbr.		
20	Fab.et S.		Fab.et S.								
21	Agnetis		Agnetis	Remin.	Palmar.						
22	Vincent.	Remin.	Vincent.	Cath. P.							
23									Trinit.		
24		Matthie	Circumd.	Matthie							
25	Circumd.		Conv. P.		Cenadni.	Cantate			Urbani		
26					Parasc.						
27									Crp.Chr.		
28				Oculi	Pascha						
29		Oculi									
30									1. p. Tr.		
31			Exurge						Petron.		

N. S. 1655. 1663*. 1717. 1723. 1728*. 1869. 1875. 1880*. 1937. 1948*.

Juni	Juli	August	Septbr.	October	Novbr.	Decbr.
1	1	1 Vinc. P.	1 Egidii	1 Remigii	1 Omn. ss.	1
2 Mar.etP.	2 Vis.Mar.	2 Steph. p.	2	2	2 Co.anim.	2
3	3	3 Inv. Ste.	3	3 19.p.Tr.	3	3
4	4 Udalrici	4	4	4	4	4 Barbare
5 Bonifac.	5	5 Oswaldi	5 15.p.Tr.	5	5	5 2. Adr.
6 2.p.Tr.	6 8. Apost.	6	6	6 8. Mich.	6	6 Nicolai
7	7	7	7	7	7 24.p.Tr.	7
8	8 Kiliani	8 11.p.Tr.	8 Nat.Mar.	8	8 8.Omn.s.	8 Con.Mar.
9 Pr.etFel.	9	9	9	9 Dionysii	9	9
10	10 7 fratr.	10 Laurent.	10	10 20.p.Tr.	10	10
11 Barnabe	11 7. p. Tr.	11	11 Prot.etJ.	11	11 Mart.ep.	11
12	12	12	12 16.p.Tr.	12	12	12 3. Adr.
13 3. p. Tr.	13	13	13	13	13 Briccii	13 Lucie
14	14	14	14 Ex. cruc.	14	14 25.p.Tr.	14
15 Viti	15 Div. Ap.	15 Ass.Mar.	15 Quatbr.	15	15	15 Quatbr.
16	16	16	16	16 Galli	16	16
17	17	17 8. Laur.	17 Lamb.	17 21.p.Tr.	17	17
18	18 8. p. Tr.	18	18	18 Luce	18 8. Mart.	18
19 Grv.etP.	19	19	19 17.p.Tr.	19	19 Elisab.	19 4. Adv.
20 4.p.Tr.	20	20	20	20	20	20
21	21 Praxed.	21	21 Matthei	21 Und.m.v.	21 26.p.Tr.	21 Thome
22	22 M.Magd.	22 9.Ass.M.	22 Mauritii	22	22 Cecilie	22
23	23	23	23	23	23 Clement.	23
24 Joh. bpt.	24	24 Barthol.	24	24 22.p.Tr.	24	24
25	25 Jacobi	25	25	25	25 Kathar.	25 Nat. dni.
26 Joh.etP.	26 Anne	26	26 18.p.Tr.	26	26	26 Steph.
27 5. p. Tr.	27	27	27 Csm.etD.	27	27	27 Joh. ev.
28	28	28	28	28 Sim.et J.	28 1. Adr.	28 Innoc.
29 Pet.etP.	29	29 Dec.Joh.	29 Michael.	29	29	29 Thm. ep.
30 Co.Pauli	30 Abd.etS.	30 Fel.et A.	30 Jeron.	30	30 Andree	30
	31	31		31 23.p.Tr.		31 Sylvestri

A. S. 845. 856*. 935. 940*. 1019. 1030. 1103. 1114. 1125. 1187. 1198. 1209. 1220*. 1282. 1293. 1304*. 1377. 1388*. 1467. 1472*. 1551. 1562. 1635. 1646. 1657.

	Schaltjahr			Januar		Februar		März		April		Mai
	Januar		**Februar**									
1	Circ. dni.	1		1	Circ. dni.	1	*Exurge*	1	*Oculi*	1		1	Phil. et J.
2	S. Steph.	2	Pur. Mar.	2	S. Steph.	2	Pur. Mar.	2		2		2	
3	S. Joh. e.	3		3	S. Joh. e.	3		3		3		3	*Voc. joc.*
4	S. Innoc.	4		4	S. Innoc.	4		4		4	Ambros.	4	
5		5	Agathe	5		5	Agathe	5		5	*Quasim.*	5	
6	Epiph.	6		6	Epiph.	6		6		6		6	Joh. ap. l.
7		7		7		7		7	Prp. et F.	7		7	*Asc. dni.*
8		8		8		8	*Esto m.*	8	*Letare*	8		8	
9		9	*Esto m.*	9		9	Apollon.	9		9		9	
10	Pauli er.	10	Scholast.	10	Pauli er.	10	Scholast.	10		10		10	*Exaudi*
11		11		11		11	*Cap. jej.*	11		11		11	
12		12	*Cap. jej.*	12		12		12	Gregorii	12	*Mis. dni.*	12	Pancrat.
13	S. Epiph.	13		13	S. Epiph.	13		13		13		13	
14	Felicis	14	Valent.	14	Felicis	14	Valent.	14		14	Tib. et V.	14	
15		15		15		15	*Invoc.*	15	*Judica*	15		15	
16	Marcelli	16	*Invoc.*	16	Marcelli	16	Juliane	16		16		16	
17	Antonii	17		17	Antonii	17		17	Gertrud.	17		17	*Pentec.*
18	Prisce	18		18	Prisce	18	*Quatbr.*	18		18		18	
19		19	*Quatbr.*	19		19		19		19	*Jubilate*	19	
20	Fab. et S.	20		20	Fab. et S.	20		20		20		20	*Quatbr.*
21	Agnetis	21		21	Agnetis	21		21	Bened.	21		21	
22	Vincent.	22	Cath. P.	22	Vincent.	22	*Remin.*	22	*Palmar.*	22		22	
23		23	*Remin.*	23		23		23		23		23	
24		24		24		24	Matthie	24		24		24	*Trinit.*
25	Conv. P.	25	Matthie	25	*Circumd.*	25		25	An. Mar.	25	Marci	25	Urbani
26	*Circumd.*	26		26		26		26	*Cenadni.*	26	*Cantate*	26	
27		27		27		27		27	*Parasc.*	27		27	
28		28		28		28		28		28		28	*Crp. Chr.*
29		29		29				29	*Pascha*	29		29	
30				30				30		30		30	
31				31				31				31	Petron.

N. S. 1587. 1592*. 1671. 1682. 1739. (1744* Prot.) 1750. 1807. 1812*. 1891. 1959. 1964*. 1970.

Tag	Juni	Juli	August	Septbr.	October	Novbr.	Decbr.
1			Vinc. P.	Egidii	Remigii	Omn. ss.	
2	Mar.etP.	Vis.Mar.	Steph. p.			Co.anim.	
3			Inv. Ste.				
4		Udalrici			19.p.Tr.		Barbare
5	Bonifac.	6. p. Tr.	Oswaldi				
6		8. Apost.		15.p.Tr.	0. Mich.		Nicolai
7	2. p. Tr.						
8		Kiliani		Nat.Mar.		8.Omn.s.	Con.Mar.
9	Pr.etFel.		11.p.Tr.		Dionysii		
10		7 fratr.	Laurent.				
11	Barnabe			Prot.etJ.	20.p.Tr.	Mart. ep.	
12		7. p. Tr.					
13				16.p.Tr.		Briccii	Lucie
14	3. p. Tr.			Ex. cruc.			
15	Viti	Div. Ap.	Ass.Mar.			25.p.Tr.	
16			12.p.Tr.	Quatbr.	Galli		Quatbr.
17			8. Laur.	Lamb.			
18					Luce	0. Mart.	
19	Grv.etP.	8. p. Tr.				Elisab.	
20				17.p.Tr.			4. Adv.
21	4. p. Tr.	Praxed.		Matthei	Und.m.v.		Thome
22		M.Magd.	0.Ass.M.	Mauritii		Cecilie	
23			13.p.Tr.			Clement.	
24	Joh. bpt.		Barthol.				
25		Jacobi			22.p.Tr.	Kathar.	Nat. dni.
26	Joh.etP.	Anne					Steph.
27				Csm.etD.			Joh. ev.
28	5. p. Tr.				Sim.et J.		Innoc.
29	Pet. et P.		Dec.Joh.	Michael		1. Adv.	Thm. ep.
30	Co.Pauli	Abd.etS.	Fel.etA.	Jeron.		Andree	
31							Sylvestri

A. S. 867. 872*. 951. 962. 1035. 1046. 1057. 1119. 1130. 1141. 1152*. 1214. 1225. 1236*. 1309. 1320*. 1399. 1404*. 1483. 1494. 1567. 1578. 1589. 1651. 1662. 1673. 1684*.

Schaltjahr Januar		Schaltjahr Februar		Januar		Februar		März		April		Mai	
1	Circ. dni.	1		1	Circ. dni.	1		1		1		1	Phil.et J.
2	8. Steph.	2	Pur. Mar.	2	8. Steph.	2	*Exurge*	2	*Oculi*	2		2	
3	8. Joh. e.	3	*Exurge*	3	8. Joh. e.	3		3		3		3	Inv. cruc.
4	8. Innoc.	4		4	8. Innoc.	4		4		4	Ambros.	4	*Voc. joc.*
5		5	Agathe	5		5	Agathe	5		5		5	
6	Epiph.	6		6	Epiph.	6		6		6	*Quasim.*	6	Joh.a.p.l.
7		7		7		7		7	Prp.et F.	7		7	
8		8		8		8		8		8		8	*Asc. dni.*
9		9	Apollon.	9		9	*Esto m.*	9	*Letare*	9		9	
10	Pauli er.	10	*Esto m.*	10	Pauli er.	10	Scholast.	10		10		10	Grd.et E.
11		11		11		11		11		11		11	*Exaudi*
12		12		12		12	*Cap. jej.*	12	Gregorii	12		12	Pancrat.
13	8. Epiph.	13	*Cap. jej.*	13	8. Epiph.	13		13		13	*Mis. dni.*	13	
14	Felicis	14	Valent.	14	Felicis	14	Valent.	14		14	Tib. et V.	14	
15		15		15		15		15		15		15	
16	Marcelli	16	Juliane	16	Marcelli	16	*Invoc.*	16	*Judica*	16		16	
17	Antonii	17	*Invoc.*	17	Antonii	17		17	Gertrud.	17		17	
18	Prisce	18		18	Prisce	18		18		18		18	*Pentec.*
19		19		19		19	*Quatbr.*	19		19		19	
20	Fab.et S.	20	*Quatbr.*	20	Fab.et S.	20		20		20	*Jubilate*	20	
21	Agnetis	21		21	Agnetis	21		21	Bened.	21		21	*Quatbr.*
22	Vincent.	22	Cath. P.	22	Vincent.	22	Cath. P.	22		22		22	
23		23		23		23	*Remin.*	23	*Palmar.*	23		23	
24		24	*Remin.*	24		24	Matthie	24		24		24	
25	Conv. P.	25	Matthie	25	Conv. P.	25		25	An. Mar.	25	Marci	25	*Trinit.*
26		26		26	Circumd.	26		26		26		26	
27	Circumd.	27		27		27		27	*Cena dni.*	27	*Cantate*	27	
28		28		28		28		28	*Parasc.*	28		28	
29		29		29		29		29		29		29	*Crp.Chr.*
30				30				30	*Pascha*	30		30	
31				31				31				31	Petron.

E.   **30. März.**   **9.**

N. S. 1603. 1614. 1625. 1687. 1690. 1755. 1766. 1777. 1823. 1834. 1902. 1975. 1986. 1997.

	Juni		Juli		August		Septbr.		October		Novbr.		Decbr.
1	1. p. Tr.	1		1	Vinc. P.	1	Egidii	1	Remigii	1	Omn. ss.	1	
2	Mar.etP.	2	Vis.Mar.	2	Steph. p.	2		2		2	Co.anim.	2	
3		3		3	Inv. Ste.	3		3		3		3	
4		4	Udalrici	4		4		4		4		4	Barbare
5	Bonifac.	5		5	Oswaldi	5		5	19. p. Tr.	5		5	
6		6	6. Apost.	6		6		6	8. Mich.	6		6	Nicolai
7		7		7		7	15. p.Tr.	7		7		7	2. Adv.
8	2. p. Tr.	8	Kiliani	8		8	Nat.Mar.	8		8	8.Omn.s.	8	Con.Mar.
9	Pr.etFel.	9		9		9		9	Dionysii	9	24. p.Tr.	9	
10		10	7 fratr.	10	Laurent.	10		10		10		10	
11	Barnabe	11		11		11	Prot.etJ.	11		11	Mart. ep.	11	
12		12		12		12		12	20. p. Tr.	12		12	
13		13	7. p. Tr.	13		13		13		13	Briccii	13	Lucie
14		14		14		14	Ex. cruc.	14		14		14	3. Adv.
15	Viti	15	Div. Ap.	15	Ass.Mar.	15		15		15		15	
16		16		16		16		16	Galli	16	25. p.Tr.	16	
17		17		17	8. Laur.	17	Qu.Lmb.	17		17		17	Quatbr.
18		18		18		18		18	Luce	18	8. Mart.	18	
19	Grv.etP.	19		19		19		19	21. p. Tr.	19	Elisab.	19	
20		20	6. p. Tr.	20		20		20		20		20	
21		21	Praxed.	21		21	Matthei	21	Und.m.v.	21		21	Thome
22	4. p. Tr.	22	M.Magd.	22	8.Ass.M.	22	Mauritii	22		22	Cecilie	22	
23		23		23		23		23		23	Clement.	23	
24	Joh. bpt.	24		24	Barthol.	24		24		24		24	
25		25	Jacobi	25		25		25		25	Kathar.	25	Nat. dni.
26	Joh.etP.	26	Anne	26		26		26	22. p.Tr.	26		26	Steph.
27		27	9. p. Tr.	27		27	Csm.etD.	27		27		27	Joh. ev.
28		28		28		28	18. p.Tr.	28	Sim.et J.	28		28	Innoc.
29	Pet. et P.	29		29	Dec.Joh.	29	Michael.	29		29		29	Thm. ep.
30	Co. Pauli	30	Abd.etS.	30	Fel.et A.	30	Jeron.	30		30	Andree	30	
		31		31	14. p.Tr.			31				31	Sylvestri

A. S. 804*. 810. 883. 894. 905. 967. 978. 989. 1000*. 1051. 1062. 1073. 1084*. 1146. 1157. 1168*. 1241. 1247. 1258*. 1331. 1336*. 1342. 1415. 1426. 1437. 1499. 1510. 1521. 1532*. 1583. 1594. 1605. 1616*. 1678. 1689. 1700*.

Schaltjahr		Januar	Februar	März	April	Mai
Januar	Februar					
1 Circ. dni.	1	1 Circ. dni.	1	1	1	1 Phil.et J.
2 0. Steph.	2 Pur.Mar.	2 0. Steph.	2 Pur.Mar.	2	2	2
3 8. Joh. e.	3	3 8. Joh. e.	3 *Exurge*	3 *Oculi*	3	3 Inv. cruc.
4 0. Innoc.	4 *Exurge*	4 8. Innoc.	4	4	4 Ambros.	4
5	5 Agathe	5	5 Agathe	5	5	5 *Voc. joc.*
6 Epiph.	6	6 Epiph.	6	6	6	6 Joh.a.p.l.
7	7	7	7	7 Prp.et F.	7 *Quasim.*	7
8	8	8	8	8	8	8
9	9 Apollon.	9	9 Apollon.	9	9	9 *Asc. dni.*
10 Pauli er.	10 Scholast.	10 Pauli er.	10 *Esto m.*	10 *Letare*	10	10 Grd.etE.
11	11 *Esto m.*	11	11	11	11	11
12	12	12	12	12 Gregorii	12	12 *Exaudi*
13 0. Epiph.	13	13 0. Epiph.	13 *Cap. jej.*	13	13	13
14 Felicis	14 *Cap. jej.*	14 Felicis	14 Valent.	14	14 *Mis. dni.*	14
15	15	15	15	15	15	15
16 Marcelli	16 Juliane	16 Marcelli	16 Juliane	16	16	16
17 Antonii	17	17 Antonii	17 *Invoc.*	17 *Judica*	17	17
18 Prisce	18 *Invoc.*	18 Prisce	18	18	18	18
19	19	19	19	19	19	19 *Pentec.*
20 Fab.et S.	20	20 Fab. etS.	20 *Quatbr.*	20	20	20
21 Agnetis	21 *Quatbr.*	21 Agnetis	21	21 Bened.	21 *Jubilate*	21
22 Vincent.	22 Cath. P.	22 Vincent.	22 Cath. P.	22	22	22 *Quatbr.*
23	23	23	23	23	23	23
24	24	24	24 *Re.*Mtth.	24 *Palmar.*	24	24
25 Conv. P.	25 *Re.*Mtth.	25 Conv. P.	25	25 An. Mar.	25 Marci	25 Urbani
26	26	26	26	26	26	26 *Trinit.*
27	27	27 *Circumd.*	27	27	27	27
28 *Circumd.*	28	28	28	28 *Cena dni.*	28 *Cantate*	28
29	29	29	29	29 *Parasc.*	29	29
30	30	30	30	30	30	30 *Crp. Chr.*
31	31	31	31	31 *Pascha*		31 Petron.

N. S. 1619. 1630. 1641. 1652*. 1709. 1720*. 1771. 1782. 1793. 1839. 1850. 1061. 1872*. 1907. 1918. 1929. 1991.

Juni	Juli	August	Septbr.	October	Novbr.	Decbr.
1	1	1 Vinc. P.	1 Egidii	1 Remigii	1 Omn. es.	1 1. Adv.
2 Mar.etP.	2 Vis.Mar.	2 Steph. p.	2	2	2 Co.anim.	2
3	3	3 Inv. Ste.	3	3	3 23.p.Tr.	3
4	4 Udalrici		4	4	4	4 Barbare
5 Bonifac.	5	4 10.p.Tr.	5	5	5	5
6	6 8. Apost.	5 Oswaldi	6	6 8. Mich.	6	6 Nicolai
7	7 6. p. Tr.	7	7	7	7	7
8	8 Kiliani	8	8 Nat.Mar.	8	8 0.Omn.s.	8 Con.Mar.
9 Pr.etFel.	9	9	9	9 Dionysii	9	9
10	10 7 fratr.	10 Laurent.	10	10	10 24.p.Tr.	10
11 Barnabe	11	11 11.p.Tr.	11 Prot.etJ.	11	11 Mart.ep.	11
12	12	12	12	12	12	12
13	13	13	13	13 20. p.Tr.	13 Briccii	13 Lucie
14	14 7. p. Tr.	14	14 Ex. cruc.	14	14	14
15 Viti	15 Div. Ap.	15 Ass.Mar.	15 16.p.Tr.	15	15	15 3. Adv.
16 3. p. Tr.	16	16	16	16 Galli	16	16
17	17	17 0. Laur.	17 Lamb.	17	17 25.p.Tr.	17
18	18	18 12.p.Tr.	18 Quatbr.	18 Luce	18 0. Mart.	18 Quatbr.
19 Grv.etP.	19	19	19	19	19 Elisab.	19
20	20	20	20	20 21.p.Tr.	20	20
21	21 Praxed.	21	21 Matthei	21 Und.m.v.	21	21 Thome
22	22 M.Magd.	22 0. Ass.M.	22 Mauritii	22	22 Cecilie	22 4. Adv.
23 4. p. Tr.	23	23	23	23	23 Clement.	23
24 Joh. bpt.	24	24 Barthol.	24	24	24 26.p.Tr.	24
25	25 Jacobi	25 13.p.Tr.	25	25	25 Kathar.	25 Nat. dni.
26 Joh.etP.	26 Anne	26	26	26	26	26 Steph.
27	27	27	27 Csm.etD.	27 22.p.Tr.	27	27 Joh. ev.
28	28 9. p. Tr.	28	28	28 Sim.et J.	28	28 Innoc.
29 Pet. etP.	29	29 Dcc.Joh.	29 Michael.	29	29	29 Thm. ep.
30 Co.Pauli	30 Abd.etS.	30 Fel.etA.	30 Jeron.	30	30 Andree	30
	31	31		31		31 Sylvestri

A. S. 815 826. 837. 899. 910. 921. 932*. 994. 1005. 1016*. 1089. 1100₊. 1179. 1184*. 1863. 1274. 1347. 1358. 1369. 1431. 1442. 1453. 1464*. 1526. 1537. 1548*. 1621. 1632*.

Schaltjahr		Januar	Februar	März	April	Mai
Januar	Februar					
1 Circ. dni.	1	1 Circ. dni.	1	1	1 *Pascha*	1 Phil. et J.
2 8. Steph.	2 Pur.Mar.	2 8. Steph.	2 Pur.Mar.	2	2	2
3 8. Joh. e.	3	3 8. Joh. e.	3	3	3	3 Inv. cruc.
4 8. Innoc.	4	4 8. Innoc.	4 *Exurge*	4 *Oculi*	4 Ambros.	4
5	5 *Exurge*	5	5 Agathe	5	5	5
6 Epiph.	6	6 Epiph.	6	6	6	6 *Voc. joc.*
7	7	7	7	7 Prp. et F.	7	7
8	8	8	8	8	8 *Quasim.*	8
9	9 Apollon.	9	9 Apollon.	9	9	9
10 Pauli er.	10 Scholast.	10 Pauli er.	10 Scholast.	10	10	10 *Asc. dni.*
11	11	11	11 *Esto m.*	11 *Letare*	11	11
12	12 *Esto m.*	12	12	12 Gregorii	12	12 Pancrat.
13 8. Epiph.	13	13 8. Epiph.	13	13	13	13 *Exaudi*
14 Felicis	14 Valent.	14 Felicis	14 *Cap. jej.*	14	14 Tib. et V.	14
15	15 *Cap. jej.*	15	15	15	15 *Mis. dni.*	15
16 Marcelli	16 Juliane	16 Marcelli	16 Juliane	16	16	16
17 Antonii	17	17 Antonii	17	17 Gertrud.	17	17
18 Prisce	18	18 Prisce	18 *Invoc.*	18 *Judica*	18	18
19	19 *Invoc.*	19	19	19	19	19
20 Fab. et S.	20	20 Fab. et S.	20	20	20	20 *Pentec.*
21 Agnetis	21	21 Agnetis	21 *Quatbr.*	21 Bened.	21	21
22 Vincent.	22 Cath. P.	22 Vincent.	22 Cath. P.	22	22 *Jubilate*	22
23	23	23	23	23	23	23 *Quatbr.*
24	24	24	24 Matthie	24	24	24
25 Conv. P.	25 Matthie	25 Conv. P.	25 *Remin.*	25 *Palmar.*	25 Marci	25 Urbani
26	26 *Remin.*	26	26	26	26	26
27	27	27	27	27	27	27 *Trinit.*
28	28	28 *Circumd.*	28	28	28	28
29 *Circumd.*	29	29	29	29 *Cena dni.*	29 *Cantate*	29
30	30	30	30	30 *Parasc.*	30	30
31	31	31	31	31		31 *Crp. Chr.*

N. S. 1584*. 1646. 1657. 1668*. 1714. 1725. 1736*. 1804*. 1866. 1877. 1888*. 1923. 1934. 1945. 1956*.

Juni		Juli		August		Septbr.		October		Novbr.		Decbr.	
1		1	5. *p. Tr.*	1	Vinc. P.	1	Egidii	1	Remigii	1	Omn. ss.	1	
2	Mar.etP.	2	Vis.Mar.	2	Steph. p.	2	14.*p.Tr.*	2		2	Co.anim.	2	1. *Adv.*
3	1. *p. Tr.*	3		3	Inv. Ste.	3		3		3		3	
4		4	Udalrici	4		4		4		4	23.*p.Tr.*	4	Barbare
5	Bonifac.	5		5	Oswaldi	5		5		5		5	
6		6	8. Apost.	6		6		6	8. Mich.	6		6	Nicolai
7		7		7		7		7	19.*p.Tr.*	7		7	
8		8	Kiliani	8		8	Nat.Mar.	8		8	8.Omn.s.	8	Con.Mar.
9	Pr.etFel.	9		9		9	15.*p.Tr.*	9	Dionysii	9		9	2. *Adv.*
10	2. *p. Tr.*	10	7 fratr.	10	Laurent.	10		10		10		10	
11	Barnabe	11		11		11	Prot.etJ.	11		11	Mart. ep.	11	
12		12		12	11.*p.Tr.*	12		12		12		12	
13		13		13		13		13		13	Briccii	13	Lucie
14		14		14		14	Ex. cruc.	14	20.*p.Tr.*	14		14	
15	Viti	15	Div. Ap.	15	Ass.Mar.	15		15		15		15	
16		16		16		16	16.*p.Tr.*	16	Galli	16		16	3. *Adv.*
17	3. *p. Tr.*	17		17	8. Laur.	17	Lamb.	17		17		17	
18		18		18		18		18	Luce	18	8. Mart.	18	
19	Grv.et P.	19		19	12.*p.Tr.*	19	*Quatbr.*	19		19	Elisab.	19	*Quatbr.*
20		20		20		20		20		20		20	
21		21	Praxed.	21		21	Matthei	21	Und.m.v.	21		21	Thome
22		22	M.Magd.	22	8.Ass.M.	22	Mauritii	22		22	Cecilie	22	
23		23		23		23	17.*p.Tr.*	23		23	Clement.	23	4. *Adv.*
24	Joh. bpt.	24		24	Barthol.	24		24		24		24	
25		25	Jacobi	25		25		25		25	Kathar.	25	Nat. dni.
26	Joh.et P.	26	Anne	26	13.*p.Tr.*	26		26		26		26	Steph.
27		27		27		27	Csm.etD.	27		27		27	Joh. ev.
28		28		28		28		28	Sim.et J.	28		28	Innoc.
29	Pet. et P.	29	9. *p. Tr.*	29	Dec.Joh.	29	Michael.	29		29		29	Thm. ep.
30	Co. Pauli	30	Abd.etS.	30	Fel. etA.	30	Jeron.	30		30	Andree	30	
		31		31				31				31	Sylvestri

A. S. 831. 842. 853. 864*. 926. 937. 948*. 1021. 1032*. 1111. 1116*. 1195. 1206. 1279. 1290. 1301. 1363. 1374. 1385. 1396*. 1458. 1469. 1480*. 1553. 1564*. 1643. 1648*.

Schaltjahr Januar	Schaltjahr Februar	Januar	Februar	März	April	Mai
1 Circ. dni.	1	1 Circ. dni.	1	1	1	1 Phil. et J.
2 S. Steph.	2 Pur. Mar.	2 S. Steph.	2 Pur. Mar.	2	2 *Pascha*	2
3 S. Joh. e.	3	3 S. Joh. e.	3	3	3	3 Inv. cruc.
4 S. Innoc.	4	4 S. Innoc.	4	4	4 Ambros.	4
5	5 Agathe	5	5 *Exurge*	5 *Oculi*	5	5
6 Epiph.	6 *Exurge*	6 Epiph.	6	6	6	6 Joh. a p. l.
7	7	7	7	7 Prp. et F.	7	7 *Voc. joc.*
8	8	8	8	8	8	8
9	9 Apollon.	9	9 Apollon.	9	9 *Quasim.*	9
10 Pauli er.	10 Scholast.	10 Pauli er.	10 Scholast.	10	10	10 G. et Epi.
11	11	11	11	11	11	11 *Asc. dni.*
12	12	12	12 *Esto m.*	12 *Letare*	12	12 Pancrat.
13 S. Epiph.	13 *Esto m.*	13 S. Epiph.	13	13	13	13
14 Felicis	14 Valent.	14 Felicis	14 Valent.	14	14 Tib. et V.	14 *Exaudi*
15	15	15	15 *Cap. jej.*	15	15	15
16 Marcelli	16 *Cap. jej.*	16 Marcelli	16 Juliane	16	16 *Mis. dni.*	16
17 Antonii	17	17 Antonii	17	17 Gertrud.	17	17
18 Prisce	18	18 Prisce	18	18	18	18
19	19	19	19 *Invoc.*	19 *Judica*	19	19
20 Fab. et S.	20 *Invoc.*	20 Fab. et S.	20	20	20	20
21 Agnetis	21	21 Agnetis	21	21 Bened.	21	21 *Pentec.*
22 Vincent.	22 Cath. P.	22 Vincent.	22 Cath. P.	22	22	22
23	23 *Quatbr.*	23	23	23	23 *Jubilate*	23
24	24	24	24 Matthie	24	24	24 *Quatbr.*
25 Conv. P.	25 Matthie	25 Conv. P.	25	25 An. Mar.	25 Marci	25 Urbani
26	26	26	26 *Remin.*	26 Palmar.	26	26
27	27 *Remin.*	27	27	27	27	27
28	28	28	28	28	28	28 *Trinit.*
29	29	29 *Circumd.*		29	29	29
30 *Circumd.*		30		30 *Cena dni.*	30 *Cantate*	30
31		31		31 *Parasc.*		31 Petron.

N. S. 1589. 1600*. 1673. 1679. 1684*. 1741. 1747. 1752*. 1809. 1820*. 1893.
1899. 1961. 1972*.

Juni		Juli		August		Septbr.		October		Novbr.		Decbr.	
1	Corp.Ch.	1		1	Vinc. P.	1	Egidii	1	Remigii	1	Omn. ss.	1	
2	Mar.etP.			2	Steph. p.	2		2		2	Co.anim.	2	
3		2	Vis.Mar.	3	Inv. Ste.			3		3			
		3				3	14.p.Tr.	4		4		3	1. Adv.
4	1. p. Tr.	4	Udalrici	4		4		5				4	Barbare
5	Bonifac.	5		5	Oswaldi	5		6	8. Mich.	5	23.p.Tr.	5	
6		6	8. Apost.	6	10.p.Tr.	6		7		6		6	Nicolai
7		7		7		7				7		7	
8		8	Kiliani	8		8	Nat.Mar.	8	19.p.Tr.	8	8.Omn.s.	8	Con.Mar.
9	Pr.etFel.			9		9		9	Dionysii	9		9	
10		9	6. p. Tr.	10	Laurent.			10		10		10	2. Adv.
		10	7 fratr.			10	15. p.Tr.			11	Mart. ep.		
11	Barnabe	11		11		11	Prot.etJ.	11				11	
12		12		12		12		12		12	24.p.Tr.	12	
13		13		13	11.p.Tr.	13		13		13	Briccii	13	Lucie
14		14		14		14	Ex. cruc.	14		14		14	
15	Viti	15	Div. Ap.	15	Ass.Mar.	15		15	20.p. Tr.	15		15	
16		16	7. p. Tr.	16		16		16	Galii	16		16	
17		17		17	8. Laur.	17	Lamb.	17		17		17	3. Adv.
18	3. p. Tr.	18		18		18		18	Luce	18	8. Mart.	18	
19	Grv.etP.	19		19		19		19		19	Elisab.	19	
20		20		20	12.p.Tr.	20	Quatbr.	20		20		20	Quatbr.
21		21	Praxed.	21		21	Matthei	21	Und.m.v.	21		21	Thome
22		22	M.Magd.	22	8.Ass.M.	22	Mauritii	22	21.p.Tr.	22	Cecilie	22	
23		23	8. p. Tr.	23		23		23		23	Clement.	23	
24	Joh. bpt.	24		24	Barthol.	24	17.p.Tr.	24		24		24	4. Adv.
25	4. p. Tr.	25	Jacobi	25		25		25		25	Kathar.	25	Nat. dni.
26	Joh.etP.	26	Anne	26		26		26		26	26.p.Tr.	26	Steph.
27		27		27	13.p.Tr.	27	Csm.etD.	27		27		27	Joh. ev.
28		28		28		28		28	Sim.et J.	28		28	Innoc.
29	Pet. etP.	29		29	Dec.Joh.	29	Michael.	29	22.p.Tr.	29		29	Thm. ep.
30	Co.Pauli	30	Abd.etS.	30	Fel.et A.	30	Jeron.	30		30	Andree	30	
		31		31				31				31	Sylvestri

A. S. 858. 869. 880*. 953. 959. 964*. 1043. 1048*. 1054. 1127. 1138. 1149. 1211. 1222. 1233. 1244*. 1295. 1306. 1317. 1328*. 1390. 1401. 1412*. 1485. 1491. 1496*. 1575. 1580*. 1586. 1659. 1670. 1681.

Schaltjahr Januar	Schaltjahr Februar	Januar	Februar	März	April	Mai
1 Circ. dni.	1	1 Circ. dni.	1	1	1 Parasc.	1 Cantate
2 8. Steph.	2 Pur.Mar.	2 8. Steph.	2 Pur.Mar.	2	2	2
3 8. Joh. e.	3	3 8. Joh. e.	3	3	3 Pascha	3 Inv.cruc.
4 8. Innoc.	4	4 8. Innoc.	4	4	4 Ambros.	4
5	5 Agathe	5	5 Agathe	5	5	5
6 Epiph.	6	6 Epiph.	6 Exurge	6 Oculi	6	6 Joh.a.p.l.
7	7 Exurge	7	7	7 Prp.et F.	7	7
8	8	8	8	8	8	8 Voc. joc.
9	9 Apollon.	9	9 Apollon.	9	9	9
10 Pauli er.	10 Scholast.	10 Pauli er.	10 Scholast.	10	10 Quasim.	10 Grd.etE.
11	11	11	11	11	11	11
12	12	12	12	12 Gregorii	12	12 Asc. dni.
13 8.Epiph.	13	13 8.Epiph.	13 Esto m.	13 Letare	13	13
14 Felicis	14 Esto m.	14 Felicis	14 Valent.	14	14 Tib. et V.	14
15	15	15	15	15	15	15 Exaudi
16 Marcelli	16 Juliane	16 Marcelli	16 Cap. jej.	16	16	16
17 Antonii	17 Cap. jej.	17 Antonii	17	17 Gertrud.	17 Mis. dni.	17
18 Prisce	18	18 Prisce	18	18	18	18
19	19	19	19	19	19	19
20 Fab.et S.	20	20 Fab.et S.	20 Invoc.	20 Judica	20	20
21 Agnetis	21 Invoc.	21 Agnetis	21	21 Bened.	21	21
22 Vincent.	22 Cath. P.	22 Vincent.	22 Cath. P.	22	22	22 Pentec.
23	23	23	23 Quatbr.	23	23	23
24	24 Quatbr.	24	24 Matthie	24	24 Jubilate	24
25 Conv. P.	25 Matthie	25 Conv. P.	25	25 An. Mar.	25 Marci	25 Urb. Qu.
26	26	26	26	26	26	26
27	27	27	27 Remin.	27 Palmar.	27	27
28	28 Remin.	28	28	28	28	28
29	29	29		29	29	29 Trinit.
30		30 Circumd.		30	30	30
31 Circumd.		31		31 Cena dni.		31 Petron.

I. S. 1611. 1616*. 1695. 1763. 1768*. 1774. 1825. 1831. 1836*. 1904*. 1983. 1988*. 1994.

Juni		Juli		August		Septbr.		October		Novbr.		Decbr.	
1		1		1	Vinc. P.	1	Egidii	1	Remigii	1	Omn. ss.	1	
2	*Crp. Chr.*	2	Vis.Mar.	2	Steph. p.	2		2	18.*p. Tr.*	2	Co.anim.	2	
3		3	5. *p. Tr.*	3	Inv. Ste.	3		3		3		3	
4		4	Udalrici	4		4	14.*p.Tr.*	4		4		4	Barbare
5	Bonifac.	5		5	Oswaldi	5		5		5		5	
6		6	8. Apost.	6		6		6	8. Mich.	6	23.*p.Tr.*	6	Nicolai
7		7		7	10.*p.Tr.*	7		7		7		7	
8		8	Kiliani	8		8	Nat.Mar.	8		8	8.Omn.s.	8	Con.Mar.
9	Pr.etFel.	9		9		9		9	Dionysii	9		9	
10		10	7 fratr.	10	Laurent.	10		10		10		10	
11	Barnabe	11		11		11	Prot.etJ.	11		11	Mart.ep.	11	3. *Adv.*
12	2. *p. Tr.*	12		12		12		12		12		12	
13		13		13		13		13		13	Briccii	13	Lucie
14		14		14	11.*p.Tr.*	14	Ex. cruc.	14		14		14	*Quatbr.*
15	Viti	15	Div. Ap.	15	Ass.Mar.	15		15		15		15	
16		16		16		16		16	Galli	16		16	
17		17	7. *p. Tr.*	17	8. Laur.	17	Lamb.	17		17		17	
18		18		18		18	16.*p.Tr.*	18	Luce	18	8. Mart.	18	4. *Adv.*
19	Grv.etP.	19		19		19		19		19	Elisab.	19	
20		20		20		20		20		20	25.*p.Tr.*	20	
21		21	Praxed.	21	12.*p.Tr.*	21	Mtth.Qu.	21	Und.m.v.	21		21	Thome
22		22	M.Magd.	22	8.Ass.M.	22	Mauritii	22		22	Cecilie	22	
23		23		23		23		23	21.*p.Tr.*	23	Clement.	23	
24	Joh. bpt.	24	8. *p. Tr.*	24	Barthol.	24		24		24		24	
25		25	Jacobi	25		25	17.*p.Tr.*	25		25	Kathar.	25	Nat. dni.
26	Joh.etP.	26	Anne	26		26		26		26		26	Steph.
27		27		27		27	Csm.etD.	27		27	1. *Adv.*	27	Joh. ev.
28		28		28	13.*p.Tr.*	28		28	Sim.et J.	28		28	Innoc.
29	Pet.etP.	29		29	Dec.Joh.	29	Michael.	29		29		29	Thm. ep.
30	Co.Pauli	30	Abd.etS.	30	Fel.et A.	30	Jeron.	30	22.*p.Tr.*	30	Andree	30	
		31	9. *p. Tr.*	31		31		31				31	Sylvestri

A. S. 801. 812*. 891. 896*. 975. 986. 1059. 1070. 1081. 1143. 1154. 1165. 1176*. 123[
1249. 1260*. 1333. 1344*. 1423. 1428*. 1507. 1518. 1591. 1602. 1613. 1675. 1686. 169[

Tag	Schaltjahr Januar	Schaltjahr Februar	Januar	Februar	März	April	Mai
1	Circ. dni.	Circumd.	Circ. dni.			Cena dni.	Phil. et J.
2	S. Steph.	Pur.Mar.	S. Steph.	Pur.Mar.		Parasc.	Cantate
3	S. Joh. e.		S. Joh. e.				Inv. cruc.
4	S. Innoc.	Agathe	S. Innoc.	Agathe		Pascha	
5							
6	Epiph.		Epiph.				Joh. a. p.
7				Exurge	Oculi		
8		Exurge					
9		Apollon.		Apollon.			Voc. joc.
10	Pauli er.	Scholast.	Pauli er.	Scholast.			Grd. et E.
11						Quasim.	
12					Gregorii		Pancrat.
13	S. Epiph.		S. Epiph.				Asc. dni.
14	Felicis	Valent.	Felicis	Esto m.	Letare	Tib. et V.	
15		Esto m.					
16	Marcelli	Juliane	Marcelli	Juliane			Exaudi
17	Antonii		Antonii	Cap. jej.	Gertrud.		
18	Prisce	Cap. jej.	Prisce			Mis. dni.	
19							
20	Fab. et S.		Fab. et S.				
21	Agnetis		Agnetis	Invoc.	Judica		
22	Vincent.	Invoc.	Vincent.	Cath. P.			
23							Pentec.
24				Mtth. Qu.			
25	Conv. P.	Mtth. Qu.	Conv. P.		An. Mar.	Jubilate	Urbani
26							Quatbr.
27							
28				Remin.	Palmar.		
29		Remin.					
30							Trinit.
31			Circumd.				Petron.

N. S. 1627. 1638. 1649. 1706. 1779. 1790. 1847. 1858. 1915. 1920*. 1926. 1999.

Juni		Juli		August		Septbr.		October		Novbr.		Decbr.	
1		1		1	Vinc. P.	1	Egidii	1	Remigii	1	Omn. ss.	1	
2	Mar.etP.	2	Vis.Mar.	2	Steph. p.	2		2		2	Co.anim.	2	
3	Crp.Chr.	3		3	Inv. Ste.	3		3	18.p.Tr.	3		3	
4		4	Udalrici	4		4		4		4		4	Barbare
5	Bonifac.	5		5	Oswaldi	5	14.p.Tr.	5		5		5	2. Adv.
6	1. p. Tr.	6	8. Apost.	6		6		6	8. Mich.	6		6	Nicolai
7		7		7		7		7		7	23.p.Tr.	7	
8		8	Kiliani	8	10.p.Tr.	8	Nat.Mar.	8		8	8.Omn.s.	8	Con.Mar.
9	Pr.etFel.	9		9		9		9	Dionysii	9		9	
10		10	7 fratr.	10	Laurent.	10		10	19.p.Tr.	10		10	
11	Barnabe	11	6. p. Tr.	11		11	Prot.etJ.	11		11	Mart. ep.	11	
12		12		12		12	15.p.Tr.	12		12		12	3. Adv.
13	2. p. Tr.	13		13		13		13		13	Briccii	13	Lucie
14		14		14		14	Ex. cruc.	14		14	24.p.Tr.	14	
15	Viti	15	Div. Ap.	15	Ass.Mar.	15	Quatbr.	15		15		15	Quatbr.
16		16		16		16		16	Galli	16		16	
17		17		17	8. Laur.	17	Lamb.	17	20.p.Tr.	17		17	
18		18	7. p. Tr.	18		18		18	Luce	18	8. Mart.	18	
19	Grv.etP.	19		19		19	16.p.Tr.	19		19	Elisab.	19	4. Adv.
20	3. p. Tr.	20		20		20		20		20		20	
21		21	Praxed.	21		21	Matthei	21	Und.m.v.	21	25.p.Tr.	21	Thome
22		22	M.Magd.	22	8.Ass.M.	22	Mauritii	22		22	Cecilie	22	
23		23		23		23		23		23	Clement.	23	
24	Joh. bpt.	24		24	Barthol.	24		24	21.p.Tr.	24		24	
25		25	Jacobi	25		25		25		25	Kathar.	25	Nat. dni.
26	Joh.etP.	26	Anne	26		26	17.p.Tr.	26		26		26	Steph.
27	4. p. Tr.	27		27		27	Cam.etD.	27		27		27	Joh. ev.
28		28		28		28		28	Sim.et J.	28	1. Adv.	28	Innoc.
29	Pet. et P.	29		29	Dec.Joh.	29	Michael.	29		29		29	Thm. ep.
30	Co. Pauli	30	Abd.etS.	30	Fel. etA.	30	Jeron.	30		30	Andree	30	
		31		31				31	22.p.Tr.			31	Sylvestri

A. S. 823. 828*. 834. 907. 918. 929. 991. 1002. 1013. 1024*. 1075. 1086. 10[
1108*. 1170. 1181. 1192*. 1265. 1271. 1276*. 1355. 1360*. 1366. 1439. 1450. 14[
1523. 1534. 1545. 1556*. 1607. 1618. 1629. 1640*.

Schaltjahr Januar	Schaltjahr Februar	Januar	Februar	März	April	Mai
1 Circ. dni.	1	1 Circ. dni.	1 *Circumd.*	1 *Remin.*	1	1 Phil.et J.
2 8. Steph.	2 *Circumd.*	2 8. Steph.	2 Pur.Mar.	2	2 *Cena dni.*	2
3 8. Joh. e.	3	3 8. Joh. e.	3	3	3 *Parasc.*	3 *Cantate*
4 8. Innoc.	4	4 8. Innoc.	4	4	4 Ambros.	4
5	5 Agathe	5	5 Agathe	5	5 *Pascha*	5
6 Epiph.	6	6 Epiph.	6	6	6	6 Joh.a.p.l
7	7	7	7	7 Prp.et F.	7	7
8	8	8	8 *Exurge*	8 *Oculi*	8	8
9	9 *Exurge*	9	9 Apollon.	9	9	9
10 Pauli er.	10 Scholast.	10 Pauli er.	10 Scholast.	10	10	10 *Voc. joc.*
11	11	11	11	11	11	11
12	12	12	12	12 Gregorii	12 *Quasim.*	12 Pancrat
13 8. Epiph.	13	13 8. Epiph.	13	13	13	13
14 Felicis	14 Valent.	14 Felicis	14 Valent.	14	14 Tib. et V.	14 *Asc. dni.*
15	15	15	15 *Esto m.*	15 *Letare*	15	15
16 Marcelli	16 *Esto m.*	16 Marcelli	16 Juliane	16	16	16
17 Antonii	17	17 Antonii	17	17 Gertrud.	17	17 *Exaudi*
18 Prisce	18	18 Prisce	18 *Cap. jej.*	18	18	18
19	19 *Cap. jej.*	19	19	19	19 *Mis. dni.*	19
20 Fab.et S.	20	20 Fab.et S.	20	20	20	20
21 Agnetis	21	21 Agnetis	21	21 Bened.	21	21
22 Vincent.	22 Cath. P.	22 Vincent.	22 *Invoc.*	22 *Judica*	22	22
23	23 *Invoc.*	23	23	23	23	23
24	24	24	24 Matthie	24	24	24 *Pentec.*
25 Conv. P.	25 Matthie	25 Conv. P.	25 *Quatbr.*	25 An. Mar.	25 Marci	25 Urbani
26	26 *Quatbr.*	26	26	26	26 *Jubilate*	26
27	27	27	27	27	27	27 *Quatbr.*
28	28	28	28	28	28	28
29	29	29	29	29 *Palmar.*	29	29
30	30	30	30	30	30	30
31	31	31	31	31		31 *Trinit.*

N. S. 1643. 1654. 1665. 1676*. 1711. 1722. 1733. 1744*. 1795. 1801. 1863. 187⌐
1885. 1896*. 1931. 1942. 1953.

Juni	Juli	August	Septbr.	October	Novbr.	Decbr.
1	1	1 Vinc. P.	1 Egidii	1 Remigii	1 Omn. ss.	1
2 Mar.etP.	2 Vis.Mar.	2 Steph. p.	2	2	2 Co.anim.	2
3 -	3	3 Inv. Ste.	3	3	3	3
4 *Crp. Chr.*	4 Udalrici	4	4	4 *18. p. Tr.*	4	4 Barbare
5 Bonifac.	5 *5. p. Tr.*	5 Oswaldi	5	5	5	5
6	6 8. Apost.	6	6 *14. p. Tr.*	6 8. Mich.	6	6 Nicolai
7 *1. p. Tr.*	7	7	7	7	7	7
8	8 Kiliani	8	8 Nat.Mar.	8	8 8.Omn.s.	8 Con.Mar
9 Pr.etFel.	9	9 *10. p. Tr.*	9	9 Dionysii	9	9
10	10 7 fratr.	10 Laurent.	10	10	10	10
11 Barnabe	11	11	11 Prot.etJ.	11 *19. p. Tr.*	11 Mart. ep.	11
12	12 *6. p. Tr.*	12	12	12	12	12
13	13	13	13 *15. p. Tr.*	13	13 Briccii	13 Lucie
14 *2. p. Tr.*	14	14	14 Ex. cruc.	14	14	14
15 Viti	15 Div. Ap.	15 Ass.Mar.	15	15	15 *24. p. Tr.*	15
16	16	16 *11. p. Tr.*	16 *Quatbr.*	16 Galli	16	16 *Quatbr.*
17	17	17 8. Laur.	17 Lamb.	17	17	17
18	18	18	18	18 Luce	18 8. Mart.	18
19 Grv.etP.	19 *7. p. Tr.*	19	19	19	19 Elisab.	19
20	20	20	20 *16. p. Tr.*	20	20	20 *4. Adv.*
21 *3. p. Tr.*	21 Praxed.	21	21 Matthei	21 Und.m.v.	21	21 Thome
22	22 M.Magd.	22 8.Ass.M.	22 Mauritii	22	22 Cecilie	22
23	23	23 *12. p. Tr.*	23	23	23 Clement.	23
24 Joh. bpt.	24	24 Barthol.	24	24	24	24
25	25 Jacobi	25	25	25 *21. p. Tr.*	25 Kathar.	25 Nat. dn
26 Joh.etP.	26 Anne	26	26	26	26	26 Steph.
27	27	27	27 Csm.etD.	27	27	27 Joh. ev
28 *4. p. Tr.*	28	28	28	28 Sim.et J.	28	28 Innoc.
29 Pet. et P.	29	29 Dec.Joh.	29 Michael.	29	29 *1. Adv.*	29 Thm. e]
30 Co.Pauli	30 Abd.etS.	30 Fel. et A.	30 Jeron.	30	30 Andree	30
	31	31		31		31 Sylvest

A. S. 839. 850. 861. 923. 934. 945. 956*. 1007. 1018. 1029. 1040*. 1102. 111
1124*. 1197. 1203. 1208*. 1287. 1292*. 1298. 1371. 1382. 1393. 1455. 1466. 147
1488*. 1539. 1550. 1561. 1572*. 1634. 1645. 1656*.

Schaltjahr				Januar		Februar		März		April		Mai	
Januar		Februar											
1	Circ.dni.	1		1	Circ.dni.	1		1		1		1	Phil.et J.
2	8. Steph.	2	Pur.Mar.	2	8. Steph.	2	Circumd.	2	Remin.	2		2	
3	8. Joh. e.	3	Circumd.	3	8. Joh. e.	3		3		3	Cena dni.	3	Inv.cruc.
4	8. Innoc.	4		4	8. Innoc.	4		4		4	Parasc.	4	Cantate
5		5	Agathe	5		5	Agathe	5		5		5	
6	Epiph.	6		6	Epiph.	6		6		6	Pascha	6	Joh.a.p.l.
7		7		7		7		7	Prp.et F.	7		7	
8		8		8		8		8		8		8	
9		9	Apollon.	9		9	Exurge	9	Oculi	9		9	
10	Pauli er.	10	Exurge	10	Pauli er.	10	Scholast.	10		10		10	Grd.et E.
11		11		11		11		11		11		11	Voc. joc.
12		12		12		12		12	Gregorii	12		12	Pancrat.
13	8. Epiph.	13		13	8. Epiph.	13		13		13	Quasim.	13	
14	Felicis	14	Valent.	14	Felicis	14	Valent.	14		14	Tib.et V.	14	
15		15		15		15		15		15		15	Asc. dni.
16	Marcelli	16	Juliane	16	Marcelli	16	Esto m.	16	Letare	16		16	
17	Antonii	17	Esto m.	17	Antonii	17		17	Gertrud.	17		17	
18	Prisce	18		18	Prisce	18		18		18		18	Exaudi
19		19		19		19	Cap. jej.	19		19		19	
20	Fab.et S.	20	Cap. jej.	20	Fab.et S.	20		20		20	Mis. dni.	20	
21	Agnetis	21		21	Agnetis	21		21	Bened.	21		21	
22	Vincent.	22	Cath. P.	22	Vincent.	22	Cath. P.	22		22		22	
23		23		23		23	Invoc.	23	Judica	23		23	
24		24	Invoc.	24		24	Matthie	24		24		24	
25	Conv. P.	25	Matthie	25	Conv. P.	25		25	Ann. M.	25	Marci	25	Pentec.
26		26		26		26	Quatbr.	26		26		26	
27		27	Quatbr.	27		27		27		27	Jubilate	27	Quatbr.
28		28		28		28		28		28		28	
29		29		29				29		29		29	
30				30				30	Palmar.	30		30	
31				31				31				31	Petron.

N. S. 1586. 1597. 1600*. 1670. 1681. 1692*. 1738. 1749. 1760*. 1806. 1817. 1828*. 1890. 1947. 1958. 1969. 1980*.

Juni		Juli		August		Septbr.		October		Novbr.		Decbr.	
1	*Trinit.*	1		1	Vinc. P.	1	Egidii	1	Remigii	1	Omn. ss.	1	
2	Mar.etP.	2	Vis.Mar.	2	Steph. p.	2		2		2	Co.anim.	2	
3		3		3	Inv. Ste.	3		3		3		3	
4		4	Udalrici	4		4		4		4		4	Barbare
5	*Crp. Chr.*	5		5	Oswaldi	5		5	18.*p.Tr.*	5		5	
6		6	8. Apost.	6		6		6	8. Mich.	6		6	Nicolai
7		7		7		7	14.*p.Tr.*	7		7		7	2. *Adv.*
8	1. *p. Tr.*	8	Kiliani	8		8	Nat.Mar.	8		8	8.Omn.s.	8	Con.Mar.
9	Pr.etFel.	9		9		9		9	Dionysii	9	23.*p.Tr.*	9	
10		10	7 fratr.	10	Laurent.	10		10		10		10	
11	Barnabe	11		11		11	Prot.etJ.	11		11	Mart.ep.	11	
12		12		12		12		12	19.*p.Tr.*	12		12	
13		13	6. *p. Tr.*	13		13		13		13	Briccii	13	Lucie
14		14		14		14	Ex. cruc.	14		14		14	3. *Adv.*
15	Viti	15	Div. Ap.	15	Ass.Mar.	15		15		15		15	
16		16		16		16		16	Galli	16	24.*p.Tr.*	16	
17		17		17	8. Laur.	17	Qu.Lmb.	17		17		17	*Quatbr.*
18		18		18		18		18	Luce	18	8. Mart.	18	
19	Grv.etP.	19		19		19		19	20.*p.Tr.*	19	Elisab.	19	
20		20	7. *p. Tr.*	20		20		20		20		20	
21		21	Praxed.	21		21	Matthei	21	Und.m.v.	21		21	Thome
22	3. *p. Tr.*	22	M.Magd.	22	8.Ass.M.	22	Mauritii	22		22	Cecilie	22	
23		23		23		23		23		23	Clement.	23	
24	Joh.bpt.	24		24	Barthol.	24		24		24		24	
25		25	Jacobi	25		25		25		25	Kathar.	25	Nat. dni.
26	Joh.etP.	26	Anne	26		26		26	21.*p.Tr.*	26		26	Steph.
27		27	8. *p. Tr.*	27		27	Csm.etD.	27		27		27	Joh. ev.
28		28		28		28	17.*p.Tr.*	28	Sim.et J.	28		28	Innoc.
29	Pet. etP.	29		29	Dec.Joh.	29	Michael.	29		29		29	Thm. ep.
30	Co.Pauli	30	Abd.etS.	30	Fel.et A.	30	Jeron.	30		30	Andree	30	
		31		31	13.*p.Tr.*			31				31	Sylvestri

A. S. 855. 866. 077. 888*. 950. 961. 972*. 1045. 1056*. 1135. 1140*. 1219. 1230. 1303. 1314. 1325. 1387. 1398. 1409. 1420*. 1482. 1493. 1504*. 1577. 1588* 1667. 1672*.

Schaltjahr													
Januar		Februar		Januar		Februar		März		April		Mai	
1	Circ.dni.	1		1	Circ.dni.	1		1		1		1	Phil.et J.
2	o. Steph.	2	Pur.Mar.	2	o. Steph.	2	Pur.Mar.	2		2		2	
3	s. Joh. e.	3		3	s. Joh. e.	3	Circumd.	3	Remin.	3		3	Inv.cruc.
4	s. Innoc.	4	Circumd.	4	s. Innoc.	4		4		4	Cena dni.	4	
5		5	Agathe	5		5	Agathe	5		5	Parasc.	5	Cantate
6	Epiph.	6		6	Epiph.	6		6		6		6	Joh.a.p.l.
7		7		7		7		7	Prp.etF.	7	Pascha	7	
8		8		8		8		8		8		8	
9		9	Apollon.	9		9	Apollon.	9		9		9	
10	Pauli er.	10	Scholast.	10	Pauli er.	10	Exurge	10	Oculi	10		10	Grd.etE.
11		11	Exurge	11		11		11		11		11	
12		12		12		12		12	Gregorii	12		12	Voc. joc.
13	s.Epiph.	13		13	s. Epiph.	13		13		13		13	
14	Felicis	14	Valent.	14	Felicis	14	Valent.	14		14	Quasim.	14	
15		15		15		15		15		15		15	
16	Marcelli	16	Juliane	16	Marcelli	16	Juliane	16		16		16	Asc. dni.
17	Antonii	17		17	Antonii	17	Esto m.	17	Letare	17		17	
18	Prisce	18	Esto m.	18	Prisce	18		18		18		18	
19		19		19		19		19		19		19	Exaudi
20	Fab.etS.	20		20	Fab.etS.	20	Cap. jej.	20		20		20	
21	Agnetis	21	Cap. jej.	21	Agnetis	21		21	Bened.	21	Mis. dni.	21	
22	Vincent.	22	Cath. P.	22	Vincent.	22	Cath. P.	22		22		22	
23		23		23		23		23		23		23	
24		24		24		24	Inv.Mth.	24	Judica	24		24	
25	Conv. P.	25	Inv.Mth.	25	Conv. P.	25		25	An. Mar.	25	Marci	25	Urbani
26		26		26		26		26		26		26	Pentec.
27		27		27		27	Quatbr.	27		27		27	
28		28	Quatbr.	28		28		28		28	Jubilate	28	
29		29		29				29		29		29	Quatbr.
30				30				30		30		30	
31				31				31	Palmar.			31	Petron.

Juni		Juli		August		Septbr.		October		Novbr.		Decbr.	
1		1		1	Vinc. P.	1	Egidii	1	Remigii	1	Omn. ss.	1	1. *Adv.*
2	Mar.etP.	2	Vis.Mar.	2	Steph. p.	2		2		2	Co.anim.	2	
3		3		3	Inv. Ste.	3		3		3	22.*p.Tr.*	3	
4		4	Udalrici	4	9. *p. Tr.*	4		4		4		4	Barbare
5	Bonifac.	5		5	Oswaldi	5		5		5		5	
6	*Crp.Chr.*	6	8. Apost.	6		6		6	8. Mich.	6		6	Nicolai
7		7	5. *p. Tr.*	7		7		7		7		7	
8		8	Kiliani	8		8	Nat.Mar.	8		8	8.Omn.s.	8	Con.Mar.
9	Pr.etFel.	9		9		9		9	Dionysii	9		9	
10		10	7 fratr.	10	Laurent.	10		10		10	23.*p.Tr.*	10	
11	Barnabe	11		11	10.*p.Tr.*	11	Prot.etJ.	11		11	Mart. ep.	11	
12		12		12		12		12		12		12	
13		13		13		13		13	19. *p. Tr.*	13	Briccii	13	Lucie
14		14	6. *p. Tr.*	14		14	Ex. cruc.	14		14		14	
15	Viti	15	Div. Ap.	15	Ass.Mar.	15	15.*p.Tr.*	15		15		15	3. *Adv.*
16	2. *p. Tr.*	16		16		16		16	Galli	16		16	
17		17		17	8. Laur.	17	Lamb.	17		17	24.*p.Tr.*	17	
18		18		18	11.*p.Tr.*	18	*Quatbr.*	18	Luce	18	8. Mart.	18	*Quatbr.*
19	Grv.etP.	19		19		19		19		19	Elisab.	19	
20		20		20		20		20	20.*p.Tr.*	20		20	
21		21	Praxed.	21		21	Matthei	21	Und.m.v.	21		21	Thome
22		22	M.Magd.	22	8.Ass.M.	22	Mauritii	22		22	Cecilie	22	4. *Adv.*
23	3. *p. Tr.*	23		23		23		23		23	Clement.	23	
24	Joh. bpt.	24		24	Barthol.	24		24		24	25.*p.Tr.*	24	
25		25	Jacobi	25	12.*p.Tr.*	25		25		25	Kathar.	25	Nat. dni.
26	Joh.etP.	26	Anne	26		26		26		26		26	Steph.
27		27		27		27	Csm.etD.	27	21.*p.Tr.*	27		27	Joh. ev.
28		28	8. *p. Tr.*	28		28		28	Sim.et J.	28		28	Innoc.
29	Pet. etP.	29		29	Dec.Joh.	29	Michael.	29		29		29	Thm. ep.
30	Co.Pauli	30	Abd.etS.	30	Fel.etA.	30	Jeron.	30		30	Andree	30	
		31		31				31				31	Sylvestri

A. S. 809. 820*. 882. 893. 904*. 977. 983. 988*. 1067. 1072*. 1078. 1151. 1162. 1173. 1235. 1246. 1257. 1268*. 1319. 1330. 1341. 1352*. 1414. 1425. 1436*. 1509. 1515. 1520*. 1599. 1604*. 1610. 1683. 1694.

	Schaltjahr						
Tag	Januar	Februar	Januar	Februar	März	April	Mai
1	Circ. dni.		Circ. dni.			Palmar.	Phil. et J.
2	8. Steph.	Pur. Mar.	8. Steph.	Pur. Mar.			
3	8. Joh. e.		8. Joh. e.				Inv. cruc.
4	8. Innoc.		8. Innoc.	Circumd.	Remin.	Ambros.	
5		Circumd.		Agathe		Cena dni.	
6	Epiph.		Epiph.			Parasc.	
7					Prp. et F.		Cantate
8						Pascha	
9		Apollon.		Apollon.			
10	Pauli er.	Scholast.	Pauli er.	Scholast.			Grd. et E.
11				Exurge	Oculi		
12		Exurge			Gregorii		Pancratii
13	8. Epiph.		8. Epiph.				Voc. joc.
14	Felicis	Valent.	Felicis	Valent.		Tib. et V.	
15						Quasim.	
16	Marcelli	Juliane	Marcelli	Juliane			
17	Antonii		Antonii		Gertrud.		Asc. dni.
18	Prisce		Prisce	Esto m. .	Letare		
19		Esto m.					
20	Fab. et S.		Fab. et S.				Exaudi
21	Agnetis		Agnetis	Cap. jej.	Bened.		
22	Vincent.	Cap. jej.	Vincent.	Cath. P.		Mis. dni.	
23							
24				Matthie			
25	Conv. P.	Matthie	Conv. P.	Invoc.	Jd. A. M.	Marci	Urbani
26		Invoc.					
27							Pentec.
28				Quatbr.			
29		Quatbr.				Jubilate	
30							Quatbr.
31							Petron.

N. S. 1635. 1640*. 1703. 1708*. 1787. 1792*. 1798. 1849. 1855. 1860*. 1917. 1928*.

Juni	Juli	August	Septbr.	October	Novbr.	Decbr.
1	1 4.p.Tr.	1 Vinc. P.	1 Egidii	1 Remigii	1 Omn. ss.	1
2 Mar.etP.	2 Vis.Mar.	2 Steph. p.	2 13.p.Tr.	2	2 Co.anim.	2 1.Adv.
3 Trinit.	•3	3 Inv. Ste.	3	3	3	3
4	4 Udalrici	4	4	4	4 22.p.Tr.	4 Barbare
5 Bonifac.	5	5 Oswaldi	5	5	5	5
6	6 8. Apost.	6	6	6 8. Mich.	6	6 Nicolai
7 Crp.Chr.	7	7	7	7 18.p.Tr.	7	7
8	8 Kiliani	8	8 Nat.Mar.	8	8 8.Omn.s.	8 Con.Mar.
9 Pr.etFel.	9	9	9 14.p.Tr.	9 Dionysii	9	9 2. Adv.
10 1.p.Tr.	10 7 fratr.	10 Laurent.	10	10	10	10
11 Barnabe	11	11	11 Prot.etJ.	11	11 Mart.ep.	11
12	12	12 10.p.Tr.	12	12	12	12
13	13	13	13	13	13 Briccii	13 Lucie
14	14	14	14 Ex. cruc.	14 19.p.Tr.	14	14
15 Viti	15 Div. Ap.	15 Ass.Mar.	15	15	15	15
16	16	16	16 15. p.Tr.	16 Galli	16	16 3. Adv.
17 2. p. Tr.	17	17 8. Laur.	17 Lamb.	17	17	17
18	18	18	18	18 Luce	18 8. Mart.	18
19 Grv.etP.	19	19 11.p.Tr.	19 Quatbr.	19	19 Elisab.	19 Quatbr.
20	20	20	20	20	20	20
21	21 Praxed.	21	21 Matthei	21 Und.m.v.	21	21 Thome
22	22 M.Magd.	22 8.Ass.M.	22 Mauritii	22	22 Cecilie	22
23	23	23	23 16.p.Tr.	23	23 Clement.	23 4. Adv.
24 Joh. bpt.	24	24 Barthol.	24	24	24	24
25	25 Jacobi	25	25	25	25 Kathar.	25 Nat. dni.
26 Joh.et P.	26 Anne	26 12.p.Tr.	26	26	26	26 Steph.
27	27	27	27 Csm.etD.	27	27	27 Joh. ev.
28	28	28	28	28 Sim.et J.	28	28 Innoc.
29 Pet. et P.	29 8. p. Tr.	29 Dec.Joh.	29 Michael.	29	29	29 Thm. ep.
30 Co.Pauli	30 Abd.etS.	30 Fel.et A.	30 Jeron.	30	30 Andree	30
	31	31		31		31 Sylvestri

A. S. 825. 836*. 915. 920*. 999. 1010. 1083. 1094. 1105. 1167. 1178. 1189. 1200*.
1262. 1273. 1284*. 1357. 1368*. 1447. 1452*. 1531. 1542. 1615. 1626. 1637. 1699.

Schaltjahr		Januar	Februar	März	April	Mai
Januar	Februar					
1 Circ. dni.	1	1 Circ. dni.	1	1 Quatbr.	1	1 Phil.etJ.
2 S. Steph.	2 Pur.Mar.	2 S. Steph.	2 Pur.Mar.	2	2 Palmar.	2
3 S. Joh. e.	3	3 S. Joh. e.	3	3	3	3 Inv.cruc.
4 S. Innoc.	4	4 S. Innoc.	4	4	4 Ambros.	4
5	5 Agathe	5	5 Circumd.	5 Remin.	5	5
6 Epiph.	6 Circumd.	6 Epiph.	6	6	6 Cena dni.	6 Joh.ap.l.
7	7	7	7	7 Prp.etF.	7 Parasc.	7 Cantate
8	8	8	8	8	8	8
9	9 Apollon.	9	9 Apollon.	9	9 Pascha	9
10 Pauli er.	10 Scholast.	10 Pauli er.	10 Scholast.	10	10	10 Grd.etE.
11	11	11	11	11	11	11
12	12	12	12 Exurge	12 Oc.Greg.	12	12 Pancrat.
13 S. Epiph.	13 Exurge	13 S. Epiph.	13	13	13	13
14 Felicis	14 Valent.	14 Felicis	14 Valent.	14	14 Tib.et V.	14 Voc. joc.
15	15	15	15	15	15	15
16 Marcelli	16 Juliane	16 Marcelli	16 Juliane	16	16 Quasim.	16
17 Antonii	17	17 Antonii	17	17 Gertrud.	17	17
18 Prisce	18	18 Prisce	18	18	18	18 Asc. dni.
19	19	19	19 Esto m.	19 Letare	19	19
20 Fab.etS.	20 Esto m.	20 Fab.etS.	20	20	20	20
21 Agnetis	21	21 Agnetis	21	21 Bened.	21	21 Exaudi
22 Vincent.	22 Cath. P.	22 Vincent.	22 Cap. jej.	22	22	22
23	23 Cap. jej.	23	23	23	23 Mis. dni.	23
24	24	24	24 Matthie	24	24	24
25 Conv. P.	25 Matthie	25 Conv. P.	25	25 An.Mar.	25 Marci	25 Urbani
26	26	26	26 Invoc.	26 Judica	26	26
27	27 Invoc.	27	27	27	27	27
28	28	28	28	28	28	28 Pentec.
29	29	29		29	29	29
30		30		30	30 Jubilate	30
31		31		31		31 Quatbr.

N. S. 1651. 1662. 1719. (1724* Prot.) 1730. 1871. 1882. 1939. 1944*. 1950.

	Juni		Juli		August		Septbr.		October		Novbr.		Decbr.
1		1		1	Vinc. P.	1	Egidii	1	Remigii	1	Omn. ss.	1	
2	Mar.etP.	2	Vis.Mar.	2	Steph. p.	2		2		2	Co.anim.	2	
3		3		3	Inv. Ste.	3	13.p.Tr.	3		3		3	1. Adv.
4	Trinit.	4	Udalrici	4		4		4		4		4	Barbar
5	Bonifac.	5		5	Oswaldi	5		5		5	22.p.Tr.	5	
6		6	8. Apost.	6	9. p. Tr.	6		6	8. Mich.	6		6	Nicola
7		7		7		7		7		7		7	
8	Crp.Chr.	8	Kiliani	8		8	Nat.Mar.	8	18.p.Tr.	8	8.Omn.s.	8	Con.Me
9	Pr.etFel.	9	5. p. Tr.	9		9		9	Dionysii	9		9	
10		10	7 fratr.	10	Laurent.	10	14.p.Tr.	10		10		10	2. Adv.
11	Barnabe	11		11		11	Prot.etJ.	11		11	Mart. ep.	11	
12		12		12		12		12		12	23.p.Tr.	12	
13		13		13	10.p.Tr.	13		13		13	Briccii	13	Lucie
14		14		14		14	Ex. cruc.	14		14		14	
15	Viti	15	Div. Ap.	15	Ass.Mar.	15		15	19.p.Tr.	15		15	
16		16	6. p. Tr.	16		16		16	Galli	16		16	
17		17		17	8. Laur.	17	Lamb.	17		17		17	3. Adv.
18	2. p. Tr.	18		18		18		18	Luce	18	8. Mart.	18	
19	Grv.etP.	19		19		19		19		19	Elisab.	19	
20		20		20	11.p.Tr.	20	Quatbr.	20		20		20	Quatbr
21		21	Praxed.	21		21	Matthei	21	Und.m.v.	21		21	Thome
22		22	M.Magd.	22	8.Ass.M.	22	Mauritii	22	20.p.Tr.	22	Cecilie	22	
23		23	7.p.Tr.	23		23		23		23	Clement.	23	
24	Joh. bpt.	24		24	Barthol.	24	16.p.Tr.	24		24		24	4. Adv.
25	3. p. Tr.	25	Jacobi	25		25		25		25	Kathar.	25	Nat. dr
26	Joh.etP.	26	Anne	26		26		26		26	25.p.Tr.	26	Steph.
27		27		27	12.p.Tr.	27	Csm.etD.	27		27		27	Joh. ev
28		28		28		28		28	Sim.etJ.	28		28	Innoc.
29	Pet. et P.	29		29	Dec.Joh.	29	Michael.	29	21.p.Tr.	29		29	Thm. e
30	Co.Pauli	30	Abd.etS.	30	Fel. et A.	30	Jeron.	30		30	Andree	30	
		31		31				31				31	Sylvest

A. S. 847. 852*. 931. 942. 1015. 1026. 1037. 1099. 1110. 1121. 1132*. 1194. 1205. 1216*. 1289. 1300*. 1379. 1384*. 1463. 1474. 1547. 1558. 1569. 1631. 1642. 1653. 1664*.

Schaltjahr		Januar	Februar	März	April	Mai
Januar	Februar					
1 Circ.dni.	1	1 Circ.dni.	1	1	1	1 *Jubilate*
2 S. Steph.	2 Pur.Mar.	2 S. Steph.	2 Pur.Mar.	2 *Quatbr.*	2	2
3 S. Joh. e.	3	3 S. Joh. e.	3	3	3 *Palmar.*	3 Inv.cruc.
4 S. Innoc.	4	4 S. Innoc.	4	4	4 Ambros.	4
5	5 Agathe	5	5 Agathe	5	5	5
6 Epiph.	6	6 Epiph.	6 *Circumd.*	6 *Remin.*	6	6 Joh.a.p.l.
7	7 *Circumd.*	7	7	7 Prp.et F.	7 *Cena dni.*	7
8	8	8	8	8	8 *Parasc.*	8 *Cantate*
9	9 Apollon.	9	9 Apollon.	9	9	9
10 Pauli er.	10 Scholast.	10 Pauli er.	10 Scholast.	10	10 *Pascha*	10 Grd.et E.
11	11	11	11	11	11	11
12	12	12	12	12 Gregorii	12	12 Pancrat.
13 S. Epiph.	13	13 S. Epiph.	13 *Exurge*	13 *Oculi*	13	13
14 Felicis	14 *Exurge*	14 Felicis	14 Valent.	14	14 Tib.et V.	14
15	15	15	15	15	15	15 *Voc. joc.*
16 Marcelli	16 Juliane	16 Marcelli	16 Juliane	16	16	16
17 Antonii	17	17 Antonii	17	17 Gertrud.	17 *Quasim.*	17
18 Prisce	18	18 Prisce	18	18	18	18
19	19	19	19	19	19	19 *Asc. dni.*
20 Fab.et S.	20	20 Fab.et S.	20 *Esto m.*	20 *Letare*	20	20
21 Agnetis	21 *Esto m.*	21 Agnetis	21	21 Bened.	21	21
22 Vincent.	22 Cath. P.	22 Vincent.	22 Cath. P.	22	22	22 *Exaudi*
23	23	23	23 *Cap. jej.*	23	23	23
24	24 *Cap. jej.*	24	24 Matthie	24	24 *Mis. dni.*	24
25 Conv. P.	25 Matthie	25 Conv. P.	25	25 Ann. M.	25 Marci	25 Urbani
26	26	26	26	26	26	26
27	27	27	27 *Invoc.*	27 *Judica*	27	27
28	28 *Invoc.*	28	28	28	28	28
29	29	29		29	29	29 *Pentec.*
30		30		30	30	30
31		31		31		31 Petron.

N. S. 1583. 1594. 1605. 1667. 1678. 1689. 1735. 1746. 1757. 1803. 1814. 1887.
1898. 1955. 1966. 1977.

Juni		Juli		August		Septbr.		October		Novbr.		Decbr.	
1	*Quatbr.*	1		1	Vinc. P.	1	Egidii	1	Remigii	1	Omn. ss.	1	
2	Mar.etP.	2	Vis.Mar.	2	Steph. p.	2		2	17.*p.Tr.*	2	Co.anim.	2	
3		3	4. *p. Tr.*	3	Inv. Ste.	3		3		3		3	
4		4	Udalrici	4		4	13.*p.Tr.*	4		4		4	Barbare
5	*Trinit.*	5		5	Oswaldi	5		5		5		5	
6		6	8. Apost.	6		6		6	8. Mich.	6	22.*p.Tr.*	6	Nicolai
7		7		7	9. *p. Tr.*	7		7		7		7	
8		8	Kiliani	8		8	Nat.Mar.	8		8	8.Omn.s.	8	Con.Mar.
9	*Crp.Chr.*	9		9		9		9	Dionysii	9		9	
10		10	7 fratr.	10	Laurent.	10		10		10		10	
11	Barnabe	11		11		11	Prot.etJ.	11		11	Mart. ep.	11	3. *Adv.*
12	1. *p. Tr.*	12		12		12		12		12		12	
13		13		13		13		13		13	Briccii	13	Lucie
14		14		14	10.*p.Tr.*	14	Ex. cruc.	14		14		14	*Quatbr.*
15	Viti	15	Div. Ap.	15	Ass.Mar.	15		15		15		15	
16		16		16		16		16	Galli	16		16	
17		17	6. *p. Tr.*	17	8. Laur.	17	Lamb.	17		17		17	
18		18		18		18	15.*p.Tr.*	18	Luce	18	8. Mart.	18	4. *Adv.*
19	Grv.etP.	19		19		19		19		19	Elisab.	19	
20		20		20		20		20		20	24.*p.Tr.*	20	
21		21	Praxed.	21	11.*p.Tr.*	21	Qu.Mtth.	21	Und.m.v.	21		21	Thome
22		22	M.Magd.	22	8.Ass.M.	22	Mauritii	22		22	Cecilie	22	
23		23		23		23		23	20.*p.Tr.*	23	Clement.	23	
24	Joh. bpt.	24	7. *p. Tr.*	24	Barthol.	24		24		24		24	
25		25	Jacobi	25		25	16.*p.Tr.*	25		25	Kathar.	25	Nat. dni.
26	Joh.et P.	26	Anne	26		26		26		26		26	Steph.
27		27		27		27	Csm.etD.	27		27	1. *Adv.*	27	Joh. ev.
28		28		28	12.*p.Tr.*	28		28	Sim.et J.	28		28	Innoc.
29	Pet.etP.	29		29	Dec.Joh.	29	Michael.	29		29		29	Thm. ep.
30	Co.Pauli	30	Abd.etS.	30	Fel.et A.	30	Jeron.	30	21.*p.Tr.*	30	Andree	30	
		31	8. *p. Tr.*	31				31				31	Sylvestri

A. S. 863. 874. 885. 947. 958. 969. 980*. 1031. 1042. 1053. 1064*. 1126. 1137. 1148*. 1221. 1227. 1232*. 1311. 1316*. 1322. 1395. 1406. 1417. 1479. 1490. 1501. 1512*. 1563. 1574. 1585. 1596*. 1658. 1669. 1680*.

Schaltjahr				Januar		Februar		März		April		Mai	
Januar		Februar											
1	Circ. dni.	1		1	Circ. dni.	1		1		1		1	Phil. et J.
2	8. Steph.	2	Pur. Mar.	2	8. Steph.	2	Pur. Mar.	2		2		2	*Jubilate*
3	8. Joh. e.	3		3	8. Joh. e.	3		3	*Quatbr.*	3		3	Inv. cruc.
4	8. Innoc.	4		4	8. Innoc.	4		4		4	*Palmar.*	4	
5		5	Agathe	5		5	Agathe	5		5		5	
6	Epiph.	6		6	Epiph.	6		6		6		6	Joh. a. p. l.
7		7		7		7	*Circumd.*	7	*Remin.*	7		7	
8		8	*Circumd.*	8		8		8		8	*Cena dni.*	8	
9		9	Apollon.	9		9	Apollon.	9		9	*Parasc.*	9	*Cantate*
10	Pauli er.	10	Scholast.	10	Pauli er.	10	Scholast.	10		10		10	Grd. et E.
11		11		11		11		11		11	*Pascha*	11	
12		12		12		12		12	Gregorii	12		12	Pancrat.
13	8. Epiph.	13		13	8. Epiph.	13		13		13		13	
14	Felicis	14	Valent.	14	Felicis	14	*Exurge*	14	*Oculi*	14	Tib. et V.	14	
15		15	*Exurge*	15		15		15		15		15	
16	Marcelli	16	Juliane	16	Marcelli	16	Juliane	16		16		16	*Voc. joc.*
17	Antonii	17		17	Antonii	17		17	Gertrud.	17		17	
18	Prisce	18		18	Prisce	18		18		18	*Quasim.*	18	
19		19		19		19		19		19		19	
20	Fab. et S.	20		20	Fab. et S.	20		20		20		20	*Asc. dni.*
21	Agnetis	21		21	Agnetis	21	*Esto m.*	21	*Letare*	21		21	
22	Vincent.	22	*Esto m.*	22	Vincent.	22	Cath. P.	22		22		22	
23		23		23		23		23		23		23	*Exaudi*
24		24		24		24	*C je. Mth.*	24		24		24	
25	Conv. P.	25	*C je. Mth.*	25	Conv. P.	25		25	An. Mar.	25	*Mis. dni.*	25	Urbani
26		26		26		26		26		26		26	
27		27		27		27		27		27		27	
28		28		28		28	*Invoc.*	28	*Judica*	28		28	
29		29	*Invoc.*	29				29		29		29	
30				30				30		30		30	*Pentec.*
31				31				31				31	Petron.

N. S. 1599. 1610. 1621. 1632*. 1694. 1700. 1751. 1762. 1773. 1784*. 1819. 1830. 1841. 1852*. 1909. 1971. 1982. 1993.

Juni	Juli	August	Septbr.	October	Novbr.	Decbr.
1	1	1 Vinc. P.	1 Egidii	1 Remigii	1 Omn. ss.	1
2 M.etP.Q.	2 Vis.Mar.	2 Steph. p.	2	2	2 Co.anim.	2
3	3	3 Inv. Ste.	3	3 17.p.Tr.	3	3
4	4 Udalrici	4	4	4	4	4 Barbare
5 Bonifac.	5	5 Oswaldi	5 13.p.Tr.	5	5	5 2. Adv.
6 Trinit.	6 8.Apost.	6	6	6 8. Mich.	6	6 Nicolai
7	7	7	7	7	7 22.p.Tr.	7
8	8 Kiliani	8 9. p.Tr.	8 Nat.Mar.	8	8 8.Omn.s.	8 Con.Mar.
9 Pr.etFel.	9	9	9	9 Dionysii	9	9
10 Corp.Ch.	10 7 fratr.	10 Laurent.	10	10 18.p.Tr.	10	10
11 Barnabe	11 5.p.Tr.	11	11 Prot.etJ.	11	11 Mart. ep.	11
12	12	12	12 14.p.Tr.	12	12	12 3. Adv.
13 1.p.Tr.	13	13	13	13	13 Briccii	13 Lucie
14	14	14	14 Ex. cruc.	14	14 23.p.Tr.	14
15 Viti	15 Div. Ap.	15 Ass.Mar.	15 Quatbr.	15	15	15 Quatbr.
16	16	16	16	16 Galli	16	16
17	17	17 8. Laur.	17 Lamb.	17 19.p.Tr.	17	17
18	18 6. p. Tr.	18	18	18 Luce	18 8. Mart.	18
19 Grv.etP.	19	19	19 15.p.Tr.	19	19 Elisab.	19 4. Adv.
20 2. p. Tr.	20	20	20	20	20	20
21	21 Praxed.	21	21 Matthei	21 Und.m.v.	21 24.p.Tr.	21 Thome
22	22 M.Magd.	22 8.Ass.M.	22 Mauritii	22	22 Cecilie	22
23	23	23	23	23	23 Clement.	23
24 Joh. bpt.	24	24 Barthol.	24	24 20.p.Tr.	24	24
25	25 Jacobi	25	25	25	25 Kathar.	25 Nat. dni.
26 Joh.etP.	26 Anne	26	26 16.p.Tr.	26	26	26 Steph.
27 3. p. Tr.	27	27	27 Csm.etD.	27	27	27 Joh. ev.
28	28	28	28	28 Sim.et J.	28 1. Adv.	28 Innoc.
29 Pet. et P.	29	29 Dec.Joh.	29 Michael.	29	29	29 Thm. ep.
30 Co. Pauli	30 Abd.etS.	30 Fel. etA.	30 Jeron.	30	30 Andree	30
	31	31		31 21.p.Tr.		31 Sylvestri

A. S. 806. 817. 879. 890. 901. 912*. 974. 985. 996*. 1069. 1080*. 1159. 1164*. 1243. 1254. 1327. 1338. 1349. 1411. 1422. 1433. 1444*. 1506. 1517. 1528*. 1601. 1612*. 1691. 1696*.

Schaltjahr Januar	Schaltjahr Februar	Januar	Februar	März	April	Mai
1 Circ. dni.	1	1 Circ. dni.	1 Pur. Mar.	1 Invoc.	1	1 Phil. et J.
2 S. Steph.	2 Pur. Mar.	2 S. Steph.	2	2	2	2
3 S. Joh. e.	3	3 S. Joh. e.	3	3	3	3 Jubilate
4 S. Innoc.	4	4 S. Innoc.	4 Agathe	4 Quatbr.	4 Ambros.	4
5	5 Agathe	5	5	5	5 Palmar.	5
6 Epiph.	6	6 Epiph.	6	6	6	6 Joh. a. p. l.
7	7	7	7	7 Prp. et F.	7	7
8	8	8	8 Circumd.	8 Remin.	8	8
9	9 Circumd.	9	9 Apollon.	9	9 Cena dni.	9
10 Pauli er.	10 Scholast.	10 Pauli er.	10 Scholast.	10	10 Parasc.	10 Cantate
11	11	11	11	11	11	11
12	12	12	12	12 Gregorii	12 Pascha	12 Pancrat.
13 S. Epiph.	13	13 S. Epiph.	13	13	13	13
14 Felicis	14 Valent.	14 Felicis	14 Valent.	14	14 Tib. et V.	14
15	15	15	15 Exurge	15 Oculi	15	15
16 Marcelli	16 Exurge	16 Marcelli	16 Juliane	16	16	16
17 Antonii	17	17 Antonii	17	17 Gertrud.	17	17 Voc. joc.
18 Prisce	18	18 Prisce	18	18	18	18
19	19	19	19	19	19 Quasim.	19
20 Fab. et S.	20	20 Fab. et S.	20	20	20	20
21 Agnetis	21	21 Agnetis	21	21 Bened.	21	21 Asc. dni.
22 Vincent.	22 Cath. P.	22 Vincent.	22 Esto m.	22 Letare	22	22
23	23 Esto m.	23	23	23	23	23
24	24	24	24 Matthie	24	24	24 Exaudi
25 Conv. P.	25 Matthie	25 Conv. P.	25 Cap. jej.	25 An. Mar.	25 Marci	25 Urbani
26	26 Cap. jej.	26	26	26	26 Mis. dni.	26
27	27	27	27	27	27	27
28	28	28	28	28	28	28
29	29	29		29 Judica	29	29
30		30		30	30	30
31		31		31		31 Pentec.

D.   12. April.   22.

N. S. 1626. 1637. 1648*. 1705. 1716*. 1789. 1846. 1857. 1868*. 1903. 1914. 1925. 1936*. 1998.

Juni	Juli	August	Septbr.	October	Novbr.	Decbr.
1	1	1 Vinc. P.	1 Egidii	1 Remigii	1 Omn. ss.	1
2 Mar.etP.	2 Vis.Mar.	2 Steph. p.	2	2	2 Co.anim.	2
3 Quatbr.	3	3 Inv. Ste.	3	3	3	3
4	4 Udalrici	4	4	4 17.p.Tr.	4	4 Barbare
5 Bonifac.	5 4.p.Tr.	5 Oswaldi	5	5	5	5
6	6 8.Apost.	6	6 13.p.Tr.	6 8. Mich.	6	6 Nicolai
7 Trinit.	7	7	7	7	7	7
8	8 Kiliani	8	8 Nat.Mar.	8	8 8.Omn.s.	8 Con.Mar.
9 Pr.etFel.	9	9 9. p. Tr.	9	9 Dionysii	9	9
10	10 7 fratr.	10 Laurent.	10	10	10	10
11 Crp.Chr.	11	11	11 Prot.etJ.	11 18.p.Tr.	11 Mart.ep.	11
12	12 5. p. Tr.	12	12	12	12	12
13	13	13	13 14.p.Tr.	13	13 Briccii	13 Lucie
14 1.p.Tr.	14	14	14 Ex. cruc.	14	14	14
15 Viti	15 Div. Ap.	15 Ass.Mar.	15	15	15 23.p.Tr.	15
16	16	16 10.p.Tr.	16 Quatbr.	16 Galli	16	16 Quatbr.
17	17	17 8. Laur.	17 Lamb.	17	17	17
18	18	18	18	18 Luce	18 8. Mart.	18
19 Grv.etP.	19 6. p. Tr.	19	19	19	19 Elisab.	19
20	20	20	20 15.p.Tr.	20	20	20 4. Adv.
21 2. p. Tr.	21 Praxed.	21	21 Matthei	21 Und.m.v.	21	21 Thome
22	22 M.Magd.	22 8.Ass.M.	22 Mauritii	22	22 Cecilie	22
23	23	23 11.p.Tr.	23	23	23 Clement.	23
24 Joh. bpt.	24	24 Barthol.	24	24	24	24
25	25 Jacobi	25	25	25 20.p.Tr.	25 Kathar.	25 Nat. dni.
26 Joh.etP.	26 Anne	26	26	26	26	26 Steph.
27	27	27	27 Csm.etD.	27	27	27 Joh. ev.
28 3. p. Tr.	28	28	28	28 Sim.etJ.	28	28 Innoc.
29 Pet. etP.	29	29 Dec.Joh.	29 Michael.	29	29 1. Adv.	29 Thm. ep.
30 Co. Pauli	30 Abd.etS.	30 Fel. etA.	30 Jeron.	30	30 Andree	30
	31	31		31		31 Sylvestri

A. S. 811. 822. 833. 844*. 906. 917. 928*. 1001. 1012*. 1091. 1096*. 1175. 1186. 1259. 1270. 1281. 1343. 1354. 1365. 1376*. 1438. 1449. 1460*. 1533. 1544*. 1623. 1628*.

	Schaltjahr								
Januar		Februar		Januar	Februar	März	April	Mai	
1 Circ. dni.	1		1 Circ. dni.	1	1	1	1 Phil.et J.		
2 S. Steph.	2 Pur.Mar.		2 S. Steph.	2 Pur.Mar.	2 Invoc.	2	2		
3 S. Joh. e.	3		3 S. Joh. e.	3	3	3	3 Inv.cruc.		
4 S. Innoc.	4		4 S. Innoc.	4	4	4 Ambros.	4 Jubilate		
5	5 Agathe		5	5 Agathe	5 Quatbr.	5	5		
6 Epiph.	6		6 Epiph.	6	6	6 Palmar.	6 Joh.a.p.l.		
7	7		7	7	7 Prp.et F.	7	7		
8	8		8	8	8	8	8		
9	9 Apollon.		9	9 Circumd.	9 Remin.	9	9		
10 Pauli er.	10 Circumd.		10 Pauli er.	10 Scholast.	10	10 Cena dni.	10 Grd.et E.		
11	11		11	11	11	11 Parasc.	11 Cantate		
12	12		12	12	12 Gregorii	12	12 Pancrat.		
13 S. Epiph.	13		13 S. Epiph.	13	13	13 Pascha	13		
14 Felicis	14 Valent.		14 Felicis	14 Valent.	14	14 Tib. et V.	14		
15	15		15	15	15	15	15		
16 Marcelli	16 Juliane		16 Marcelli	16 Exurge	16 Oculi	16	16		
17 Antonii	17 Exurge		17 Antonii	17	17 Gertrud.	17	17		
18 Prisce	18		18 Prisce	18	18	18	18 Voc. joc.		
19	19		19	19	19	19	19		
20 Fab.et S.	20		20 Fab.et S.	20	20	20 Quasim.	20		
21 Agnetis	21		21 Agnetis	21	21 Bened.	21	21		
22 Vincent.	22 Cath. P.		22 Vincent.	22 Cath. P.	22	22	22 Asc. dni.		
23	23		23	23 Esto m.	23 Letare	23	23		
24	24 Esto m.		24	24 Matthie	24	24	24		
25 Conv. P.	25 Matthie		25 Conv. P.	25	25 An. Mar.	25 Marci	25 Exaudi		
26	26		26	26 Cap. jej.	26	26	26		
27	27 Cap. jej.		27	27	27	27 Mis. dni.	27		
28	28		28	28	28	28	28		
29	29		29		29	29	29		
30			30		30 Judica	30	30		
31			31		31		31 Petron.		

N. S. 1653. 1659. 1664*. 1721. 1727. 1732*. 1800. 1873. 1879. 1884*. 1941. 1952*.

	Juni		Juli		August		Septbr.		October		Novbr.		Decbr.
1	Pentec.	1		1	Vinc. P.	1	Egidii	1	Remigii	1	Omn. ss.	1	
2	Mar.etP.	2	Vis.Mar.	2	Steph. p.	2		2		2	Co.anim.	2	
3		3		3	Inv. Ste.	3		3		3		3	
4	Quatbr.	4	Udalrici	4		4		4		4		4	Barbare
5	Bonifac.	5		5	Oswaldi	5		5	17.p.Tr.	5		5	
6		6	8. Apost.	6		6		6	8. Mich.	6		6	Nicolai
7		7		7		7	13.p.Tr.	7		7		7	2. Adv.
8	Trinit.	8	Kiliani	8		8	Nat.Mar.	8		8	8.Omn.s.	8	Con.Mar.
9	Pr.etFel.	9		9		9		9	Dionysii	9	22.p.Tr.	9	
10		10	7 fratr.	10	Laurent.	10		10		10		10	
11	Barnabe	11		11		11	Prot.etJ.	11		11	Mart. ep.	11	
12	Crp.Chr.	12		12		12		12	18.p.Tr.	12		12	
13		13	5. p. Tr.	13		13		13		13	Briccii	13	Lucie
14		14		14		14	Ex. cruc.	14		14		14	3. Adv.
15	Viti	15	Div. Ap.	15	Ass.Mar.	15		15		15		15	
16		16		16		16		16	Galli	16	23.p.Tr.	16	
17		17		17	8. Laur.	17	Qu.Lmb.	17		17		17	Quatbr.
18		18		18		18		18	Luce	18	8. Mart.	18	
19	Grv.etP.	19		19		19		19	19.p.Tr.	19	Elisab.	19	
20		20	6. p. Tr.	20		20		20		20		20	
21		21	Praxed.	21		21	Matthei	21	Und.m.v.	21		21	Thome
22	2. p. Tr.	22	M.Magd.	22	8.Ass.M.	22	Mauritii	22		22	Cecilie	22	
23		23		23		23		23		23	Clement.	23	
24	Joh. bpt.	24		24	Barthol.	24		24		24		24	
25		25	Jacobi	25		25		25		25	Kathar.	25	Nat. dni.
26	Joh.et P.	26	Anne	26		26		26	20.p.Tr.	26		26	Steph.
27		27	7. p. Tr.	27		27	Csm.etD.	27		27		27	Joh. ev.
28		28		28		28	16.p.Tr.	28	Sim.et J.	28		28	Innoc.
29	Pet.etP.	29		29	Dec.Joh.	29	Michael.	29		29		29	Thm. ep.
30	Co. Pauli	30	Abd.etS.	30	Fel.et A.	30	Jeron.	30		30	Andree	30	
		31		31	12.p.Tr.			31				31	Sylvestri

24. | **14. April.** | **GF.**

A. S. 838. 849. 860*. 933. 939. 944*. 1023. 1028*. 1034. 1107. 1118. 1129. 1191.
1202. 1213. 1224*. 1275. 1286. 1297. 1308*. 1370. 1381. 1392*. 1465. 1471. 1476*.
1555. 1560*. 1566. 1639. 1650. 1661.

Schaltjahr		Januar	Februar	März	April	Mai
Januar	Februar					
1 Circ. dni.	1	1 Circ. dni.	1	1	1	1 Phil. et J.
2 S. Steph.	2 Pur. Mar.	2 S. Steph.	2 Pur. Mar.	2	2	2
3 S. Joh. e.	3	3 S. Joh. e.	3	3 *Invoc.*	3	3 Inv. cruc.
4 S. Innoc.	4	4 S. Innoc.	4	4	4 Ambros.	4
5	5 Agathe	5	5 Agathe	5	5	5 *Jubilate*
6 Epiph.	6	6 Epiph.	6	6 *Quatbr.*	6	6 Joh. ap. l.
7	7	7	7	7 Prp. et F.	7 *Palmar.*	7
8	8	8	8	8	8	8
9	9 Apollon.	9	9 Apollon.	9	9	9
10 Pauli er.	10 Scholast.	10 Pauli er.	10 *Circumd.*	10 *Remin.*	10	10 Grd. et E.
11	11 *Circumd.*	11	11	11	11 *Cena dni.*	11
12	12	12	12	12 Gregorii	12 *Parasc.*	12 *Cantate*
13 S. Epiph.	13	13 S. Epiph.	13	13	13	13
14 Felicis	14 Valent.	14 Felicis	14 Valent.	14	14 *Pascha*	14
15	15	15	15	15	15	15
16 Marcelli	16 Juliane	16 Marcelli	16 Juliane	16	16	16
17 Antonii	17	17 Antonii	17 *Exurge*	17 *Oculi*	17	17
18 Prisce	18 *Exurge*	18 Prisce	18	18	18	18
19	19	19	19	19	19	19 *Voc. joc.*
20 Fab. et S.	20	20 Fab. et S.	20	20	20	20
21 Agnetis	21	21 Agnetis	21	21 Bened.	21 *Quasim.*	21
22 Vincent.	22 Cath. P.	22 Vincent.	22 Cath. P.	22	22	22 *Asc. dni.*
23	23	23	23	23	23	23
24	24	24	24 *Esto m.*	24 *Letare*	24	24
25 Conv. P.	25 *Esto m.*	25 Conv. P.	25	25 An. Mar.	25 Marci	25 Urbani
26	26	26	26	26	26	26 *Exaudi*
27	27	27	27 *Cap. jej.*	27	27	27
28	28 *Cap. jej.*	28	28	28	28 *Mis. dni.*	28
29	29	29	29	29	29	29
30		30	30	30	30	30
31		31		31 *Judica*		31 Petron.

N. S. 1591. 1596*. 1675. 1686. 1743. 1748*. 1754. 1805. 1811. 1816*. 1895. 1963. 1968*. 1974.

Juni	Juli	August	Septbr.	October	Novbr.	Decbr.
1	1	1 Vinc. P.	1 Egidii	1 Remigii	1 Omn. ss.	1 1. Adv.
2 Pentec.	2 Vis.Mar.	2 Steph. p.	2	2	2 Co.anim.	2
3	3	3 Inv. Ste.	3	3	3 21.p.Tr.	3
4	4 Udalrici	4 8. p. Tr.	4	4	4	4 Barbare
5 Quatbr.	5	5 Oswaldi	5	5	5	5
6	6 8. Apost.	6	6	6 8. Mich.	6	6 Nicolai
7	7 4. p. Tr.	7	7	7	7	7
8	8 Kiliani	8	8 Nat.Mar.	8	8 8.Omn.s.	8 Con.Mar.
9 Trinit.	9	9	9	9 Dionysii	9	9
10	10 7 fratr.	10 Laurent.	10	10	10 22.p.Tr.	10
11 Barnabe	11	11 9. p. Tr.	11 Prot.etJ.	11	11 Mart. ep.	11
12	12	12	12	12	12	12
13 Crp.Chr.	13	13	13	13 18.p.Tr.	13 Briccii	13 Lucie
14	14 5. p. Tr.	14	14 Ex. cruc.	14	14	14
15 Viti	15 Div. Ap.	15 Ass.Mar.	15 14.p.Tr.	15	15	15 3. Adv.
16 1. p. Tr.	16	16	16	16 Galli	16	16
17	17	17 8. Laur.	17 Lamb.	17	17 23. p.Tr.	17
18	18	18 10.p.Tr.	18 Quatbr.	18 Luce	18 8. Mart.	18 Quatbr.
19 Grv.etP.	19	19	19	19	19 Elisab.	19
20	20	20	20	20 19.p.Tr.	20	20
21	21 Praxed.	21	21 Matthei	21 Und.m.v.	21	21 Thome
22	22 M.Magd.	22 8.Ass.M.	22 Mauritii	22	22 Cecilie	22 4. Adv.
23 2. p. Tr.	23	23	23	23	23 Clement.	23
24 Joh. bpt.	24	24 Barthol.	24	24	24 24.p.Tr.	24
25	25 Jacobi	25 11.p.Tr.	25	25	25 Kathar.	25 Nat. dni.
26 Joh.etP.	26 Anne	26	26	26	26	26 Steph.
27	27	27	27 Csm.etD.	27 20.p.Tr.	27	27 Joh. ev.
28	28 7. p. Tr.	28	28	28 Sim.et J.	28	28 Innoc.
29 Pet. et P.	29	29 Dec.Joh.	29 Michael.	29	29	29 Thm. ep.
30 Co.Pauli	30 Abd.etS.	30 Fel. et A.	30 Jeron.	30	30 Andree	30
	31	31		31		31 Sylvestri

A. S. 871. 876*. 955. 966. 1039. 1050. 1061. 1123. 1134. 1145. 1156*. 1218. 1229. 1240*. 1313. 1324*. 1403. 1408*. 1487. 1498. 1571. 1582. 1593. 1655. 1666. 1677. 1608*.

	Schaltjahr						
Tag	Januar	Februar	Januar	Februar	März	April	Mai
1	Circ.dni.		Circ.dni.	Pur.Mar.		*Judica*	Phil.etJ.
2	s.Steph.	Pur.Mar.	s.Steph.				
3	s.Joh.e.		s.Joh.e.				Inv.cruc.
4	s.Innoc.		s.Innoc.		*Invoc.*	Ambros.	
5		Agathe		Agathe			
6	Epiph.		Epiph.				*Jubilate*
7					*Quatbr.*		
8						*Palmar.*	
9		Apollon.		Apollon.			
10	Pauli er.	Scholast.	Pauli er.	Scholast.			Grd.etE.
11				*Circumd.*	*Remin.*		
12		*Circumd.*			Gregorii	*Cena dni.*	Pancrat.
13	s.Epiph.		s.Epiph.			*Parasc.*	*Cantate*
14	Felicis	Valent.	Felicis	Valent.		Tib.etV.	
15						*Pascha*	
16	Marcelli	Juliane	Marcelli	Juliane			
17	Antonii		Antonii		Gertrud.		
18	Prisce		Prisce	*Exurge*	*Oculi*		
19		*Exurge*					
20	Fab.etS.		Fab.etS.				*Voc.joc.*
21	Agnetis		Agnetis		Bened.		
22	Vincent.	Oath.P.	Vincent.	Cath.P.		*Quasim.*	
23							
24				Matthie			*Asc.dni.*
25	Conv.P.	Matthie	Conv.P.	*Esto m.*	*Let.A.M.*	Marci	Urbani
26		*Esto m.*					
27							*Exaudi*
28				*Cap.jej.*			
29		*Cap.jej.*				*Mis.dni.*	
30							
31							Petron.

N. S. 1607. 1618. 1629. 1691. 1759. 1770. 1781. 1827. 1838. 1900. 1906. 1979. 1990.

Juni	Juli	August	Septbr.	October	Novbr.	Decbr.
1	1 3. p. Tr.	1 Vinc. P.	1 Egidii	1 Remigii	1 Omn. ss.	1
2 Mar.etP.	2 Vis.Mar.	2 Steph. p.	2 12. p. Tr.	2	2 Co.anim.	2 1. Adv.
3 Pentec.	3	3 Inv. Ste.	3	3	3	3
4	4 Udalrici	4	4	4	4 21. p. Tr.	4 Barbare
5 Bonifac.	5	5 Oswaldi	5	5	5	5
6 Quatbr.	6 8. Apost.	6	6	6 8. Mich.	6	6 Nicolai
7	7	7	7	7 17. p. Tr.	7	7
8	8 Kiliani	8	8 Nat.Mar.	8	8 8.Omn.s.	8 Con.Mar.
9 Pr.etFel.	9	9	9 13. p. Tr.	9 Dionysii	9	9 2. Adv.
10 Trinit.	10 7 fratr.	10 Laurent.	10	10	10	10
11 Barnabe	11	11	11 Prot.etJ.	11	11 Mart.ep.	11
12	12	12 9. p. Tr.	12	12	12	12
13	13	13	13	13	13 Briccii	13 Lucie
14 Crp.Chr.	14	14	14 Ex. cruo.	14 18. p. Tr.	14	14
15 Viti	15 Div. Ap.	15 Ass.Mar.	15	15	15	15
16	16	16	16 14. p. Tr.	16 Galli	16	16 3. Adv.
17 1. p. Tr.	17	17 8. Laur.	17 Lamb.	17	17	17
18	18	18	18	18 Luce	18 8. Mart.	18
19 Grv.etP.	19	19 10. p. Tr.	19 Quatbr.	19	19 Elisab.	19 Quatbr.
20	20	20	20	20	20	20
21	21 Praxed.	21	21 Matthei	21 Und.m.v.	21	21 Thome
22	22 M.Magd.	22 8. Ass.M.	22 Mauritii	22	22 Cecilie	22
23	23	23	23 15. p. Tr.	23	23 Clement.	23 4. Adv.
24 Joh. bpt.	24	24 Barthol.	24	24	24	24
25	25 Jacobi	25	25	25	25 Kathar.	25 Nat. dni.
26 Joh.etP.	26 Anne	26 11. p. Tr.	26	26	26	26 Steph.
27	27	27	27 Csm.etD.	27	27	27 Joh. ev.
28	28	28	28	28 Sim.etJ.	28	28 Innoc.
29 Pet. etP.	29 7. p. Tr.	29 Dec.Joh.	29 Michael.	29	29	29 Thm. ep.
30 Co. Pauli	30 Abd.etS.	30 Fel.etA.	30 Jeron.	30	30 Andree	30
	31	31		31		31 Sylvestri

A. S. 803. 808*. 814. 887. 890. 909. 971. 982. 993. 1004*. 1055. 1066. 1077. 1088*. 1150. 1161. 1172*. 1245. 1251. 1256*. 1335. 1340*. 1346. 1419. 1430. 1441. 1503. 1514. 1525. 1536*. 1587. 1598. 1609. 1620*. 1682. 1693.

Schaltjahr Januar	Schaltjahr Februar	Januar	Februar	März	April	Mai
1 Circ.dni.	1	1 Circ.dni.	1	1 Cap. jej.	1	1 Phil.et J.
2 s. Steph.	2 Pur.Mar.	2 s. Steph.	2 Pur.Mar.	2	2 Judica	2
3 s. Joh. e.	3	3 s. Joh. e.	3	3	3	3 Inv.cruc.
4 s. Innoc.	4	4 s. Innoc.	4	4	4 Ambros.	4
5	5 Agathe	5	5 Agathe	5 Invoc.	5	5
6 Epiph.	6	6 Epiph.	6	6	6	6 Joh.a.p.l.
7	7	7	7	7 Prp.et F.	7	7 Jubilate
8	8	8	8	8 Quatbr.	8	8
9	9 Apollon.	9	9 Apollon.	9	9 Palmar.	9
10 Pauli er.	10 Scholast.	10 Pauli er.	10 Scholast.	10	10	10 Grd.et E.
11	11	11	11	11	11	11
12	12	12	12 Circumd.	12 Remin.	12	12 Pancrat.
13 8. Epiph.	13 Circumd	13 8. Epiph.	13	13	13 Cena dni.	13
14 Felicis	14 Valent.	14 Felicis	14 Valent.	14	14 Parasc.	14 Cantate
15	15	15	15	15	15	15
16 Marcelli	16 Juliane	16 Marcelli	16 Juliane	16	16 Pascha	16
17 Antonii	17	17 Antonii	17	17 Gertrud.	17	17
18 Prisce	18	18 Prisce	18	18	18	18
19	19	19	19 Exurge	19 Oculi	19	19
20 Fab. et S.	20 Exurge	20 Fab.et S.	20	20	20	20
21 Agnetis	21	21 Agnetis	21	21 Bened.	21	21 Voc. joc.
22 Vincent.	22 Cath. P.	22 Vincent.	22 Cath. P.	22	22	22
23	23	23	23	23	23 Quasim.	23
24	24	24	24 Matthie	24	24	24
25 Conv. P.	25 Matthie	25 Conv. P.	25	25 An.Mar.	25 Marci	25 Asc. dni.
26	26	26	26 Esto m.	26 Letare	26	26
27	27 Esto m.	27	27	27	27	27
28	28	28	28	28	28	28 Exaudi
29	29	29		29	29	29
30		30		30	30 Mis. dni.	30
31		31		31		31 Petron.

A.   16. April.   26.

N. S. 1623. 1634. 1645. 1656*. 1702. 1713. 1724*. 1775. 1786. 1797. 1843. 1854. 1865. 1876*. 1911. 1922. 1933. 1995.

Juni	Juli	August	Septbr.	October	Novbr.	Decbr.
1	1	1 Vinc. P.	1 Egidii	1 Remigii	1 Omn. ss.	1
2 Mar.etP.	2 Vis.Mar.	2 Steph. p.	2	2	2 Co.anim.	2
3	3	3 Inv. Ste.	3 12.p.Tr.	3	3	3 1. Adv.
4 Pentec.	4 Udalrici	4	4	4	4	4 Barbare
5 Bonifac.	5	5 Oswaldi	5	5	5 21.p.Tr.	5
6	6 8.Apost.	6 8. p. Tr.	6	6 8. Mich.	6	6 Nicolai
7 Quatbr.	7	7	7	7	7	7
8	8 Kiliani	8	8 Nat.Mar.	8 17.p.Tr.	8 8.Omn.s.	8 Con.Mar.
9 Pr.etFel.	9 4. p. Tr.	9	9	9 Dionysii	9	9
10	10 7 fratr.	10 Laurent.	10 13.p.Tr.	10	10	10 2. Adv.
11 Trinit.	11	11	11 Prot.etJ.	11	11 Mart.ep.	11
12	12	12	12	12	12 22.p.Tr.	12
13	13	13 9. p. Tr.	13	13	13 Briccii	13 Lucie
14	14	14	14 Ex. cruc.	14	14	14
15 Crp.Chr.	15 Div. Ap.	15 Ass.Mar.	15	15 18.p.Tr.	15	15
16	16 5. p. Tr.	16	16	16 Galli	16	16
17	17	17 8. Laur.	17 Lamb.	17	17	17 3. Adv.
18 1. p. Tr.	18	18	18	18 Luce	18 8. Mart.	18
19 Grv.etP.	19	19	19	19	19 Elisab.	19
20	20	20 10.p.Tr.	20 Quatbr.	20	20	20 Quatbr.
21	21 Praxed.	21	21 Matthei	21 Und.m.v.	21	21 Thome
22	22 M.Magd.	22 8.Ass.M.	22 Mauritii	22 19.p.Tr.	22 Cecilie	22
23	23 6. p. Tr.	23	23	23	23 Clement.	23
24 Joh.bpt.	24	24 Barthol.	24 15.p.Tr.	24	24	24 4. Adv.
25 2. p. Tr.	25 Jacobi	25	25	25	25 Kathar.	25 Nat. dni.
26 Joh.etP.	26 Anne	26	26	26	26 24.p.Tr.	26 Steph.
27	27	27 11.p.Tr.	27 Csm.etD.	27	27	27 Joh. ev.
28	28	28	28	28 Sim.etJ.	28	28 Innoc.
29 Pet.etP.	29	29 Dec.Joh.	29 Michael.	29 20.p.Tr.	29	29 Thm. ep.
30 Co.Pauli	30 Abd.etS.	30 Fel.etA.	30 Jeron.	30	30 Andree	30
	31	31		31		31 Sylvestri

A. S. 819. 830. 841. 903. 914. 925. 936*. 998. 1009. 1020*. 1093. 1104*. 1183. 1188*
1267. 1278. 1351. 1362. 1373. 1435. 1446. 1457. 1468*. 1530. 1541*. 1552*.
1625. 1636*.

Schaltjahr		Januar	Februar	März	April	Mai
Januar	Februar					
1 Circ. dni.	1	1 Circ. dni.	1	1	1	1 Mis. dni.
2 S. Steph.	2 Pur.Mar.	2 S. Steph.	2 Pur.Mar.	2 Cap. jej.	2	2
3 S. Joh. e.	3	3 S. Joh. e.	3	3	3 Judica	3 Inv.cruc.
4 S. Innoc.	4	4 S. Innoc.	4	4	4 Ambros.	4
5	5 Agathe	5	5 Agathe	5	5	5
6 Epiph.	6	6 Epiph.	6	6 Invoc.	6	6 Joh.a.p.l.
7	7	7	7	7 Prp.et F.	7	7
8	8	8	8	8	8	8 Jubilate
9	9 Apollon.	9	9 Apollon.	9 Quatbr.	9	9
10 Pauli er.	10 Scholast.	10 Pauli er.	10 Scholast.	10	10 Palmar.	10 Grd.etE.
11	11	11	11	11	11	11
12	12	12	12	12 Gregorii	12	12 Pancrat.
13 S. Epiph.	13	13 S. Epiph.	13 Circumd.	13 Remin.	13	13
14 Felicis	14 Circumd.	14 Felicis	14 Valent.	14	14 Cena dni.	14
15	15	15	15	15	15 Parasc.	15 Cantate
16 Marcelli	16 Juliane	16 Marcelli	16 Juliane	16	16	16
17 Antonii	17	17 Antonii	17	17 Gertrud.	17 Pascha	17
18 Prisce	18	18 Prisce	18	18	18	18
19	19	19	19	19	19	19
20 Fab.et S.	20	20 Fab.et S.	20 Exurge	20 Oculi	20	20
21 Agnetis	21 Exurge	21 Agnetis	21	21 Bened.	21	21
22 Vincent.	22 Cath. P.	22 Vincent.	22 Cath. P.	22	22	22 Voc. joc.
23	23	23	23	23	23	23
24	24	24	24 Matthie	24	24 Quasim.	24
25 Conv. P.	25 Matthie	25 Conv. P.	25	25 An. Mar.	25 Marci	25 Urbani
26	26	26	26	26	26	26 Asc. dni.
27	27	27	27 Esto m.	27 Letare	27	27
28	28 Esto m.	28	28	28	28	28
29	29	29		29	29	29 Exaudi
30		30		30	30	30
31		31		31		31 Petron.

N. S. 1588*. 1650. 1661. 1672*. 1718. 1729. 1740*. 1808*. 1870. 1881. 1892*. 1927. 1938. 1949. 1960*.

Juni		Juli		August		Septbr.		October		Novbr.		Decbr.	
1		1		1	Vinc. P.	1	Egidii	1	Remigii	1	Omn. ss.	1	
2	Mar.etP.	2	Vis.Mar.	2	Steph. p.	2		2	16.p.Tr.	2	Co.anim.	2	
3		3	3.p.Tr.	3	Inv. Ste.	3		3		3		3	
4		4	Udalrici	4		4	12.p.Tr.	4		4		4	Barbare
5	Pentec.	5		5	Oswaldi	5		5		5		5	
6		6	8. Apost.	6		6		6	8. Mich.	6	21.p.Tr.	6	Nicolai
7		7		7	8. p.Tr.	7		7		7		7	
8	Quatbr.	8	Kiliani	8		8	Nat.Mar.	8		8	8.Omn.s.	8	Con.Mar.
9	Pr.etFel.	9		9		9		9	Dionysii	9		9	
10		10	7 fratr.	10	Laurent.	10		10		10		10	
11	Barnabe	11		11		11	Prot.etJ.	11		11	Mart. ep.	11	3. Adv.
12	Trinit.	12		12		12		12		12		12	
13		13		13		13		13		13	Briccii	13	Lucie
14		14		14	9. p. Tr.	14	Ex. cruc.	14		14		14	Quatbr.
15	Viti	15	Div. Ap.	15	Ass.Mar.	15		15		15		15	
16	Crp.Chr.	16		16		16		16	Galli	16		16	
17		17	5. p. Tr.	17	8. Laur.	17	Lamb.	17		17		17	
18		18		18		18	14.p.Tr.	18	Luce	18	8. Mart.	18	4. Adv.
19	Grv.etP.	19		19		19		19		19	Elisab.	19	
20		20		20		20		20		20	23.p.Tr.	20	
21		21	Praxed.	21	10.p.Tr.	21	Qu.Matt.	21	Und.m.v.	21		21	Thome
22		22	M.Magd.	22	8.Ass.M.	22	Mauritii	22		22	Cecilie	22	
23		23		23		23		23	19.p.Tr.	23	Clement.	23	
24	Joh. bpt.	24	6. p. Tr.	24	Barthol.	24		24		24		24	
25		25	Jacobi	25		25	15.p.Tr.	25		25	Kathar.	25	Nat. dni.
26	Joh.etP.	26	Anne	26		26		26		26		26	Steph.
27		27		27		27	Csm.etD.	27		27	1. Adv.	27	Joh. ev.
28		28		28	11.p.Tr.	28		28	Sim.et J.	28		28	Innoc.
29	Pet. et P.	29		29	Dec.Joh.	29	Michael.	29		29		29	Thm. ep.
30	Co. Pauli	30	Abd.etS.	30	Fel. etA.	30	Jeron.	30	20.p.Tr.	30	Andree	30	
		31	7. p. Tr.	31				31				31	Sylvestri

A. S. 835. 846. 857. 868*. 930. 941. 952*. 1025. 1036*. 1115. 1120*. 1199. 1210.
1283. 1294. 1305. 1367. 1378. 1389. 1400*. 1462. 1473. 1484*. 1557. 1568*.
1647. 1652*.

Schaltjahr			Januar	Februar	März	April	Mai
Januar	Februar						
1 Circ. dni.	1		1 Circ. dni.	1	1	1	1 Phil. et J.
2 8. Steph.	2 Pur. Mar.		2 8. Steph.	2 Pur. Mar.	2	2	2 Mis. dni.
3 8. Joh. e.	3		3 8. Joh. e.	3	3 Cap. jej.	3	3 Inv. cruc.
4 8. Innoc.	4		4 8. Innoc.	4	4	4 Judica	4
5	5 Agathe		5	5 Agathe	5	5	5
6 Epiph.	6		6 Epiph.	6	6	6	6 Joh. a. p. l.
7	7		7	7	7 Invoc.	7	7
8	8		8	8	8	8	8
9	9 Apollon.		9	9 Apollon.	9	9	9 Jubilate
10 Pauli er.	10 Scholast.		10 Pauli er.	10 Scholast.	10 Quatbr.	10	10 Grd. et E.
11	11		11	11	11	11 Palmar.	11
12	12		12	12	12 Gregorii	12	12 Pancrat.
13 8. Epiph.	13		13 8. Epiph.	13	13	13	13
14 Felicis	14 Valent.		14 Felicis	14 Circumd.	14 Remin.	14 Tib. et V.	14
15	15 Circumd.		15	15	15	15 Cena dni.	15
16 Marcelli	16 Juliane		16 Marcelli	16 Juliane	16	16 Parasc.	16 Cantate
17 Antonii	17		17 Antonii	17	17 Gertrud.	17	17
18 Prisce	18		18 Prisce	18	18	18 Pascha	18
19	19		19	19	19	19	19
20 Fab. et S.	20		20 Fab. et S.	20	20	20	20
21 Agnetis	21		21 Agnetis	21 Exurge	21 Oculi	21	21
22 Vincent.	22 Exurge		22 Vincent.	22 Cath. P.	22	22	22
23	23		23	23	23	23	23 Voc. joc.
24	24		24	24 Matthie	24	24	24
25 Conv. P.	25 Matthie		25 Conv. P.	25	25 An. Mar.	25 Quasim.	25 Urbani
26	26		26	26	26	26	26
27	27		27	27	27	27	27 Asc. dni.
28	28		28	28 Esto m.	28 Letare	28	28
29	29 Esto m.		29		29	29	29
30			30		30	30	30 Exaudi
31			31		31		31 Petron.

N. S. 1593. 1604*. 1677. 1683. 1688*. 1745. 1756*. 1802. 1813. 1824*. 1897. 1954. 1965. 1976*.

Juni		Juli		August		Septbr.		October		Novbr.		Decbr.	
1		1		1	Vinc. P.	1	Egidii	1	Remigii	1	Omn. ss.	1	
2	Mar.etP.	2	Vis.Mar.	2	Steph. p.	2		2		2	Co.anim.	2	
3		3		3	Inv. Ste.	3		3	16.p.Tr.	3		3	
4		4	Udalrici	4		4		4		4		4	Barbare
5	Bonifac.	5		5	Oswaldi	5	12.p.Tr.	5		5		5	2. Adv.
6	Pentec.	6	3. Apost.	6		6		6	8. Mich.	6		6	Nicolai
7		7		7		7		7		7	21.p.Tr.	7	
8	Quatbr.	8	Kiliani	8	8. p. Tr.	8	Nat.Mar.	8		8	3.Omn.s.	8	Con.Mar.
9	Quatbr.	9		9		9		9	Dionysii	9		9	
10		10	7 fratr.	10	Laurent.	10		10	17.p.Tr.	10		10	
11	Barnabe	11	4. p. Tr.	11		11	Prot.etJ.	11		11	Mart. ep.	11	
12		12		12		12	13.p.Tr.	12		12		12	3. Adv.
13	Trinit.	13		13		13		13		13	Briccii	13	Lucie
14		14		14		14	Ex. cruc.	14		14	22.p.Tr.	14	
15	Viti	15	Div. Ap.	15	Ass.Mar.	15	Quatbr.	15		15		15	Quatbr.
16		16		16		16		16	Galli	16		16	
17	Crp.Chr.	17		17	8. Laur.	17	Lamb.	17	18. p. Tr.	17		17	
18		18	5. p. Tr.	18		18		18	Luce	18	8. Mart.	18	
19	Grv.etP.	19		19		19	14.p.Tr.	19		19	Elisab.	19	4. Adv.
20	1. p. Tr.	20		20		20		20		20		20	
21		21	Praxed.	21		21	Matthei	21	Und.m.v.	21	23.p.Tr.	21	Thome
22		22	M.Magd.	22	8.Ass.M.	22	Mauritii	22		22	Cecilie	22	
23		23		23		23		23		23	Clement.	23	
24	Joh. bpt.	24		24	Barthol.	24		24	19.p.Tr.	24		24	
25		25	Jacobi	25		25		25		25	Kathar.	25	Nat. dni.
26	Joh.et P.	26	Anne	26		26	15.p.Tr.	26		26		26	Steph.
27	2. p. Tr.	27		27		27	Csm.etD.	27		27		27	Joh. ev.
28		28		28		28		28	Sim.et J.	28	1. Adv.	28	Innoc.
29	Pet.etP.	29		29	Dec.Joh.	29	Michael.	29		29		29	Thm. ep.
30	Co.Pauli	30	Abd.etS.	30	Fel.et A.	30	Jeron.	30		30	Andree	30	
		31		31				31	20.p.Tr.			31	Sylvestri

A. S. 800*. 862. 873. 884*. 957. 963. 968*. 1047. 1052*. 1058. 1131. 1142. 1153. 1215. 1226. 1237. 1248*. 1299. 1310. 1321. 1332*. 1394. 1405. 1416*. 1489. 1495. 1500*. 1579. 1584*. 1590. 1663. 1674. 1685.

Schaltjahr		Januar	Februar	März	April	Mai
Januar	Februar					
1 Circ. dni.	1	1 Circ. dni.	1	1 Esto m.	1	1 Phil. et J.
2 S. Steph.	2 Pur. Mar.	2 S. Steph.	2 Pur. Mar.	2	2	2
3 S. Joh. e.	3	3 S. Joh. e.	3	3	3	3 Mis. dni.
4 S. Innoc.	4	4 S. Innoc.	4	4 Cap. jej.	4 Ambros.	4
5	5 Agathe	5	5 Agathe	5	5 Judica	5
6 Epiph.	6	6 Epiph.	6	6	6	6 Joh. ap. L.
7	7	7	7	7 Prp. et F.	7	7
8	8	8	8	8 Invoc.	8	8
9	9 Apollon.	9	9 Apollon.	9	9	9
10 Pauli er.	10 Scholast.	10 Pauli er.	10 Scholast.	10	10	10 Jubilate
11	11	11	11	11 Quatbr.	11	11
12	12	12	12	12 Gregorii	12 Palmar.	12 Pancratii
13 S. Epiph.	13	13 S. Epiph.	13	13	13	13
14 Felicis	14 Valent.	14 Felicis	14 Valent.	14	14 Tib. et V.	14
15	15	15	15 Circumd.	15 Remin.	15	15
16 Marcelli	16 Circumd.	16 Marcelli	16 Juliane	16	16 Cena dni.	16
17 Antonii	17	17 Antonii	17	17 Gertrud.	17 Parasc.	17 Cantate
18 Prisce	18	18 Prisce	18	18	18	18
19	19	19	19	19	19 Pascha	19
20 Fab. et S.	20	20 Fab. et S.	20	20	20	20
21 Agnetis	21	21 Agnetis	21	21 Bened.	21	21
22 Vincent.	22 Cath. P.	22 Vincent.	22 Exurge	22 Oculi	22	22
23	23 Exurge	23	23	23	23	23
24	24	24	24 Matthie	24	24	24 Voc. joc.
25 Conv. P.	25 Matthie	25 Conv. P.	25 Conv. P.	25 An. Mar.	25 Marci	25 Urbani
26	26	26	26	26	26 Quasim.	26
27	27	27	27	27	27	27
28	28	28	28	28	28	28 Asc. dni.
29	29	29		29 Letare	29	29
30		30		30	30	30
31		31		31		31 Exaudi

N. S. 1609. 1615. 1620*. 1699. 1767. 1772*. 1778. 1829. 1835. 1840*. 1908*. 1981. 1987. 1992*.

Juni		Juli		August		Septbr.		October		Novbr.		Decbr.	
1		1		1	Vinc. P.	1	Egidii	1	Remigii	1	Omn. ss.	1	
2	Mar.etP.	2	Vis.Mar.	2	Steph. p.	2		2		2	Co.anim.	2	
3		3		3	Inv. Ste.	3		3		3		3	
4		4	Udalrici	4		4		4	16.p.Tr.	4		4	Barbare
5	Bonifac.	5	3. p. Tr.	5	Oswaldi	5		5		5		5	
6		6	8. Apost.	6		6	12.p.Tr.	6	8. Mich.	6		6	Nicolai
7	Pentec.	7		7		7		7		7		7	
8		8	Kiliani	8		8	Nat.Mar.	8		8	8.Omn.s.	8	Con.Mar.
9	Pr.etFel.	9		9	8. p. Tr.	9		9	Dionysii	9		9	
10	Quatbr.	10	7 fratr.	10	Laurent.	10		10		10		10	
11	Barnabe	11		11		11	Prot.etJ.	11	17.p.Tr.	11	Mart.ep.	11	
12		12	4. p. Tr.	12		12		12		12		12	
13		13		13		13	13.p.Tr.	13		13	Briccii	13	Lucie
14	Trinit.	14		14		14	Ex. cruc.	14		14		14	
15	Viti	15	Div. Ap.	15	Ass.Mar.	15		15		15	22. p.Tr.	15	
16		16		16	9.p.Tr.	16	Quatbr.	16	Galli	16		16	Quatbr.
17		17		17	8. Laur.	17	Lamb.	17		17		17	
18	Crp.Chr.	18		18		18		18	Luce	18	8. Mart.	18	
19	Grv.etP.	19	5. p. Tr.	19		19		19		19	Elisab.	19	
20		20		20		20	14.p.Tr.	20		20		20	4. Adv.
21	1. p. Tr.	21	Praxed.	21		21	Matthei	21	Und.m.v.	21		21	Thome
22		22	M.Magd.	22	8.Ass.M.	22	Mauritii	22		22	Cecilie	22	
23		23		23	10.p.Tr.	23		23		23	Clement.	23	
24	Joh. bpt.	24		24	Barthol.	24		24		24		24	
25		25	Jacobi	25		25		25	19. p.Tr.	25	Kathar.	25	Nat. dni.
26	Joh.et P.	26	Anne	26		26		26		26		26	Steph.
27		27		27		27	Csm.etD.	27		27		27	Joh. ev.
28	2. p. Tr.	28		28		28		28	Sim.etJ.	28		28	Innoc.
29	Pet. et P.	29		29	Dec.Joh.	29	Michael.	29		29	1. Adv.	29	Thm. ep.
30	Co.Pauli	30	Abd.etS.	30	Fel. et A.	30	Jeron.	30		30	Andree	30	
		31		31				31				31	Sylvestri

A. S. 805. 816*. 895. 900*. 979. 990. 1063. 1074. 1085. 1147. 1158. 1169. 1180*. 1242. 1253. 1264*. 1337. 1348*. 1427. 1432*. 1511. 1522. 1595. 1606. 1617. 1679. 1690.

Schaltjahr Januar		Schaltjahr Februar		Januar		Februar		März		April		Mai	
1	Circ.dni.	1		1	Circ.dni.	1		1		1		1	Phil.et J.
2	S. Steph.	2	Pur.Mar.	2	S. Steph.	2	Pur.Mar.	2	Esto m.	2		2	
3	S. Joh. e.	3		3	S. Joh. e.			3		3		3	Inv.cruc.
4	S. Innoc.	4		4	S. Innoc.			4		4	Ambros.	4	Mis. dni.
5		5	Agathe	5		5	Agathe	5	Cap. jej.	5		5	
6	Epiph.	6		6	Epiph.	6		6		6	Judica	6	Joh.a.p.l.
7		7		7		7		7	Prp.et F.	7		7	
8		8		8		8		8		8		8	
9		9	Apollon.	9		9	Apollon.	9	Invoc.	9		9	
10	Pauli er.	10	Scholast.	10	Pauli er.	10	Scholast.	10		10		10	Grd.etE.
11		11		11		11		11		11		11	Jubilate
12		12		12		12		12	Qu.Greg.	12		12	Pancrat.
13	S. Epiph.	13		13	S. Epiph.	13		13		13	Palmar.	13	
14	Felicis	14	Valent.	14	Felicis	14	Valent.	14		14	Tib. et V.	14	
15		15		15		15		15		15		15	
16	Marcelli	16	Juliane	16	Marcelli	16	Circumd.	16	Remin.	16		16	
17	Antonii	17	Circumd.	17	Antonii	17		17	Gertrud.	17	Cena dni.	17	
18	Prisce	18		18	Prisce	18		18		18	Parasc.	18	Cantate
19		19		19		19		19		19		19	
20	Fab.etS.	20		20	Fab.etS.	20		20		20	Pascha	20	
21	Agnetis	21		21	Agnetis	21		21	Bened.	21		21	
22	Vincent.	22	Cath. P.	22	Vincent.	22	Cath. P.	22		22		22	
23		23		23		23	Exurge	23	Oculi	23		23	
24		24	Exurge	24		24	Matthie	24		24		24	
25	Conv. P.	25	Matthie	25	Conv. P.	25		25	An.Mar.	25	Marci	25	Voc. joc.
26		26		26		26		26		26		26	
27		27		27		27		27		27	Quasim.	27	
28		28		28		28		28		28		28	
29		29		29				29		29		29	Asc. dni.
30				30				30	Letare	30		30	
31				31				31				31	Petron.

146

N. S. 1631. 1642. 1710. 1783. 1794. 1851. 1862. 1919. 1924*. 1930.

	Juni		Juli		August		Septbr.		October		Novbr.		Decbr.
1	*Exaudi*	1		1	Vinc. P.	1	Egidii	1	Remigii	1	Omn. ss.	1	
2	Mar.etP.	2	Vis.Mar.	2	Steph. p.	2		2		2	Co.anim.	2	
3		3		3	Inv. Ste.	3		3		3		3	
4		4	Udalrici	4		4		4		4		4	Barbare
5	Bonifac.	5		5	Oswaldi	5		5	16.p.Tr.	5		5	
6		6	8. Apost.	6		6		6	8. Mich.	6		6	Nicolai
7		7		7		7	12.p.Tr.	7		7		7	2. Adv.
8	*Pentec.*	8	Kiliani	8		8	Nat.Mar.	8		8	8.Omn.s.	8	Con.Mar.
9	Pr.etFel.	9		9		9		9	Dionysii	9	21.p.Tr.	9	
10		10	7 fratr.	10	Laurent.	10		10		10		10	
11	*Qu.*Barn.	11		11		11	Prot.etJ.	11		11	Mart. ep.	11	
12		12		12		12		12	17.p.Tr.	12		12	
13		13	4. *p. Tr.*	13		13		13		13	Briccii	13	Lucie
14		14		14		14	Ex. cruc.	14		14		14	3. Adv.
15	*Trinit.*	15	Div. Ap.	15	Ass.Mar.	15		15		15		15	
16		16		16		16		16	Galli	16	22.p.Tr.	16	
17		17		17	8. Laur.	17	*Qu.*Lmb.	17		17		17	Quatbr.
18		18		18		18		18	Luce	18	8. Mart.	18	
19	*Crp. Chr.*	19		19		19		19	18.p.Tr.	19	Elisab.	19	
20		20	5. *p. Tr.*	20		20		20		20		20	
21		21	Praxed.	21		21	Matthei	21	Und.m.v.	21		21	Thome
22	1. *p. Tr.*	22	M.Magd.	22	8.Ass.M.	22	Mauritii	22		22	Cecilie	22	
23		23		23		23		23		23	Clement.	23	
24	Joh. bpt.	24		24	Barthol.	24		24		24		24	
25		25	Jacobi	25		25		25		25	Kathar.	25	Nat. dni.
26	Joh.etP.	26	Anne	26		26		26	19.p.Tr.	26		26	Steph.
27		27	6. *p. Tr.*	27		27	Csm.etD.	27		27		27	Joh. ev.
28		28		28		28	15.p.Tr.	28	Sim.et J.	28		28	Innoc.
29	Pet. et P.	29		29	Dec.Joh.	29	Michael	29		29		29	Thm. ep.
30	Co. Pauli	30	Abd.etS.	30	Fel. etA.	30	Jeron.	30		30	Andree	30	
		31		31	11.p.Tr.			31				31	Sylvestri

A. S. 827. 911. 922. 995. 1006. 1017. 1090. 1101. 1112*. 1185. 1196*. 1280*. 1359. 1443. 1454. 1527. 1538. 1549. 1622. 1633. 1644*.

Schaltjahr		Januar	Februar	März	April	Mai
Januar	Februar					
1 Circ.dni.	1	1 Circ.dni.	1	1	1	1 Phil.et J.
2 8. Steph.	2 Pur.Mar.	2 8. Steph.	2 Pur.Mar.	2	2	2
3 8. Joh. e.	3	3 8. Joh. e.	3	3 Esto m.	3	3 Inv.cruc.
4 8. Innoc.	4	4 8. Innoc.	4	4	4 Ambros.	4
5	5 Agathe	5	5 Agathe	5	5	5 Mis. dni.
6 Epiph.	6	6 Epiph.	6	6 Cap. jej.	6	6 Joh.ap.l.
7	7	7	7	7 Prp.etF.	7 Judica	7
8	8	8	8	8	8	8
9	9 Apollon.	9	9 Apollon.	9	9	9
10 Pauli er.	10 Scholast.	10 Pauli er.	10 Scholast.	10 Invoc.	10	10 Grd.etE.
11	11	11	11	11	11	11
12	12	12	12	12 Gregorii	12	12 Jubilate
13 8.Epiph.	13	13 8.Epiph.	13	13 Quatbr.	13	13
14 Felicis	14 Valent.	14 Felicis	14 Valent.	14	14 Palmar.	14
15	15	15	15	15	15	15
16 Marcelli	16 Juliane	16 Marcelli	16 Juliane	16	16	16
17 Antonii	17	17 Antonii	17 Circumd.	17 Rem.Grt.	17	17
18 Prisce	18 Circumd.	18 Prisce	18	18	18 Cena dni.	18
19	19	19	19	19	19 Parasc.	19 Cantate
20 Fab.et S.	20	20 Fab.et S.	20	20	20	20
21 Agnetis	21	21 Agnetis	21	21 Bened.	21 Pascha	21
22 Vincent.	22 Cath. P.	22 Vincent.	22 Cath. P.	22	22	22
23	23	23	23	23	23	23
24	24	24	24 Ex.Mtth.	24 Oculi	24	24
25 Conv. P.	25 Exurge	25 Conv. P.	25	25 An. Mar.	25 Marci	25 Urbani
26	26	26	26	26	26	26 Voc. joc.
27	27	27	27	27	27	27
28	28	28	28	28	28 Quasim.	28
29	29	29		29	29	29
30		30		30	30	30 Asc. dni.
31		31		31 Letare		31 Petron.

N. S. 1585. 1647. 1658. 1669. 1680*. 1715. 1726. 1737. 1867. 1878. 1889. 1935.
1946. 1957.

Juni		Juli		August		Septbr.		October		Novbr.		Decbr.	
1		1		1	Vinc. P.	1	Egidii	1	Remigii	1	Omn. ss.	1	1. *Adv.*
2	*Exaudi*	2	Vis.Mar.	2	Steph. p.	2		2		2	Co.anim.	2	
3		3		3	Inv. Ste.	3		3		3	20.*p.Tr.*	3	
4		4	Udalrici	4	*7. p. Tr.*	4		4		4		4	Barbare
5	Bonifac.	5		5	Oswaldi	5		5		5		5	
6		6	8. Apost.	6		6		6	8. Mich.	6		6	Nicolai
7		7	*3. p. Tr.*	7		7		7		7		7	
8		8	Kiliani	8		8	Nat.Mar.	8		8	8.Omn.s.	8	Con.Mar.
9	*Pentec.*	9		9		9		9	Dionysii	9		9	
10		10	7 fratr.	10	Laurent.	10		10		10	21.*p.Tr.*	10	
11	Barnabe	11		11	*8. p. Tr.*	11	Prot.etJ.	11		11	Mart.ep.	11	
12	*Quatbr.*	12		12		12		12		12		12	Lucie
13		13		13		13		13	17.*p.Tr.*	13	Briccii	13	
14		14	*4. p. Tr.*	14		14	Ex. cruc.	14		14		14	
15	Viti	15	Div. Ap.	15	Ass.Mar.	15	13.*p.Tr.*	15		15		15	3. *Adv.*
16	*Trinit.*	16		16		16		16	Galli	16		16	
17		17		17	8. Laur.	17	Lamb.	17		17	22.*p.Tr.*	17	
18		18		18	*9. p. Tr.*	18	*Quatbr.*	18	Luce	18	8. Mart.	18	*Quatbr.*
19	Grv.etP.	19		19		19		19		19	Elisab.	19	
20	*Crp.Chr.*	20		20		20		20	18.*p.Tr.*	20		20	
21		21	Praxed.	21		21	Matthei	21	Und.m.v.	21		21	Thome
22		22	M.Magd.	22	8.Ass.M.	22	Mauritii	22		22	Cecilie	22	4. *Adv.*
23	*1. p. Tr.*	23		23		23		23		23	Clement.	23	
24	Joh. bpt.	24		24	Barthol.	24		24		24	23.*p.Tr.*	24	
25		25	Jacobi	25	10.*p.Tr.*	25		25		25	Kathar.	25	Nat. dni.
26	Joh.etP.	26	Anne	26		26		26		26		26	Steph.
27		27		27		27	Csm.etD.	27	19.*p.Tr.*	27		27	Joh. ev.
28		28	*6. p. Tr.*	28		28		28	Sim.etJ.	28		28	Innoc.
29	Pet. etP.	29		29	Dec.Joh.	29	Michael.	29		29		29	Thm. ep.
30	Co.Pauli	30	Abd.etS.	30	Fel.etA.	30	Jeron.	30		30	Andree	30	
		31		31				31				31	Sylvestri

A. S. 843. 854. 865. 938. 949. 960*. 1033. 1044*. 1128*. 1207. 1291. 1302. 1375. 1386. 1397. 1470. 1481. 1492*. 1565. 1576*. 1660*.

Schaltjahr Januar	Schaltjahr Februar	Januar	Februar	März	April	Mai
1 Circ. dni.	1	1 Circ. dni.	1	1	1 *Letare*	1 Phil.et J.
2 8. Steph.	2 Pur.Mar.	2 8. Steph.	2 Pur.Mar.	2	2	2
3 8. Joh. e.	3	3 8. Joh. e.	3	3	3	3 Inv.cruc.
4 8. Innoc.	4	4 8. Innoc.	4	4 *Esto m.*	4 Ambros.	4
5	5 Agathe	5	5 Agathe	5	5	5
6 Epiph.	6	6 Epiph.	6	6	6	6 *Mis. dni.*
7	7	7	7	7 *Cap. jej.*	7	7
8	8	8	8	8	8 *Judica*	8
9	9 Apollon.	9	9 Apollon.	9	9	9
10 Pauli er.	10 Scholast.	10 Pauli er.	10 Scholast.	10	10	10 Grd.etE.
11	11	11	11	11 *Invoc.*	11	11
12	12	12	12	12 Gregorii	12	12 Pancrat.
13 8. Epiph.	13	13 8. Epiph.	13	13	13	13 *Jubilate*
14 Felicis	14 Valent.	14 Felicis	14 Valent.	14 *Quatbr.*	14 Tib. et V.	14
15	15	15	15	15	15 *Palmar.*	15
16 Marcelli	16 Juliane	16 Marcelli	16 Juliane	16	16	16
17 Antonii	17	17 Antonii	17	17 Gertrud.	17	17
18 Prisce	18	18 Prisce	18 *Circumd.*	18 *Remin.*	18	18
19	19 *Circumd.*	19	19	19	19 *Cena dni.*	19
20 Fab.et S.	20	20 Fab.et S.	20	20	20 *Parasc.*	20 *Cantate*
21 Agnetis	21	21 Agnetis	21	21 Bened.	21	21
22 Vincent.	22 Cath. P.	22 Vincent.	22 Cath. P.	22	22 *Pascha*	22
23	23	23	23	23	23	23
24	24	24	24 Matthie	24	24	24
25 Conv. P.	25 Matthie	25 Conv. P.	25 *Exurge*	25 *Oc.* A. M.	25 Marci	25 Urbani
26	26 *Exurge*	26	26	26	26	26
27	27	27	27	27	27	27 *Voc. joc.*
28	28	28	28	28	28	28
29	29	29		29	29 *Quasim.*	29
30		30		30	30	30
31		31		31		31 *Asc. dni.*

N. S. 1590. 1601. 1612*. 1685. 1696*. 1753. 1764*. 1810. 1821. 1832*. 1962. 1973. 1984*.

Day	Juni	Juli	August	Septbr.	October	Novbr.	Decbr.
1		2. p. Tr.	Vinc. P.	Egidii	Remigii	Omn. ss.	
2	Mar.etP.	Vis.Mar.	Steph. p.	11.p.Tr.		Co.anim.	1. Adv.
3	Exaudi		Inv. Ste.				
4		Udalrici				20.p.Tr.	Barbare
5	Bonifac.		Oswaldi				
6		8.Apost.			8. Mich.		Nicolai
7					16. p.Tr.		
8		Kiliani		Nat.Mar.		8.Omn.s.	Con.Mar.
9	Pr.etFel.			12.p.Tr.	Dionysii		2. Adv.
10	Pentec.	7 fratr.	Laurent.				
11	Barnabe			Prot.etJ.		Mart.ep.	
12			8. p. Tr.				
13	Quatbr.					Briccii	Lucie
14				Ex. cruo.	17.p.Tr.		
15	Viti	Div. Ap.	Ass.Mar.				
16				13.p.Tr.	Galli		3. Adv.
17	Trinit.		8. Laur.	Lamb.			
18					Luce	8. Mart.	
19	Grv.etP.		9. p. Tr.	Quatbr.		Elisab.	Quatbr.
20							
21	Crp.Chr.	Praxed.		Matthei	Und.m.v.		Thome
22		M.Magd.	8.Ass.M.	Mauritii		Cecilie	
23				14.p.Tr.		Clement.	4. Adv.
24	Joh. bpt.		Barthol.				
25		Jacobi				Kathar.	Nat. dni.
26	Joh.etP.	Anne	10.p.Tr.				Steph.
27				Csm.etD.			Joh. ev.
28					Sim.et J.		Innoc.
29	Pet.etP.	6. p. Tr.	Dec.Joh.	Michael.			Thm. ep.
30	Co.Pauli	Abd.etS.	Fel.etA.	Jeron.		Andree	
31							Sylvestri

A. S. 881. 892*..976*. 1139. 1223. 1234. 1310. 1329. 1413. 1424*. 1500*. 1671.

Schaltjahr Januar	Schaltjahr Februar	Januar	Februar	März	April	Mai
1 Circ. dni.	1	1 Circ. dni.	1	1	1	1 Phil.et J.
2 0. Steph.	2 Pur. Mar.	2 0. Steph.	2 Pur. Mar.	2	2 *Lætare*	2
3 0. Joh. e.	3	3 0. Joh. e.	3	3	3	3 Inv. cruc.
4 8. Innoc.	4	4 0. Innoc.	4	4	4 Ambros.	4
5	5 Agathe	5	5 Agathe	5 *Esto m.*	5	5
6 Epiph.	6	6 Epiph.	6	6	6	6 Joh. a. p. L.
7	7	7	7	7 Prp.et F.	7	7 *Mis. dni.*
8	8	8	8	8 *Cap. jej.*	8	8
9	9 Apollon.	9	9 Apollon.	9	9 *Judica*	9
10 Pauli er.	10 Scholast.	10 Pauli er.	10 Scholast.	10	10	10 Grd. et E.
11	11	11	11	11	11	11
12	12	12	12	12 *Inv. Grg.*	12	12 Pancrat.
13 0. Epiph.	13	13 0. Epiph.	13	13	13	13
14 Felicis	14 Valent.	14 Felicis	14 Valent.	14	14 Tib. et V.	14 *Jubilate*
15	15	15	15	15 *Quatbr.*	15	15
16 Marcelli	16 Juliane	16 Marcelli	16 Juliane	16	16 *Palmar.*	16
17 Antonii	17	17 Antonii	17	17 Gertrud.	17	17
18 Prisce	18	18 Prisce	18	18	18	18
19	19	19	19 *Circumd.*	19 *Remin.*	19	19
20 Fab. et S.	20 *Circumd.*	20 Fab. et S.	20	20	20 *Cena dni.*	20
21 Agnetis	21	21 Agnetis	21	21 Bened.	21 *Parasc.*	21 *Cantate*
22 Vincent.	22 Cath. P.	22 Vincent.	22 Cath. P.	22	22	22
23	23	23	23	23	23 *Pascha*	23
24	24	24	24 Matthie	24	24	24
25 Conv. P.	25 Matthie	25 Conv. P.	25	25 An. Mar.	25 Marci	25 Urbani
26	26	26	26 *Exurge*	26 *Oculi*	26	26
27	27 *Exurge*	27	27	27	27	27
28	28	28	28	28	28	28 *Voc. joc.*
29	29	29		29	29	29
30		30		30	30 *Quasim.*	30
31		31		31		31 Petron.

N. S. 1628*. 1848*. 1905. 1916*. 2000*.

	Juni		Juli		August		Septbr.		October		Novbr.		Decbr.
1	Asc. dni.	1		1	Vinc. P.	1	Egidii	1	Remigii	1	Omn. ss.	1	
2	Mar.etP.	2	Vis.Mar.	2	Steph. p.	2		2		2	Co.anim.	2	
3		3		3	Inv. Ste.	3	11.p.Tr.	3		3		3	1. Adv.
4	Exaudi	4	Udalrici	4		4		4		4		4	Barbare
5	Bonifac.	5		5	Oswaldi	5		5		5	20.p.Tr.	5	
6		6	8. Apost.	6	7. p. Tr.	6		6	8. Mich.	6		6	Nicolai
7		7		7		7		7		7		7	
8		8	Kiliani	8		8	Nat.Mar.	8	16.p.Tr.	8	8.Omn.s.	8	Con.Mar.
9	Pr.etFel.	9	3. p. Tr.	9		9		9	Dionysii	9		9	
10		10	7 fratr.	10	Laurent.	10	12.p.Tr.	10		10		10	2. Adv.
11	Pentec.	11		11		11	Prot.etJ.	11		11	Mart. ep.	11	
12		12		12		12		12		12	21.p.Tr.	12	
13		13		13	8. p. Tr.	13		13		13	Briccii	13	Lucie
14	Quatbr.	14		14		14	Ex. cruc.	14		14		14	
15	Viti	15	Div. Ap.	15	Ass.Mar.	15		15	17.p.Tr.	15		15	
16		16	4. p. Tr.	16		16		16	Galli	16		16	
17		17		17	8. Laur.	17	Lamb.	17		17		17	3. Adv.
18	Trinit.	18		18		18		18	Luce	18	8. Mart.	18	
19	Grv.etP.	19		19		19		19		19	Elisab.	19	
20		20		20	9. p. Tr.	20	Quatbr.	20		20		20	Quatbr.
21		21	Praxed.	21		21	Matthei	21	Und.m.v.	21		21	Thome
22	Crp.Chr.	22	M.Magd.	22	8.Ass.M.	22	Mauritii	22	10.p.Tr.	22	Cecilie	22	
23		23	5. p. Tr.	23		23		23		23	Clement.	23	
24	Joh. bpt.	24		24	Barthol.	24	14.p.Tr.	24		24		24	4. Adv.
25	1. p. Tr.	25	Jacobi	25		25		25		25	Kathar.	25	Nat. dni.
26	Joh.etP.	26	Anne	26		26		26		26	23.p.Tr.	26	Steph.
27		27		27	10.p.Tr.	27	Csm.etD.	27		27		27	Joh. ev.
28		28		28		28		28	Sim.ct J.	28		28	Innoc.
29	Pet.etP.	29		29	Dec.Joh.	29	Michael.	29	19.p.Tr.	29		29	Thm. ep.
30	Co.Pauli	30	Abd.etS.	30	Fel.et A.	30	Jeron.	30		30	Andree	30	
		31		31				31				31	Sylvestri

A. S. 824*. 987. 1071. 1082. 1166. 1177. 1261. 1272*. 1356*. 1519. 1603. 1614. 1698.

Schaltjahr Januar	Schaltjahr Februar	Januar	Februar	März	April	Mai
1 Circ. dni.	1	1 Circ. dni.	1	1	1	1 *Quasim*
2 o. Steph.	2 Pur. Mar.	2 o. Steph.	2 Pur. Mar.	2	2	2
3 o. Joh. e.	3	3 o. Joh. e.	3	3	3 *Letare*	3 Inv. cru
4 o. Innoc.	4	4 o. Innoc.	4	4	4 Ambros.	4
5	5 Agathe	5	5 Agathe	5	5	5
6 Epiph.	6	6 Epiph.	6	6 *Esto m.*	6	6 Joh. a. p. l.
7	7	7	7	7 Prp. et F.	7	7
8	8	8	8	8	8	8 *Mis. dni.*
9	9 Apollon.	9	9 Apollon.	9 *Cap. jej.*	9	9
10 Pauli er.	10 Scholast.	10 Pauli er.	10 Scholast.	10	10 *Judica*	10 Grd. et
11	11	11	11	11	11	11
12	12	12	12	12 Gregorii	12	12 Pancrat.
13 o. Epiph.	13	13 o. Epiph.	13	13 *Invoc.*	13	13
14 Felicis	14 Valent.	14 Felicis	14 Valent.	14	14 Tib. et V.	14
15	15	15	15	15	15	15 *Jubilate*
16 Marcelli	16 Juliane	16 Marcelli	16 Juliane	16 *Quatbr.*	16	16
17 Antonii	17	17 Antonii	17	17 Gertrud.	17 *Palmar.*	17
18 Prisce	18	18 Prisce	18	18	18	18
19	19	19	19	19	19	19
20 Fab. et S.	20	20 Fab. et S.	20 *Circumd.*	20 *Remin.*	20	20
21 Agnetis	21 *Circumd.*	21 Agnetis	21	21 Bened.	21 *Cena dni.*	21
22 Vincent.	22 Cath. P.	22 Vincent.	22 Cath. P.	22	22 *Parasc.*	22 *Cantate*
23	23	23	23	23	23	23
24	24	24	24 Matthie	24	24 *Pascha*	24
25 Conv. P.	25 Matthie	25 Conv. P.	25	25 An. Mar.	25 Marci	25 Urbani
26	26	26	26	26	26	26
27	27	27	27 *Exurge*	27 *Oculi*	27	27
28	28 *Exurge*	28	28	28	28	28
29	29	29		29	29	29 *Voc. jon*
30		30		30	30	30
31		31		31		31 Petron.

N. S. 1639. 1707. 1791. 1859.

Juni		Juli		August		Septbr.		October		Novbr.		Decbr.	
1		1		1	Vinc. P.	1	Egidii	1	Remigii	1	Omn. ss.	1	
2	*Asc. dni.*	2	Vis.Mar.	2	Steph. p.	2		2	*15. p. Tr.*	2	Co.anim.	2	
3		3	*2. p. Tr.*	3	Inv. Ste.	3		3		3		3	
4		4	Udalrici	4		4	*11.p.Tr.*	4		4		4	Barbare
5	*Exaudi*	5		5	Oswaldi	5		5		5		5	
6		6	6. Apost.	6		6		6	8. Mich.	6	*20.p.Tr.*	6	Nicolai
7		7		7	*7. p. Tr.*	7		7		7		7	
8		8	Kiliani	8		8	Nat.Mar.	8		8	*6.Omn.s.*	8	Con.Mar.
9	Pr.etFel.	9		9		9		9	Dionysii	9		9	
10		10	7 fratr.	10	Laurent.	10		10		10		10	
11	Barnabe	11		11		11	Prot.etJ.	11		11	Mart.ep.	11	*3. Adv.*
12	*Pentec.*	12		12		12		12		12		12	
13		13		13		13		13		13	Briccii	13	Lucie
14		14		14	*6. p. Tr.*	14	Ex. cruc.	14		14		14	*Quatbr.*
15	*Qu.* Viti	15	Div. Ap.	15	Ass.Mar.	15		15		15		15	
16		16		16		16		16	Galli	16		16	
17		17	*4. p. Tr.*	17	6. Laur.	17	Lamb.	17		17		17	
18		18		18		18	*13.p.Tr.*	18	Luce	18	6. Mart.	18	*3. Adv.*
19	*Trinit.*	19		19		19		19		19	Elisab.	19	
20		20		20		20		20		20	*22.p.Tr.*	20	
21		21	Praxed.	21	*9. p. Tr.*	21	Qu.Mtth.	21	Und.m.v.	21		21	Thome
22		22	M.Magd.	22	*6.Ass.M.*	22	Mauritii	22		22	Cecilie	22	
23	*Crp.Chr.*	23		23		23		23	*16.p.Tr.*	23	Clement.	23	
24	Joh. bpt.	24	*5. p. Tr.*	24	Barthol.	24		24		24		24	
25		25	Jacobi	25		25	*14.p.Tr.*	25		25	Kathar.	25	Nat. dni.
26	Joh.et P.	26	Anne	26		26		26		26		26	Steph.
27		27		27		27	Cem.etD.	27		27	*1. Adv.*	27	Joh. ev.
28		28		28	*10.p.Tr.*	28		28	Sim.et.J.	28		28	Innoc.
29	Pet. et P.	29		29	Dec.Joh.	29	Michael.	29		29		29	Thm. ep.
30	Co.Pauli	30	Abd.etS.	30	Fel.etA.	30	Jeron.	30	*19.p.Tr.*	30	Andree	30	
		31	*6. p. Tr.*	31				31				31	Sylvestri

A. S. 919. 1014. 1109. 1204*. 1451. 1546. 1641.

Schaltjahr		Januar	Februar	März	April	Mai
Januar	Februar					
1 Circ.dni.	1	1 Circ.dni.	1	1	1	1 Phil.et J.
2 s. Steph.	2 Pur.Mar.	2 s. Steph.	2 Pur.Mar.	2	2	2 *Quasim.*
3 s. Joh. e.	3	3 s. Joh. e.	3	3	3	3 Inv.cruc.
4 s. Innoc.	4	4 s. Innoc.	4	4	4 *Letare*	4
5	5 Agathe	5	5 Agathe	5	5	5
6 Epiph.	6	6 Epiph.	6	6	6	6 Joh.a.p.l.
7	7	7	7	7 *Esto m.*	7	7
8	8	8	8	8	8	8
9	9 Apollon.	9	9 Apollon.	9	9	9 *Mis.dni.*
10 Pauli er.	10 Scholast.	10 Pauli er.	10 Scholast.	10 *Cap. jej.*	10	10 Grd.etE.
11	11	11	11	11	11 *Judica*	11
12	12	12	12	12 Gregorii	12	12 Pancrat.
13 s. Epiph.	13	13 s. Epiph.	13	13	13	13
14 Felicis	14 Valent.	14 Felicis	14 Valent.	14 *Invoc.*	14 Tib.et V.	14
15	15	15	15	15	15	15
16 Marcelli	16 Juliane	16 Marcelli	16 Juliane	16	16	16 *Jubilate*
17 Antonii	17	17 Antonii	17	17 *Qu. Grtr.*	17	17
18 Prisce	18	18 Prisce	18	18	18 *Palmar.*	18
19	19	19	19	19	19	19
20 Fab.et S.	20	20 Fab.et S.	20	20	20	20
21 Agnetis	21	21 Agnetis	21 *Circumd.*	21 *Remin.*	21	21
22 Vincent.	22 *Circumd.*	22 Vincent.	22 Cath. P.	22	22 *Cenadni.*	22
23	23	23	23	23	23 *Parasc.*	23 *Cantate*
24	24	24	24 Matthie	24	24	24
25 Conv. P.	25 Matthie	25 Conv. P.	25	25 An. Mar.	25 *Pascha*	25 Urbani
26	26	26	26	26	26	26
27	27	27	27	27	27	27
28	28	28	28 *Exurge*	28 *Oculi*	28	28
29	29 *Exurge*	29		29	29	29
30		30		30	30	30 *Voc. joc.*
31		31		31		31 Petron.

N. S. 1666. 1734. 1886. 1943.

Juni		Juli		August		Septbr.		October		Novbr.		Decbr.	
1		1		1	Vinc. P.	1	Egidii	1	Remigii	1	Omn. ss.	1	
2	Mar.etP.	2	Vis.Mar.	2	Steph. p.	2		2		2	Co.auim.	2	
3	Asc. dni.	3		3	Inv. Ste.	3		3	15.p.Tr.	3		3	
4		4	Udalrici	4		4		4		4		4	Barbare
5	Bonifac.	5		5	Oswaldi	5	11.p.Tr.	5		5		5	2. Adv.
6	Exaudi	6	8. Apost.	6		6		6	8. Mich.	6		6	Nicolai
7		7		7		7		7		7	20.p.Tr.	7	
8		8	Kiliani	8	7. p. Tr.	8	Nat.Mar.	8		8	8.Omn.s.	8	Con.Mar.
9	Pr.etFel.	9		9		9		9	Dionysii	9		9	
10		10	7 fratr.	10	Laurent.	10		10	16.p.Tr.	10		10	
11	Barnabe	11	3. p. Tr.	11		11	Prot.etJ.	11		11	Mart. ep.	11	
12		12		12		12	12.p.Tr.	12		12		12	3. Adv.
13	Pentec.	13		13		13		13		13	Briccii	13	Lucie
14		14		14		14	Ex. cruc.	14		14	21. p.Tr.	14	
15	Viti	15	Div. Ap.	15	Ass.Mar.	15	Quatbr.	15		15		15	Quatbr.
16	Quatbr.	16		16		16		16	Galli	16		16	
17		17		17	8. Laur.	17	Lamb.	17	17.p.Tr.	17		17	
18		18	4. p. Tr.	18		18		18	Luce	18	8. Mart.	18	
19	Grv.etP.	19		19		19	13.p.Tr.	19		19	Elisab.	19	4. Adv.
20	Trinit.	20		20		20		20		20		20	
21		21	Praxed.	21		21	Matthei	21	Und.m.v.	21	22.p.Tr.	21	Thome
22		22	M.Magd.	22	8.Ass.M.	22	Mauritii	22		22	Cecilie	22	
23		23		23		23		23		23	Clement.	23	
24	C.C.Joh.	24		24	Barthol.	24		24	18. p.Tr.	24		24	
25		25	Jacobi	25		25		25		25	Kathar.	25	Nat. dni.
26	Joh.etP.	26	Anne	26		26	14.p.Tr.	26		26		26	Steph.
27	1. p. Tr.	27		27		27	Csm.etD.	27		27		27	Joh. ev.
28		28		28		28		28	Sim.et J.	28	1. Adv.	28	Innoc.
29	Pet. et P.	29		29	Dec.Joh.	29	Michael.	29		29		29	Thm. ep.
30	Co.Pauli	30	Abd.etS.	30	Fel.et A.	30	Jeron.	30		30	Andree	30	
		31		31				31	19.p.Tr.			31	Sylvestri

Jahr-zehnte.	Einer.										Jahr-zehnte.
	0	1	2	3	4	5	6	7	8	9	
55	34	19	10•	30	15	7	26•	11	31	23	55
56	7•	27	19	4	23•	15	7	20	11•	31	56
57	16	8	27•	19	4	24	15•	35	20	12	57
58	31•	16	8	28	12•	4	24	9	28•	20	50
59	5	25	16•	8	21	13	32•	24	9	29	59
60	20•	5	25	17	1•	21	13	33	17•	9	60
61	29	14	5•	25	10	30	21•	13	26	18	61
62	9•	29	14	6	25•	10	30	22	6•	26	62
63	18	3	22•	14	34	19	10•	30	15	7	63
64	26•	18	3	23	14•	34	19	11	30•	15	64
65	7	27	11•	31	23	8	27•	19	4	24	65
66	15•	7	20	12	31•	16	8	20	19•	4	66
67	24	16	35•	20	12	32	16•	8	28	13	67
68	4•	24	9	29	20•	5	25	17	8•	21	68
69	13	33	24•	9	29	21	5•	25	17	2	69
70	21•	13	33	18	9•	29	14	6	25•	10	70

Victurius 550:27. — 570:23. — 577:20. — 590:12. — 594:28. — 645:27. — 665:23. — 672:28•. — 685:12. — 689:28.

Festzahlen des 84jährigen Cyklus.

	0	1	2	3	4	5	6	7	8	9	
55	27	12	31	23	15	28	19	11	24	16	63
56	7	27	12	4	23	8	20	20	4	24	64
57	16	8	20	12	4	17	8	28	13	5	65
58	24	16	29	21	12	25	17	9	20	13	66
59	5	25	9	29	21	6	25	17	30	22	67
60	13	5	18	10	29	14	6	26	17	30	68
61	22	7	26	10	10	23	14	6	26	11	69
62	30	22	7	27	18	31	23	15	6	19	70
63	11	31	15	7	27	12	31	23	15	28	71
	4	5	6	7	8	9	0	1	2	3	

unter Erhöhung der rechts stehenden Jahrzehnte.

XIII. Festzahlen, alter Stil. 710—989.

Jahr-zehnte.	Einer										Jahr-zehnte.
	0	**1**	**2**	**3**	**4**	**5**	**6**	**7**	**8**	**9**	
71	30	22	13•	26	18	10	29•	14	6	26	71
72	10•	30	22	7	26•	18	3	23	14•	34	72
73	19	11	30•	15	7	27	18•	3	23	15	73
74	<u>34•</u>	19	11	<u>24</u>	15•	7	27	12	31•	23	74
75	8	28	19•	4	24	16	7•	20	12	32	75
76	<u>16•</u>	8	28	<u>13</u>	4•	24	16	29	20•	12	76
77	32	17	8•	20	13	5	24•	9	29	21	77
78	5•	25	17	2	21•	13	33	18	9•	29	78
79	21	6	25•	17	2	22	13•	33	18	10	79
80	29•	14	6	26	10•	30	22	7	26•	18	80
81	10	23	14•	6	26	11	30•	22	7	27	81
82	18•	3	23	15	34•	19	11	31	15•	7	82
83	27	12	3•	23	15	28	19•	11	24	16	83
84	7•	27	12	32	23•	8	28	20	4•	24	84
85	16	1	20•	12	32	17	8•	20	13	5	85
86	24•	16	29	21	12•	32	17	9	28•	13	86
87	5	25	9•	29	21	6	25•	17	2	22	87
88	13•	33	18	10	29•	21	6	26	17•	2	88
89	22	14	33•	18	10	30	14•	6	26	11	89
90	30•	22	7	27	18•	10	23	15	6•	26	90
91	11	31	22•	7	27	19	3•	23	15	35	91
92	19•	11	31	16	7•	27	12	4	23•	15	92
93	28	20	11•	24	16	8	27•	12	32	24	93
94	8•	28	20	5	24•	16	1	21	12•	32	94
95	17	9	28•	13	5	25	16•	29	21	13	95
96	32•	17	9	29	13•	5	25	10	29•	21	96
97	6	26	17•	2	22	14	33•	18	10	30	97
98	21•	6	26	10	2•	22	14	34	18•	10	98
	0	**1**	**2**	**3**	**4**	**5**	**6**	**7**	**8**	**9**	
	Einer										

Victurius 740 : 27*; 743 : 31; 760 : 23*; 763 : 20.

Jahr-zehnte	Einer										Jahr-zehnte
	0	1	2	3	4	5	6	7	8	9	
99	30	15	6•	26	11	31	22•	7	27	19	99
100	10•	23	15	7	26•	11	31	16	7•	27	100
101	19	4	23•	15	35	20	11•	31	16	8	101
102	27•	12	4	24	15•	20	20	5	24•	16	102
103	8	21	12•	32	24	9	20•	20	5	25	103
104	16•	1	21	13	32•	17	9	29	13•	5	104
105	25	10	29•	21	13	26	17•	9	29	14	105
106	5•	25	10	30	21•	6	26	18	2•	22	106
107	14	34	18•	10	30	15	6•	26	18	3	107
108	22•	14	34	19	10•	30	15	7	26•	11	108
109	31	23	7•	27	19	4	23•	15	7	20	109
110	11•	31	16	8	27•	19	4	24	15•	35	110
111	20	12	31•	16	8	20	12•	4	24	9	111
112	28•	20	5	25	16•	8	21	13	32•	24	112
113	9	29	20•	5	25	17	1•	21	13	33	113
114	17•	9	29	14	5•	25	10	30	21•	13	114
115	26	10	9•	29	14	6	25•	10	30	22	115
116	6•	26	10	3	22•	14	34	19	10•	30	116
117	15	7	26•	10	3	23	14•	34	19	11	117
118	30•	15	7	27	11•	31	23	8	27•	19	118
119	4	24	15•	7	20	12	31•	16	8	28	119
120	19•	4	24	16	35•	20	12	32	16•	8	120
121	28	13	4•	24	9	29	20•	5	25	17	121
122	0•	21	13	33	24•	9	29	21	5•	25	122
123	17	2	21•	13	33	10	9•	29	14	6	123
124	25•	10	30	22	13•	26	18	10	29•	14	124
125	6	26	10•	30	22	7	26•	18	3	23	125
126	14•	34	19	11	30•	15	7	27	18•	3	126
	0	1	2	3	4	5	6	7	8	9	
	Einer										

XIII. Festzahlen, alter Stil. 1270—1549.

Jahr-zehnte.	Einer										Jahr-zehnte.
	0	1	2	3	4	5	6	7	8	9	
127	23	15	34•	19	11	24	15•	7	27	12	127
128	31•	23	8	28	19•	4	24	16	7•	20	128
129	12	32	16•	8	28	13	4•	24	16	29	129
130	20•	12	32	17	8•	28	13	5	24•	9	130
131	29	21	5•	25	17	2	21•	13	33	18	131
132	9•	29	21	6	25•	17	2	22	13•	33	132
133	18	10	29•	14	6	26	10•	30	22	7	133
134	26•	18	10	23	14•	6	26	11	30•	22	134
135	7	27	18•	3	23	15	34•	19	11	31	135
136	15•	7	27	12	3•	23	15	28	19•	11	136
137	24	16	7•	27	12	32	23•	8	28	20	137
138	4•	24	16	1	20•	12	32	17	8•	20	138
139	13	5	24•	16	29	21	12•	32	17	9	139
140	20•	13	5	25	9•	29	21	6	25•	17	140
141	2	22	13•	33	18	10	29•	21	6	26	141
142	17•	2	22	14	33•	18	10	30	14•	6	142
143	26	11	30•	22	7	27	18•	10	23	15	143
144	6•	26	11	31	22•	7	27	19	3•	23	144
145	15	35	19•	11	31	16	7•	27	12	4	145
146	23•	15	28	20	11•	24	16	8	27•	12	146
147	32	24	8•	28	20	5	24•	16	1	21	147
148	12•	32	17	9	28•	13	5	25	16•	29	148
149	21	13	32•	17	9	29	13•	5	25	10	149
150	29•	21	6	26	17•	2	22	14	33•	10	150
151	10	30	21•	6	26	18	2•	22	14	34	151
152	10•	10	30	15	6•	26	11	31	22•	7	152
153	27	19	10•	23	15	7	26•	11	31	16	153
154	7•	27	19	4	23•	15	35	20	11•	31	154
	0	1	2	3	4	5	6	7	8	9	
	Einer										

Jahr-zehnte.	Einer.										Jahr-zehnte.
	0	1	2	3	4	5	6	7	8	9	
155	16	0	27•	12	4	24	15•	28	20	5	155
156	24•	16	8	21	12•	32	24	9	20•	20	156
157	5	25	16•	1	21	13	32•	17	9	29	157
158	13•	5	25	10	29•	21	13	26	17•	9	158
159	29	14	5•	25	10	30	21•	6	26	10	159
160	2•	22	14	34	18•	10	30	15	6•	26	160
161	10	3	22•	14	34	19	10•	30	15	7	161
162	26•	11	31	23	7•	27	19	4	23•	15	162
163	7	20	11•	31	16	8	27•	19	4	24	163
164	15•	35	20	12	31•	16	0	20	12•	4	164
165	24	9	20•	20	5	25	16•	8	21	13	165
166	32•	24	9	29	20•	5	25	17	1•	21	166
167	13	33	17•	9	29	14	5•	25	10	30	167
168	21•	13	26	18	9•	29	14	6	25•	10	168
169	30	22	6•	26	10	3	22•	14	34	19	169

Unterstrichen sind die von dem neuen Stil abweichenden Ostertage. Die übrigen sind im alten und neuen Stil am gleichen Tage nur mit abweichendem Datum. .

XIV. Festzahlen, neuer Stil. 1583—1819.

Unterstrichen sind die von dem alten Stil abweichenden Ostertage. Die übrigen sind im alten und neuen Stil am gleichen Tage nur mit abweichendem Datum.

Jahrzehnte.	Einer										Jahrzehnte.
	0	1	2	3	4	5	6	7	8	9	
158	—	—	—	20	11•	31	16	0	27•	12	158
159	32	24	0•	28	20	5	24•	16	1	21	159
160	12•	32	17	9	28•	20	5	25	16•	29	160
161	21	13	32•	17	9	29	13•	5	25	10	161
162	29•	21	6	26	17•	9	22	14	33•	25	162
163	10	30	21•	6	26	18	2•	22	14	34	163
164	18•	10	30	15	6•	26	11	31	22•	14	164
165	27	19	10•	23	15	7	26•	11	31	23	165
166	7•	27	19	4	23•	15	35	20	11•	31	166
167	16	0	27•	12	4	24	15•	28	20	12	167
168	31•	16	8	28	12•	32	24	9	28•	20	168
169	5	25	16•	1	21	13	32•	17	9	29	169
170	21	6	26	10	2•	22	14	34	18•	10	170
171	30	15	6•	26	11	31	22•	7	27	19	171
172	10•	23	15	7	26•	11	31	23	7•	27	172
173	19	4	23•	15	35	20	11•	31	16	0	173
174	27•	12	4	24	15•	28	20	12	24•	16	174
175	0	21	12•	32	24	9	28•	20	5	25	175
176	16•	1	21	13	32•	17	9	29	13•	5	176
177	25	10	29•	21	13	26	17•	9	29	14	177
178	5•	25	10	30	21•	6	26	18	2•	22	178
179	14	34	10•	10	30	15	6•	26	18	3	179
180	23	15	28	20	11•	24	16	0	27•	12	180
181	32	24	0•	28	20	5	24•	16	1	21	181
	0	1	2	3	4	5	6	7	0	9	

Einer

1724: Prot. 19*. 1744: Prot. 0*.

XIV. Festzahlen, neuer Stil. 1820—1999.

Jahr-zehnte.	Einer										Jahr-zehnte.
	0	1	2	3	4	5	6	7	8	9	
182	12•	32	17	9	28•	13	5	25	16•	29	182
183	21	13	32•	17	9	29	13•	5	25	10	183
184	29•	21	6	26	17•	2	22	14	33•	18	184
185	10	30	21•	6	26	18	2•	22	14	34	185
186	18•	10	30	15	6•	26	11	31	22•	7	186
187	27	19	10•	23	15	7	26•	11	31	23	187
188	7•	27	19	4	23•	15	35	20	11•	31	188
189	16	8	27•	12	4	24	15•	28	20	12	189
190	25	17	9	22	13•	33	25	10	29•	21	190
191	6	26	17•	2	22	14	33•	18	10	30	191
192	14•	6	26	11	30•	22	14	27	18•	10	192
193	30	15	6•	26	11	31	22•	7	27	19	193
194	3•	23	15	35	19•	11	31	16	7•	27	194
195	19	4	23•	15	28	20	11•	31	16	8	195
196	27•	12	32	24	8•	20	20	5	24•	16	196
197	8	21	12•	32	24	9	20•	20	5	25	197
198	16•	29	21	13	32•	17	9	29	13•	5	198
199	25	10	29•	21	13	26	17•	9	22	14	199
	0	1	2	3	4	5	6	7	8	9	
	Einer										

XV. Indiktion.

							300 600 900 1200 1500	400 700 1000 1300 1600	500 800 1100 1400 1700

Diese Tafel ergiebt die Zahl der Indiktion, die mit ihrem grösseren Theile in das betreffende Jahr fällt.

0	15	30	45	60	75	90	3	13	8
1	16	31	46	61	76	91	4	14	9
2	17	32	47	62	77	92	5	15	10
3	18	33	48	63	78	93	6	1	11
4	19	34	49	64	79	94	7	2	12
5	20	35	50	65	80	95	8	3	13
6	21	36	51	66	81	96	9	4	14
7	22	37	52	67	82	97	10	5	15
8	23	38	53	68	83	98	11	6	1
9	24	39	54	69	84	99	12	7	2
10	25	40	55	70	85	—	13	8	3
11	26	41	56	71	86	—	14	9	4
12	27	42	57	72	87	—	15	10	5
13	28	43	58	73	88	—	1	11	6
14	29	44	59	74	89	—	2	12	7

XVI. Römischer Kalender.

Monatstage	März, Mai, Juli, October.	Januar, August, December.	April, Juni, September, November.	Februar.	Monatstage
1	Kalendis	Kalendis	Kalendis	Kalendis	1
2	VI Non.	IV Nonas	IV Non.	IV Non.	2
3	V	III	III	III	3
4	IV	Pridie Non.	Pridie Non.	Pridie Non.	4
5	III	Nonis	Nonis	Nouis	5
6	Pridie Non.	VIII Idus	VIII Idus	VIII Idus	6
7	Nonis	VII	VII	VII	7
8	VIII Idus	VI	VI	VI	8
9	VII	V	V	V	9
10	VI	IV	IV	IV	10
11	V	III	III	III	11
12	IV	Pridie Idus	Pridie Idus	Pridie Idus	12
13	III	Idibus	Idibus	Idibus	13
14	Pridie Idus	XIX Kal.	XVIII Kal.	XVI Kal.	14
15	Idibus	XVIII	XVII	XV	15
16	XVII Kal.	XVII	XVI	XIV	16
17	XVI	XVI	XV	XIII	17
18	XV	XV	XIV	XII	18
19	XIV	XIV	XIII	XI	19
20	XIII	XIII	XII	X	20
21	XII	XII	XI	IX	21
22	XI	XI	X	VIII	22
23	X	X	IX	VII	23
24	IX	IX	VIII	VI	24
25	VIII	VIII	VII	V (bis VI)	25
26	VII	VII	VI	IV (V)	26
27	VI	VI	V	III (IV)	27
28	V	V	IV	Pd. Kal. (III)	28
29	IV	IV	III	— (Pd.)	29
30	III	III	Pridie Kal.	— —	30
31	Pridie Kal.	Pridie Kal.	—	— —	31
	Aprilis. Junii. Augusti. Novembris.	Februarii. Septembris. Januarii.	Maii. Julii. Octobris. Decembris.	Martii.	